四川省示范性高职院校重点培育建设单位项目成果
四川省高等教育人才培养质量和教学改革立项课题研究成果

中小学教育科研写作导论

ZHONGXIAOXUE JIAOYU KEYAN XIEZUO DAOLUN

方小强　柏　晶　欧晓燕○编著

西南交通大学出版社
·成都·

图书在版编目（CIP）数据

中小学教育科研写作导论/方小强，柏晶，欧晓燕编著. —成都：西南交通大学出版社，2015.5
ISBN 978-7-5643-3884-8

Ⅰ. ①中… Ⅱ. ①方… ②柏… ③欧… Ⅲ. ①中小学教育－教育科学－论文－写作 Ⅳ. ①H152.2

中国版本图书馆 CIP 数据核字（2015）第 100296 号

中小学教育科研写作导论

方小强　柏晶　欧晓燕　编著

责任编辑	吴明建
封面设计	何东琳设计工作室
出版发行	西南交通大学出版社 （四川省成都市金牛区交大路 146 号）
发行部电话	028-87600564　028-87600533
邮政编码	610031
网　　址	http://www.xnjdcbs.com
印　　刷	四川嘉乐印务有限公司
成品尺寸	185 mm × 260 mm
印　　张	12.5
字　　数	314 千
版　　次	2015 年 5 月第 1 版
印　　次	2015 年 5 月第 1 次
书　　号	ISBN 978-7-5643-3884-8
定　　价	32.00 元

图书如有印装质量问题　本社负责退换
版权所有　盗版必究　举报电话：028-87600562

前　言

中小学教育发展到今天，由于社会需求的变化、学生个体身心状态的变化以及新课程改革的推进等，面临形形色色的新问题。要解决这些新问题，需要中小学从事教育科研活动的广大教育工作者，借助于研究找到解决问题的新途径、新方法。

在推进新课程改革、实施素质教育的进程中，教育科研是中小学可持续发展的重要增长点，是加强师资队伍建设、提高教师整体素质的关键所在，是培养青年教师、教学名师的重要手段，是创建名校的重要基础。

中小学教育科研自20世纪80年代以来，如火如荼地展开，解决了中小学校的许多实际问题，为教育理论的发展提供了丰富的养料，促进了学校的健康发展。但与此同时，我们也越来越多地注意到，有些学校的教育科研活动由于指导思想、操作方式等存在着偏差，正在步入歧途，教育科研正在成为这些学校运行中的"鸡肋"。如果不摆脱这种状态，"科研兴校"可能会成为一句空话，学校也难以从科研中获得无尽的源泉和动力。

我们认为，中小学教育科研要直面学校实际，以改进学校实践活动、提升学校教师教育教学水平为目的，以能否解决学校问题、多大程度上解决学校问题作为衡量和评判学校教育科研的主要依据与标准。正是基于这样的考虑，我们针对目前有关教育科研方法书籍存在的脱离一线教育教学实际等问题，力求站在教师的角度审视教育科研，并顺应"科研兴教"及实施新课程改革的实践需要，为教师专业发展提供进步和成长的阶梯，专门撰写了《中小学教育科研写作导论》这本书。本书以新课程的改革理念和教师专业发展要求为依据，从中小学教师教学最现实的困惑出发，探讨他们最需要解决的问题，也提出他们需要关注但没有加以重视的问题，便于广大基层教师、教育工作者及师范大学生接受和使用，使他们能够在较短的时间内，轻松走进教育科研的殿堂。同时，期望他们的科研，能真正成为学校发展的助推器，成为学校改革的发动机。

本书系四川省示范性高职院校重点培育建设单位项目成果，由达州职业技术学院方小强教授、柏晶副教授、欧晓燕老师合作撰写。在本书撰写过程中，作者虚心听取了一线教师、学校管理者、基层教研部门的意见；四川文理学院、成都师范学院、南充职业技术学院、广安职业技术学院，以及达州市第一中学、达州市通川区第一小学、达州市机关幼儿园、大东方幼稚园的同行们无私地提供了大量珍贵的资料和案例。在这里，对曾经为此书提出宝贵意见和珍贵资料的专家、教授和基层教育工作者表示诚挚的感谢，对奋战在教学第一线的教师、管理者、教研者表示崇高的敬意！

本书先后参阅了诸多教育专家、学者的著述及最新研究成果，由于种种原因，在参考文献中未能全部列出，书中所采用的部分成果无法查找出处和作者（特别是一些网络文章），在此，对有关作者表示谢意并致歉意！同时，对西南交通大学出版社的大力支持，表示由衷的谢意！

本书虽已付梓，囿于作者学识水平，缺点和错漏难以避免，真诚期待倾听来自广大教育专家、学者及广大读者的声音，只要是真诚的，无论褒贬，都将深表谢忱。

作者
2015 年 3 月

目 录

第一章 概述 ·· 1
  第一节 教育科研的指导思想及原则 ······························ 1
  第二节 教育科研的意义和特点 ······································ 3
  第三节 教育科研的研究对象和任务 ······························ 8
  第四节 教育科研的类型及过程 ····································· 10
  案例一：教育要搞真科研——当前中小学教育科研活动应注意的几个问题 ········· 14

第二章 教育科研课题的选择、设计与论证 ······················ 18
  第一节 教育科研课题的选择 ······································· 18
  第二节 教育科研课题的设计 ······································· 31
  第三节 教育科研课题的论证 ······································· 36
  案例二：教育科研课题的设计与论证 ··························· 40

第三章 教育科研资料的搜集、整理与分析 ······················ 64
  第一节 教育科研资料的搜集 ······································· 64
  第二节 教育科研资料的整理 ······································· 73
  第三节 教育科研资料的分析 ······································· 77
  案例三：初中数学学习困难学生成因及转化的实验研究报告 ············· 81

第四章 教育科研方法 ··· 90
  第一节 常用教育科研方法 ·· 90
  第二节 教育科研方法存在的问题 ······························· 100
  第三节 教育科研方法的合理选择与运用 ····················· 104
  案例四：小学数学后进生转化的个案研究 ····················· 107
  案例五："错题大搜捕"行动——一堂另类的科学复习课 ············· 113

第五章 教育科研成果的表述、评价与推广应用 ··············· 115
  第一节 教育科研成果表述的通行规范 ························· 115
  第二节 教育科研成果的评价 ······································ 124

第三节　教育科研成果的推广应用 ……………………………… 131
　　案例六：教育科研报告范例 ………………………………………… 136
　　案例七：教育科研论文范例 ………………………………………… 142

第六章　教育科研应以校为本 …………………………………… 149
　　第一节　校本科研概述 …………………………………………… 149
　　第二节　校本科研的开展 ………………………………………… 153
　　第三节　校本科研与校本教研的整合 …………………………… 157
　　案例八：立足校本教育科研　推进学校改革发展 ……………… 163
　　案例九：新课程背景下的"校本教研—校本科研"模式 ………… 168

第七章　教育科研素质的培养与提升 …………………………… 174
　　第一节　教育科研素质概述 ……………………………………… 174
　　第二节　中小学教师教育科研素质的现状 ……………………… 178
　　第三节　教育科研素质的培养与提升路径 ……………………… 183
　　案例十：走科研兴校之路，谱素质教育新篇 …………………… 188
　　案例十一：科研兴校　科研兴教　科研强师 …………………… 191

参考文献 …………………………………………………………… 194

第一章 概 述

第一节 教育科研的指导思想及原则

一、教育科研的含义

教育科研是教育科学研究的简称,是指人们运用科学的方法探究教育事物的真相和性质,摸索和总结教育规律,并取得科学结论的研究活动过程。

教育科研是以教育科学理论为武器,以教育领域中发生的现象为现象,以探索教育规律为目的的创造性的认识活动。简言之,教育科研就是用教育理论去研究教育现象,探索新的未知的规律,以发现新情况,解决新问题,总结新经验,为实施素质教育,深化教育改革服务。

二、教育科研的指导思想

我国教育科研工作以马列主义、毛泽东思想、邓小平理论、"三个代表"重要思想和科学发展观为指导思想,以研究教育事业的发展与改革过程中出现的重大理论问题和现实问题为中心,以建立具有中国特色的社会主义教育科学体系为目标。这一指导思想概括了我国教育科研工作的指导思想、工作重心及工作目标。这是因为:

第一,只有坚持以马列主义、毛泽东思想、邓小平理论、"三个代表"重要思想和科学发展观为指导,教育科研才能坚持社会主义的政治方向。回顾历史,大量的生动事实表明,如果在思想文化战线和科学研究中背离了马列主义、毛泽东思想、邓小平理论、"三个代表"重要思想和科学发展观的指导,人们在思想上就必然发生混乱,事业就必然遭受挫折,科学研究就必然迷失前进的方向。

第二,只有坚持以马列主义、毛泽东思想、邓小平理论、"三个代表"重要思想和科学发展观为指导,才能掌握科学的认识论和方法论,保证科研工作的科学性。教育现象是社会现象中最为复杂的现象之一。认识教育现象、揭示教育规律的教育科研,是一种特殊的也是最为复杂的认识活动。因此,教育科研活动就更需要马克思主义哲学中所揭示的人类认识的基本规律作指导。

第三,只有坚持马列主义、毛泽东思想、邓小平理论、"三个代表"重要思想和科学发展观才能在教育科研中正确地贯彻"百花齐放、百家争鸣"的方针,促进教育科研的发展与繁荣。

三、中小学教育科研的原则

1. 方向性与科学性相统一的原则

方向性与科学性相统一,是中小学教育科研必须遵循的原则。这一原则是指在教育科研活动中必须树立正确的指导思想,坚持社会主义办学方向,并使正确的服务方向与严谨求实的科学态度相结合。

贯彻这一原则,要求做到:

(1) 努力学习和掌握马克思主义、毛泽东思想的基本原理以及邓小平理论、"三个代表"重要思想和科学发展观,自觉地运用马克思主义的立场、观点和方法去观察、分析和解决中小学教育教学中的实际问题。

(2) 坚持教育科研为社会主义现代化建设服务的方向,贯彻执行党和国家的教育方针,为培养全面发展的社会主义现代化的建设者和接班人服务。

(3) 树立正确的动机,坚持实事求是的科学态度和勇于探索的科学精神。

2. 理论与实践相结合的原则

坚持理论与实践的统一,是马克思主义认识论的基本原理之一。这一原则是指从中小学教育的实践需要和实际情况出发,形成和发展教育科学理论,并努力运用教育科学理论来指导教育实践的研究,进而推动中小学教育改革和发展。

贯彻这一原则,要求做到:

(1) 重视教育理论的建构及其对教育实践的指导作用。教育科学理论来自实践,但又有自身的相对独立性。第一,这种理论的获得、形成和发展过程是相对独立的,具有自身的连续性和规律性。它不仅是对教育实践经验加以概括和总结的产物,也是在已有的教育科学理论的基础上发展起来的。因此,教育科研在接受教育科学实践的支配、检验的同时也要接受教育科学理论的指导。第二,这种相对独立性还表现为运用新的研究成果,即新观点、新理论去指导教育实践,通过这种指导,实现教育理论的诸多功能。

(2) 面向中小学教育实践发现问题、解决问题。要深入中小学教育实际,广泛而持久地开展应用性研究。在教育实践中发现问题,解决问题,把教育科研与教育改革结合起来,与自己的工作结合起来,通过这种实践性研究获得新的教育科学知识。要重视教育经验的总结,对丰富的实践经验进行科学的提炼与加工,去粗取精,上升为科学理论。要开展教育实验,通过实验更深入地认识教育规律,推动教育改革。

3. 客观性与全面性相结合的原则

客观性与全面性相结合的原则是指在中小学教育科研中，必须尊重客观事实，采取客观态度，全面系统地占有材料，最大限度地保证研究过程和研究结果的客观性和准确性。

贯彻这一原则，要求做到：

（1）从实际出发，不先入为主，对所研究的问题和对象不抱任何偏见。

（2）全面搜集资料，充分掌握足够多的事实依据。反映事实真相的资料越广泛、越丰富，就越具有代表性、全面性，也就越能反映问题的本质。

（3）搜集资料要实事求是，其内容必须真实可靠。运用的资料应经过严格查证核实，以保证研究过程和研究结果的最大可靠性和准确性。

4. 继承与创造相结合的原则

继承与创造相结合的原则是指教育科研既要对前人的研究成果批判继承，又要根据新的实践要求不断发展创新，使批判继承与发展创新辩证统一起来。

贯彻这一条原则，要求做到：

（1）坚持历史唯物主义的观点，正确对待前人的认识成果。要运用唯物辩证法的分析方法，对历史的经验与理论加以有批判的继承，使一切有价值的经验和理论在新的历史条件下得以发展。

（2）要坚持"古为今用""洋为中用"的原则，正确处理批判与继承、继承与创新的关系。不能把批判与继承对立起来，而应把两者辩证地统一起来。在批判继承的同时，更要重视创造。创造是教育科研的灵魂。

（3）要发挥勇于探索、锲而不舍的创造精神，解放思想，不迷信书本，不迷信权威，敢于冲破传统观念的束缚，敢于在前人走过的道路上开拓前进。

第二节 教育科研的意义和特点

一、中小学教育科研的意义

教育发展到了今天，教师有目的、有计划、有系统地采用科学的方法去认识教育现象，探索教育规律的教育科学研究，已成为深化教育改革，促进教育发展的最重要的力量之一。向教育科研要质量、要效益，走科研兴教、科研兴校、科研兴师之路是我们迎接挑战，解决问题的最佳选择。

1. 加强教育科研是推动教育改革与发展的需要

21世纪是社会高速发展、知识不断更新的时代，时代赋予了教育工作者更光荣、更艰巨的使命。如何培养出适应社会发展的优秀合格人才，只有向科研要质量，向科研要水平，向科研要效益，才能使我们的教育永远位于先进行列之中。高度重视教育科研已经成为教育领域中不可阻挡的一大趋势。教育工作者只有积极投身于教育科研，在科研中求改革，在改革中求发展，在发展中求创新，才能使教育具有旺盛的生机和活力，才能紧扣时代的脉搏，跟上时代的步伐。

2．加强教育科研是教育决策科学化的需要

教育科研以其综合的知识体系和科学的研究方法，帮助人们观察分析复杂多变的教育现象，并对它做出符合教育规律的鉴别、判断和预测，具有促进中小学校长领导职能的转变和教育决策的科学化、民主化的功能，因而领导决策要达到科学化时刻也离不开教育科研。

3．加强教育科研是学校教育科学化、高效化的需要

现代社会正在走向高智能的信息化社会。信息化社会的基本特征就是万事万物皆成智力信息，人本身也信息化，或者说是广泛运用智能工具和各种科学技术来提高人的工作效能和效率。科教兴国正是这一特点的集中反映，表现在科研兴校中就是要坚决摒弃过去那种拼体力、拼汗水、高消耗、低效益的落后做法。这些落后的做法主要表现为：只凭经验，不注意科学；只知让学生用功，不讲究指导方法；只重知识传授，不重能力培养；只重智力因素，不重非智力因素；只重投入，不讲究效率、效益，等等。这些落后的、不科学的做法正迫切需要广大教育工作者通过教育科研逐步加以解决。

4．加强教育科研是全面提升教育教学质量的需要

教育科研必须以学校教育教学工作为中心，以提高教育教学质量为目的，植根于学校的教育教学工作之中，为学校的教育教学服务。教育科研只有方向明确，内容符合教育教学的要求，并结合各学科的特点，有的放矢地开展科学的、规范的研究活动，才能在学校中真正占有领先的、最高的、导向性的地位，才能取得良好的科研实效。

5．加强教育科研是提高教师综合素质的需要

（1）知识经济时代呼唤高素质的教师。进入21世纪后，世界科学技术突飞猛进，国力竞争日趋激烈，教师队伍面临着史无前例的严峻挑战。教育大计，教师是根本。当今，各国都把提高教师队伍质量作为教育改革的突破口和发展综合国力的战略措施。科教兴国，教育为本，教师队伍建设必须先行。普及九年义务教育、巩固普及成果和提高普及质量的关键都依赖于教师素质的提高。

（2）提高教师科研素质是实践新课改的必然要求。新课程改革已经全面推进，课改在教育思想、教学理念、教学内容、教学方法等方面都有了很大变化。作为课程的组织者和促进者，教师的素质成了新课程改革能否成功的关键所在，因为所有教育实践，最终都要依靠教师来完成。

（3）科研素质是教师必备的专业素质。新课程改革的一项重大变化，就是要求教师转变角色——教师不仅是一个实施者和实践者，而且是一个实验者和开发者；从更广泛的意义上讲，教师还是一个研究者。一个教育工作者，特别是一个教师，不仅应该较为系统地掌握基本的教育规律和从事教育教学的基本技能技巧，还必须掌握关于开展教育科研的基本理论和方法，积极投身于科研实践，善于通过教育科学活动不断取得教育科研新知识，探索教育科

学新领域。这个探索研究的过程，对提高教师的综合素质具有重要的作用。

（4）加强教育科研是教师创造人生价值的需要。教师在培养学生的同时也应该不断地积累经验，丰富成果，改革创新，有所收获。将自己在多年教育工作中对教育规律的认识和教育经验的总结升华到教育理论的高度，以撰写出各种教育科研成果。只有这些成果得到推广应用，才能为教育改革贡献力量，创造完美的人生价值。

总之，广泛开展教育科学研究，走科研兴校的道路，既是学校发展的客观需要，也是教师自身发展的需要，只有高度重视教育科研，并把教育科研摆到真正重要的位置上，脚踏实地，真抓实干，不断提高教育科研能力，深入探索素质教育规律，才能取得良好的科研实效。

二、中小学教育科研的特点

认识和把握中小学教育科研的特点，是开展教育科研的基础，有助于教育工作者全面正确地认识教育现象的本质和规律。

教育科研具有以下基本特点：

1. 教育性

教育科研的教育性，是由学校的教育任务和教育目标所决定的。教育科研总是服务于一定的教育任务和教育目标的，并以一定的教育任务和教育目标为导向。它是根据中小学生接受教育的特点，研究和探索更科学、更合理的教育内容和方法，努力提高教育质量，促进学生身心主动地、生动地、活泼地发展。教育科研必须把教育人、培养人、塑造人作为出发点和归宿，把教育性贯穿于教育科研的全过程，体现在教育科研的各个环节中。

2. 科学性

学校科研是有目的、有计划，用科学的方法，按一定研究程序探索规律的活动。研究课题、研究步骤、研究手段都要符合科学的要求。信手拈一个题目，随意凑几个例子，对资料不加核实的做法是不负责任的，不是科学的作法。科学性主要体现在两个方面：

（1）研究方法的科学性。教育科研是按教育科研方法的规定进行的，而这些方法经过多年的实践证明是科学的、有效的，是教育科研规律的反映。研究方法的科学性决定了研究过程的科学性，从而使教育科研成为一种理论的科学探索。

（2）研究成果的科学性。教育科研的本质是探求教育现象的真相、性质和规律，以便更深刻地认识教育事物，运用教育规律，进一步提高教育教学的质量和效益。

3. 探索性

教育科研是在已知的基础之上，探索未知的认识过程。其具体表现在：

（1）教育科研需要一定的教育理论基础和教育实践经验。原有的教育理论基础、教育教学水平和研究能力越高，就越容易取得高水平的成果。为此，教师搞教育科研最好是选择那些自己非常熟悉并有一定研究基础的问题作为科研课题。

（2）教育科研的计划需要不断完善，不断修改。搞教育科研都要制定研究计划，但这种计划是凭着过去的经验制定的，在教育科研过程中，要坚持主观计划服从于客观实际的原则，发现问题要及时地对计划进行补充、完善和修改。

4．创新性

创新性是学校科研的灵魂，也是我们衡量学校科研成果价值大小的一个重要标志。没有创新性，教育教学改革就不可能发生。教育科研的创新性主要体现在三个方面：

（1）课题承担者首先要有创新意识与能力，要勇于向已有的先例挑战，并能够提出大胆的具有创造性的猜想和假说。就某种意义上说，没有大胆的猜想或假说就难有创造性的成果。

（2）在科研的过程中不要受制于某种理论或模式，限制大脑思维，要坚持实践是检验真理的唯一标准的原则。凡是在实践当中反复验证了的认识就是正确的，就应该承认它，并要勇敢地发表出去，这也就是教育科研过程中的创新性。

（3）教育科研成果的创新性。对于中小学教师来说，这种创新性成果必须是前人从未提出过的观点、理论，它经过实践的检验且被证实符合实际需要，对教育教学工作有其指导意义，对提高教育教学质量发挥重要作用。

5．应用性

教育科研的主要目的和任务是研究教育实践中急需解决的现实问题，为教育实践、教育改革服务。实践、研究，再回到实践中去，是中小学教育科研发展的轨迹。教育科研只有置身于教育、教学实践之中，面向实际，面向教育改革，面向素质教育，着眼于实践应用，才会有强大的生命力。实践证明，只有当教育科研与日常的教育、教学工作密切联系，这些研究才能得到广大教育工作者的欢迎和支持。只有当研究成果能在实践中应用并取得一定效果，教育科研活动才能进一步开展，并得以坚持。

6．实效性

教育科研的实效性主要是指在教育科研的过程中，必须确保教育教学质量和效益的提高，在取得新认识的同时，必须取得实际效果。这种科研过程和提高质量与效益合一的特性给予我们的启示：教育科研应以解决实际问题为突破口并将教育科研融于实际教育教学工作之中，使教育科研工作化，教育教学工作科研化。

7．群众性

开展教育科研必须依靠三支队伍：

（1）专业理论队伍。他们有坚实的理论基础和较高的学术造诣，有一定的教育科研能力，应当充分发挥他们的指导作用。

（2）教育行政人员。他们有丰富的领导教育工作的经验，能掌握宏观、全局的教育情况，可以依靠他们的行政权威，发挥组织协调作用。

（3）教师队伍。教师人数最多，工作在教育实践第一线，有大量的教育实践经验，掌握丰富生动的第一手资料，他们是教育科研的主力军。

教育科学理论只有在教育科研实践基础上，才能接近教育实践需要，切实地指导教育科研工作。群众性是中小学教育科研的显著特点，是教育科研发展繁荣的条件和基础。忽视这一特点会导致教育科研工作脱离群众、脱离实际，甚至严重挫伤群众的积极性。

8. 迟效性

中小学教育科研的迟效性，是指教育科研的成果的显现以及在实践中的推广运用需要有一个过程，是一个长期的显现和持续发挥作用的过程，教育科研是具有超前性的，因此不能因为近期效果不显著就否定其价值。尽管教育科研成果的显现具有迟效性，但我们又必须看到，在从事中小学教育科研的过程中，广大教育工作者的科研热情得到激发，科研积极性得到调动，从事教育工作的事业心、责任感得到提高，为教育教学改革带来了新的面貌，为改进教育教学方法，提高教育教学效果发挥了重要的促进作用。

三、对中小学教育科研认识上的创新

近年来，中小学教育教学实践者对教育科研有了多样化的认识，但也形成了不少共识。

1. 问题即课题

对于很多教师来说，搞教育科研遇到的最大困难就是不知道从何下手，找不到合适的研究课题。实际上，教师们要研究的课题俯拾皆是。中小学教育科研的目的和任务就是为了提高教育教学质量，最终要落实到为教学服务这个根本上，因此老师们在教育教学中遇到的问题就应该是要研究的课题。教师们在实践中遇到的问题可以分为三种类型：

（1）直接性问题。就是明显存在，需要我们直接面对，又必须想办法加以解决的问题，比如学生的成绩很差、学生纪律松散，等等。

（2）探索性问题。就是将教育理论、教育观念、教育成果转化为具体的教学实践活动时所遇到的问题，比如，启发式教学应该怎样操作，综合实践活动应该怎样搞，等等。

（3）反思性问题。这是具有"问题意识"的教师为改进自己的专业水平，通过对自己教学行为的回顾和检讨所发现的问题，比如"为什么会这样？""应该做哪些调整和改进？"

2. 教学（教研）即科研

绝大多数的教育科研，最终都要在教育教学实践活动中来进行，在课堂中进行，就是少数基础性的理论研究，其成果也要在教学中得到检验和应用。教育科研工作从来不是额外的工作，教学和科研也不是截然分开的"两张皮"，其实，真正的教学活动有着科研的性质和色彩。有效的教学不是日复一日地简单重复，而是教师自觉学习新的教育成果和理论，充满激情的创造性探索活动。当然，不是所有的教学都是教育科研，必须是"真正的教学"和"有效的教学"。除此之外，还必须符合开展教育科研的一般规范。这样说并不是要混淆教学和科研的界限，降低科研的标准和要求。教学和科研相结合恰恰是中小学教育科研的独特之处，也体现了中小学教师工作的性质和特点。近年来流行的"行动研究法"，从本质上讲就是通过行动和研究的结合，创造性运用理论解决现实中的实际问题。

3. 成果即成长

中小学教育科研成果既有目标指向性，又有过程性和生成性。在研究结束后，教师们将按计划对整个研究过程进行分析和总结，写出研究报告或论文，发布研究成果。同时在研究的过程中，由于教师不断主动学习最新教育研究成果，积极进行思考和创新，认真寻找有效的解决办法和教学策略，由此促进了研究者教育观念的转变、专业能力的发展、教学水平的提高，教师的整体素质得到全面提升。因此，其成果既有显性可编码的文字资料，也有隐性不能编码的技能经验。因此，中小学教育科研的最大成果就是教师的成长和发展，这也是中小学开展教育科研的意义和目的所在。论文等不过是其能力的物化表现形式。

第三节 教育科研的研究对象和任务

一、中小学教育科研的研究对象

1. 人

教育科研的研究对象首先是人。这里所指的人不仅仅指学生，还包括所有的自然人和社会人。只要是人就会有教育，有教育就会有对教育的研究。施教者要研究受教育者，同时施教者本身也是被研究的对象。因此，毫无疑问，教育科研的对象中必然包括人。一切进入教育活动领域的人都是教育科研的对象，因为教育是人的社会活动，教育的对象是人。如教师为了搞好自己的教育、教学工作，就必须研究自己的教育对象——学生。研究他们的身心特点、个别差异；研究他们在不同环境中的不同反应方式；在不同交往团体中的不同表现，等等。同时，我们也要研究教师的职业道德，研究教师的专业成长，研究教师的教育教学方式和手段，等等。近年来，国内兴起的"教师教育学"，就是把实施教育者作为研究对象进行专门研究的学科。那么，家长是不是研究的对象呢？当然是。家庭教育主要依靠家长来完成，家长的思想素养与能力，家庭环境影响与熏陶和教育有关，良好的家庭教育影响学生的终身发展。

2. 教育现象及其规律

所有的教育现象与教育规律都与人有关，离开人来谈教育现象和教育规律是不切实际的。可以这样说，一切教育现象都是以人为媒介的。所有的教育规律都是人们认识、发现和总结出来的。因此，把教育科学研究的对象界定为教育活动领域中的所有人，以及与这些人有关的教育现象及其规律，是比较符合实际的，容易被人们所理解与接受。

二、中小学教育科研的内容

中小学教育科研的内容主要包括以下十个方面：

第一，当前中小学教育教学实践中提出的最迫切的问题，如教育怎样为发展生产、繁荣经济服务，特别是怎样为地方发展生产繁荣经济服务问题的研究；

第二，中小学教育教学实践中最成功的教育经验的研究；

第三，针对中小学教育教学实践中的某些缺欠、失误，为改进方式方法的研究；

第四，为了掌握事实和发展趋向的调查研究；

第五，为了发展教育科学而进行的教育基本理论研究；

第六，对教育事业发展规模、速度和方向的推论或预测的研究；

第七，整理教育历史遗产的研究；

第八，借鉴外国教育经验的研究；

第九，普及义务教育，提高民族素质的研究；

第十，批判各种错误和反动教育思潮，清除不良影响的研究。

在确定研究内容的时候，要注意处理好以下几个关系：

一是处理好应用研究同基础理论研究的关系。这是因为没有坚实的基础理论研究，应用研究的深入就要受到限制；只埋头于基础理论研究，忽视应用研究，又会把教育科研引上脱离实际的歧途。处理两者关系，可在全面安排的前提下，根据不同的对象、不同条件而有所侧重。广大中小学教师和科研人员，应该充分发挥自己较好的教育实践条件这一长处，侧重深入开展应用研究，不断把教育实践推向新的发展阶段。

二是处理好近期需要同长远需要的关系。对此，一方面要看发展。有些近期需要的小题目，在一定条件下可能发展成为大题目，对促进教育科学的发展发挥出巨大作用，或者是能为进一步开展专业性的大课题研究准备条件、锻炼队伍，因此直接满足近期需要的小课题也必须积极开展研究；另一方面，要从长远着眼。有时选好的课题虽然一时还取得不了显著效果，一时还不能引起有关方面的重视，但只要它确实是社会的需要，而又能带动教育实践、推动教育改革的就应该下决心，花力量，攻难关，取得成果。

三是处理好教育科研同教学工作的关系。中小学教师应积极参加教育科研活动，以促进教育科学的发展，推动教学水平的提高。因而，作为身处教学第一线的实际工作者，必须明确自身的基本职责，必须正确处理参加科学研究同搞好教学工作的关系，以教学带科研，以科研促教学，在教学过程中选课题，在教学实践中找答案，在提高教学质量上显成果。

三、中小学教育科研的任务

1. 总结教育的历史经验

我国在教育方面有着悠久的历史和丰富的经验。从孔夫子到陶行知，从革命战争年代的解放区到当代，涌现出了许多重要的教育家和教育流派。他们各自体现了不同时代的精神面貌，代表着相应阶段教育理论的发展。我们应以马克思主义为指导进行批判继承，找出中国教育发展史上内在的带有规律性的东西，并加以改革发展。历史是世代的延续和交替，只要我们沿着历史的序列进行纵向研究，吸收我国历史上无限丰富的宝藏，我们今天的教育科研就一定会更充实、更生动，更具有民族形式、民族风格和民族特色。

2. 研究当代教育的发展

这是中小学教育科研的重点。中小学教育科研以研究教育教学中重大现实问题为主,但也应重视基础理论的研究。基础理论研究对解决现实问题和科学的发展来说都是十分重要的。教育科研工作应把基础理论问题的研究和实际问题的研究紧密结合起来;把重点放在现实生活中提出的理论问题和实际问题上,用教育的基础理论来指导教育实践。

3. 预测教育的未来趋势

根据社会科技经济的发展趋势,预测教育的未来,目的在于向教育决策人员提供有关未来社会人口、人才需求、教育体制、教育内容和教育形式等方面的资料和各种可行性方案,为教育领导机构制定短期、中期、长期的教育发展规划和政策服务。同时,还要根据教育发展过程的新趋势、新课题、新要求,预测对未来教育的影响,从而使教育工作者及时修正教育的要求、内容和方式,培养出适应未来要求的全面发展的一代新人。

4. 进行国内外教育的比较

目的在于以教育的整个领域为对象,对两国或两国以上的教育实践和理论进行比较分析,揭示共性和个性特征,找出规律和发展趋势。通过比较教育的研究,既能促进现代教育观念的形成,还可以深化教育改革的进程。

5. 推动教育科学的学科建设

教育科学要在教育改革中发挥其应有的作用,必须加强自身的学科建设,包括学科的基本理论建设、基本文献资料建设和学术梯队建设。在教育学科建设上,要做到统筹兼顾,突出重点。传统学科要注意逐步形成特色,发挥优势;要扶持新兴学科,加强边缘学科。对原有基础较好的学科,应在系统总结我国教育实践经验和吸收本学科及相关学科最新研究成果的基础上,大力提高理论水平,更新学科内容,充实学科内容,形成具有我国特色的学科体系,编写出具有较高水平的学术著作。

第四节　教育科研的类型及过程

一、教育科研的类型

了解教育科研的不同类型,实际上在很大程度上也就明确了中小学教育科研的定位,明确了在中小学教育实践中能够从事哪些研究活动。关于中小学教育科研的分类很多,不同的研究者从不同的角度和维度对其类别进行了探讨,主要有以下几种分类。

1. 按研究的目的可分为基础研究、应用研究

(1) 基础研究。基础研究也称基本理论研究。它是认识各种教育现象,揭示教育现象的

本质，探索教育发展的客观规律，概括教育的基本原理，形成较系统的教育理论体系的研究。基础研究一般比较抽象概括，其目的在于发展和完善理论，为教育实际工作提供具有普遍性的指导，而不是解决具体问题或特定问题。基础研究周期较长，没有严格的期限要求。主要包括：

教育科学基本理论的研究。如"现代教学论若干特点的研究""主体性教学的研究""教育评价理论的研究""隐性课程理论的研究"。

对教育事业发展有决策和指导意义的理论研究。如"素质教育理论的研究""基础教育的办学指导思想"等。

教育历史遗产的研究。如"孔子的大德育观的研究""民国社会教育研究综述"等。

各国教育经验和现状的研究。如"合作教育学的起源、原则和前景""第三国际数学与科学研究"等。

对不同教育观点的评析性研究。如"社会的商品竞争与学校里的学习竞赛""批判教育的民主理念评析"等。

（2）应用研究。应用研究是运用教育基础理论知识，解决教育实际问题的研究。凡是与教育教学的现实需要紧密联系的专题和学科研究都属于应用研究。主要包括：

教育实践中急需解决的问题的研究。如"小学生课业负担的研究""课堂冲突的成因与对策"等。

成功的教育经验的研究。如"学生良好学习习惯的培养""提高德育实效性的有效途径"等。

改进和改革教育体制、内容和方法的研究。如"小学整体改革实验""高等职业教育办学模式评析"等。这一类研究的研究成果一方面有助于中小学教育实践的开展，可直接解决教育的实际问题，提高教育质量；另一方面也有利于有关基础研究的深化与发展。

（3）基础研究、应用研究的关系。基础研究、应用研究两者各有不同的特点和作用，但两者又是相互关联、相互渗透、相辅相成的。基础研究的目的在于发现规律，形成和发展教育基本理论指导教育实践，是应用研究的依据和指导；应用研究是对基础研究的验证和丰富。

（4）教育科研侧重应用性研究。在学校情境中进行的教育科研，大多偏向于应用性研究。这是因为：

第一，教育系统的实践性，要求教育科研中应用性研究占较大的比例，而学校是教育实践的核心，它时刻产生着迫切需要解决的问题。特别是社会的迅速发展在不断地向学校提出新的要求，这使学校的改革成为人们关注的焦点。

第二，应用性研究的可行性较强。一方面表现为应用性研究的成果实用性、操作性强，较易推广，并能有效地训练教师学会运用这些成果；另一方面表现为教师更喜欢这种研究，他们赞成能直接派上用场的或直接产生有用效果的研究，并且教师比较能胜任这种研究，他们可把自己的教育实践活动同研究活动联系起来。

2. 按研究的方式可分为理论研究、实验研究、追因研究和调查研究

（1）理论研究是指在占有大量文献资料的基础上，以思辨的方法，从哲学和科学方法论的高度分析教育诸因素之间的关系，揭示教育现象的本质和规律。

（2）实验研究是在一定教育理论或假设的指导下，通过实验探究教育规律的活动。如"学生自主德育活动与自主品德发展研究"，这一实验研究就是在以人为本的主体性理论的指导下，以日常德育工作为切入点，通过多种途径和活动强化学生的自主德育和自我品德发展。

（3）追因研究是从结果求原因的一种研究方法。如学生学习态度、教师的教学方式对学生学业成绩的影响等，都需要进行追因研究。

（4）调查研究是通过各种方法与手段，有目的、有计划地搜集教育现象或研究对象的资料，以发现其规律性的研究。

3. 按研究的时序可分为历史研究、现实研究和超前预测研究

（1）历史研究是指对教育过程的历史发展的研究，包括对各个历史发展阶段的文教政策、教育实施、教育制度的发展演变的研究和对历代教育家的教育思想、教育理论、教育实际活动以及教育流派的研究。进行历史研究的目的在于总结和借鉴教育的历史经验。进行历史研究主要用文献资料研究法。

（2）现实研究是对某一教育现象或教育对象目前的基本特征进行研究。现实研究是研究当代教育的发展，帮助解决当前教育实际工中亟待解决的问题。现实研究是中小学教育科学研究的主体。

（3）超前预测研究是根据研究对象的发展规律及现实情况，对未来发展趋势进行研究。超前预测研究难度要大一些，如"21世纪小学教师素质研究"。进行超前预测研究，可以用思辨研究的方法和实证研究的方法（如调查法、实验法）。

此外，还可按研究的性质分为定量研究和定性研究，按研究的范围分为宏观研究、中观研究和微观研究；按研究的目的分为描述性研究和干预性研究等。

以上分类常常是相互交叉的，它们往往并不互相排斥。随着教育科学研究的发展，人们已很难设计出一种单一的分类方案来囊括全部方法，而一项研究又往往是多方面的、综合的，可以归入好几种科研类型。

二、教育科研的过程

不同类型的中小学教育科研在正式展开时，其具体的工作阶段可能有所不同，但基本的步骤是相似的。因此，对于中小学教育科研工作者来说，掌握中小学教育科研的基本过程是非常必要的。中小学教育科研的一般过程通常包括以下几个阶段：

1. 选题

教育科研从选择课题开始。课题即研究项目。所谓课题，就是从研究方向所指示的问题中确立的研究项目。方向限定课题，课题展示方向。课题不仅仅是一个名称，它应体现研究对象、范围，展示研究的目的、意义。例如，"中学教育整体改革实验研究"，这个课题，从题目上就可以看出其研究对象是中学阶段的教育，其研究范围即是中学教育整体改革。其目的、意义也不言而喻。

对我国中小学语文教学的现状,著名语言学家吕叔湘先生曾尖锐地指出:"十年间,二千七百多课时,用来学本国语文,却是大多数不过关,岂非咄咄怪事!"这个问题提得很好。语文教学质量不高,这是多少年来存在的现象,大家见惯了也不认为稀奇。可是吕叔湘先生却在大量的学习时间与低下的学习质量之间发现了矛盾,提出了问题。问题提出后也有不少人为之震惊,于是近年来也有不少的中小学语文教学工作者为了提高语文教学质量进行研究实验,有的已经取得了显著的成效。

2. 查阅文献、搜集资料

查阅文献资料是对选题的进一步了解。其主要工作就是查阅与本课题有关的重要文献,从中了解在这个问题上前人已经做过哪些重要工作?哪些问题已经解决了?哪些尚待解决?他人采用了什么研究方法?结论的科学性如何?只有弄清这些问题,才能开始新的研究工作。

除查阅文献外,还要通过调查、访问及观察等手段对有关问题的实际情况进行初步了解,目的是要对这一课题研究的价值及可能性进一步摸底,做到心中有数。

3. 制订研究计划

在选题时由于对究竟如何进行研究想得不够具体,还不太可能制订出切实可行的研究计划来,但到前两个步骤进行完之后,就有较充分的依据去制订研究计划,以便能及时地开展这一研究工作。

研究计划应明确:所要研究的问题及其范围,要采用的研究方法,研究对象的抽样,时间进度,等等。在这个计划之下,对于某项或某一方面的工作还可制订更详细的具体计划。在研究工作开始之后,也许会发现原计划某些地方不符合客观实际,这就需要对原计划进行适当调整,实事求是地去开展工作。

4. 搜集并整理资料

这里所说的资料不是指在查阅文献时所获取的资料,而是指在查阅文献的基础上,针对所要研究的问题,重新搜集来的资料。这样所搜集到的资料就远不限于旧的文献,主要是采用观察、实验、调查、访问等方法所获取的事实资料,并要求做到全、实、细,以便能客观、公正、真实地反映研究对象的本质特征。只有在掌握大量新资料的基础上,才有可能对科研工作做出新的贡献。

对于新搜集的资料首先要进行鉴别,即就资料的真实性、可靠度以及价值大小进行辨别,并决定取舍,只留下那些有用的资料。经过鉴别,留下来的资料也可能是散乱的,不明确的。因此,还必须对这些资料进行整理。整理资料是将搜集到的感性材料转为理性材料的过渡性工作。其工作内容包括对各种搜集到的感性材料进行编辑分类、剔除异常数据、进行定性定量资料的表格图形绘制等。经过整理之后,关于这一问题的情况就比较清楚了。

5. 分析研究

分析研究就是在已经搜集并整理的资料的基础上,再做进一步的理性加工。如果发现原有资料尚有欠缺之处,就应继续挖掘资料,因为只有在占有足够资料的基础上,才有可能进行合理的分析研究。在做分析研究时,研究者应使定量分析和定性分析相结合,综合地考虑与研究有关的多种证据，以及各方面因素的影响。其中，最关键的是下结论，即把分析研究的结果归纳成几条原理、原则或者作出判断。为了使研究结论合乎实际，必须实事求是，不能弄虚作假。

6. 形成科研成果

把科研的全过程以及所取得的成果用文字完整地表述出来，就成为科研报告、论文、著作等科研成果。科研成果的形成与推广是课题研究工作者与其他研究者或教师沟通的主要渠道。中小学教育科研成果一般有观察报告、调查报告、总结报告、实验报告及论文著述。研究报告或论文的撰写有比较统一的格式要求，同时文字的准确、精练和条理分明与否，对论文质量和研究价值也有很大影响，是中小学教育科研过程中不可忽视的一个环节。

7. 科研成果的推广运用

形成科研成果后，科研工作并没有结束，还需在教育实践中推广运用其研究成果，为提高教育教学质量与效益服务，并在实践中进一步验证结论。如果经过反复验证，证明结论是科学的有效的，那么就要在更大的范围内推广，使该项目的研究成果发挥更大的推动作用；如果在反复的实践中，发现结论还有待于进一步研究，那么就应在原有的基础上，重新确定课题开展更深入地研究。

应该指出，上述各个阶段并不是相互独立的，而是有机联系的。如在选题阶段就需要查阅大量文献资料；在搜集资料的过程中，也伴随着对资料的整理与分析；而资料的整理与分析又是相互交错的；就是在形成论文的过程中，也可能根据需要对某些资料做重新处理。只有这样先后照应，才能取得比较完满的研究成果。

案例一： 教育要搞真科研

——当前中小学教育科研活动应注意的几个问题

苏　忱

作为第一线的教师和校长们，只有从教育实践中找到合适问题，才能把它转化成课题，才能通过研究更快取得研究的效果。同时，要用科学的态度与方法，真实地展示教育科研的本身。

上海普教战线有一定规模的教育科研活动开展，至今已有20余年，现在已很少有人对广大的第一线校长、教师投入教育科研活动的必要性产生怀疑。

"十五"期间，本市共确立市级项目756项，中小学、幼儿教师承担的项目占总数的60%。据不完全统计，目前本市中小学、幼儿园、特殊教育等基层单位的学校领导和教师独立承担或合作参与到全国、教育部、上海市或本地区重点项目研究的人员已达5 000人以上。大批由第一线教育工作者完成的研究成果在本市甚至全国产生了很大影响。以本市第八届教育科研获奖成果而言，在教育决策咨询、教育理论创新、教育改革实验三类成果共16项一等奖中，中小学、特殊教育的校长、教师共获9项一等奖，大量的成果在促进改革与发展、促进教师走向专业化过程中发挥了重要作用。本市"十五"期间教育科研工作的发展呈现出以下特征：结合工作开展科学探索，基础教育成为主力军。但是，我们仍然应该清醒地看到，相当数量的校长、教师在研究中还是存在着很多问题的，研究效益低、重复研究多、研究缺乏针对性、研究缺乏解释力、研究方法不科学、研究结果不真实，以至于很多研究虽然敷衍成文甚至结集出版，却很难演示和解释成果，更难使成果得以推广和应用。

结合"十一五"本市教育科学研究的规划及课题指南即将出台，特别是为了促进名校长、名教师的发展，本市设立专项课题之际，笔者提出以下几个观点，供校长与教师们共同探讨。

研究要选真问题

教育科研的课题就是来自教育或与教育直接相关的问题。当今，随着社会的高速发展，教育面临的问题实在很多，既要围绕学生发展、人的培养研究、解决教育自身内部的问题，又要研究解决教育与政治、经济、文化、社会生活、成长环境等各方面的关系与问题。既有历史的因素，更有大量现实存在的情况。但是，如此众多的问题并不是在当下的时空条件中都能得到解决的。同样，也不是所有的教育问题都适宜第一线的校长和教师们进行研究的。笔者以为，作为第一线的教师和校长们，只有从教育实践中找到合适问题，才能把它转化成课题，才能通过研究更快取得研究的效果。

当前的研究在选题方面问题比较集中的有以下几种。一是套用新概念，叙述旧话题，搞"装潢式"的研究。二是摘取领导讲话或报章杂志上某一观点，简单紧跟形势，铺排成文，搞"脸谱式"的研究。三是盲目套用外国理论，不考虑中国语境和本地本校实际，搞"舶来式"的研究。四是看到他人一项有效或成功的研究，不加消化，不加融合，低水平重复，搞"跟风式"的研究。如此种种不一而足，根本就在于研究一开始选题不当。

教育科学研究是分类型的，各类研究所发挥的作用也不尽相同。有人作过形象的比喻，基础理论研究，是从原理上认识教育基本规律和真理性，着重解决"是什么""为什么"；应用研究是解决教育实践的合理性，着重解决"干什么"；而开发研究则是从具体方法的层面上解决针对性和有效性，着重要解决"怎么干"。教育科学研究又是分成宏观、中观和微观等不同层面的。

研究要选真问题。所谓"真问题"，针对第一线的教育工作者而言，就是这一问题是确实存在于自己身边的，跟自己的工作与实践紧密相连的，感到困惑又希望通过研究去解决的问题。

从当初的"成功教育研究""愉快教育研究""青浦数学教改研究"到今日"'中重度弱智学生'主题教育训练的绩效研究""儿童哲学活动的探索与研究""高中创造教育课程框架构建与实施研究""小学走班制教学研究""研究型教师成长与发展研究""走向个别化的教师专业发展研究""小学数学课堂教学行为案例研究"等许多优秀的科研成果与研究的成功范例都证明，活跃在教育第一线的校长和教师们只有在工作的困难与问题中发掘课题，在提高本职工作的质量上发掘课题，在教育发展、教育改革与实践的碰撞中发掘课题，这样的研究才能持续、才有生命力。而许多的例子也同样证明，脱离实际的研究，离开本职工作的研究，单纯为了应景跟风的研究都会很快变成过眼云烟，难以应用与推广。美国学者莫顿说："选题不能草率，如果根本没有实现的可能，选题就等于零。"这句话应该可以给我们一些警示作用。

研究要用真方法

19世纪末,加里埃尔·康佩尔曾经针对当时教育研究状况提出责难:"教育是唯一尚未运用科学方法的一个学科领域。"后来借助了自然科学的实验手段,兼顾了社会学的研究方法,随着观察、实验、统计、测量等方法与手段逐步引入到教育研究中来,使教育研究逐步提高了科学化水平。上海市从20世纪80年代初开始蓬勃兴起的中小幼学校教师的教育科研活动从一开始就比较注重研究方法,倡导"三法二工具"(即教育调查、教育实验、经验总结和教育统计、教育测量与评价)。这20多年来,不管是引进、消化吸收、改造了的国外的行动研究、案例研究、质的研究、实践—反思研究等,还是具有浓厚本地特色的经验筛选法等,都使上海市教师的教育研究在方法上呈现多样性。

教育科学研究是需要用科学方法来支撑的,但是,每年立项评审、阅读项目申请书,就会发现虽然许多校长与教师的研究选题不错,但缺乏方法的掌握。尽管也能洋洋洒洒地列举一系列研究方法,但仔细考察,就会发现只是作为一个要件开列而已,很多都不在真实运用,至于研究手段如何与研究内容相匹配,研究方法的运用过程如何保持科学与完整却甚少考虑。

这里说的真方法,首先是指研究者根据自己的选题和研究内容寻找到适切的、匹配的研究方法,更是指研究者在了解微观的实践性研究常用方法的基础上,能够熟悉准备运用的研究方法的操作要义,使之在研究中能准确地运用。譬如,你要进行教育调查,你是否已经掌握教育调查的基本类型、调查手段和实施过程,范围如何确定,样本如何选择,用怎样的调查形式才能实现调查目的;你要进行行动研究,你是否已经掌握了行动研究计划→行动→考察→反思→调节计划→再行动的整个规范的实施过程;你要运用实践—反思的方法,你是否能清晰地理解实践反思与经验总结的异同。笔者认为,只有当积极参与到教育科研活动中来的校长、教师都能了解最基本的研究方法,并能在研究中较为准确地使用它,才能使教育科研提高科学化水平,才能使教育科研的成效让更多人信服。

研究要呈现真结果

几年前,在上海市教育科研优秀成果评选中卢湾区辅读学校承担的"中度弱智儿童生存教育课程与教学的研究"以毫无争议的全票被评上一等奖。原因就在于何金娣校长组织了20多位教师共同参与,进行了长达四年的研究。他们面临的问题是:面临着"全员、全程、全方位实行终身教育"的要求,招收了中重度弱智、多重残疾、自闭症等多类残疾儿童,全国却没有现成的课程、大纲和教材。四年的努力是可贵的,针对着每一个棘手的问题请教专家、选择方法、学习理论、合作攻关。四年后,展示的结果是真实可信的。由于研究对象是中重度弱智和多重残疾学生,个体差异大,个体之间缺乏类比性,于是,课题组便选择了以个案研究为主的研究方法。最终研究结果的真实性使本市和全国的专家同行吃惊。打开该校的电脑,学校课题组以实证的方法提供的100多个案例和个案全面展示出学生的发展变化状态。学生的基本情况和入学时医学、心理学、教育等方面的前测与科学诊断,还有为每一位学生量身定制的个别化教育计划,包括长期目标、短期目标直至每一阶段的教育干预措施,实施教育的每一个环节及多元化评量的结果。笔者认为,该项研究的成果决不局限在根据中度弱智学生形成了完整的课程设计，编写了一至五年级课本及指导用书 40 册，填补了该类教育的空白，形成了成套的教学方法设计和多元化评估，使该项研究的水平处于国内特殊教育的前沿。更重要的是，为第一线校长、教师开展科研活动提供了范例：如何根据实际需要确立自己的研究内容，如何选择合适的研究方法，如何规划安排研究过程，如何搜集相关的研究资料，如何积累事实与数据，如何分析、提炼观点……总之，用科学的态度与方法，真实地展示了教育科研的本身。

　　研究是相对时空中的行为，不可能穷尽真理，也不可能尽善尽美，但宁可要残缺的美也比虚假的结果更可贵。在第八届教育科研成果的终审会上，大家记住了一些细节。当"学校课程与教学整体优化研究"课题组介绍其一项研究结果时，说到学校教学课程改革对原有课程的调整：小学一年级不设数学必修课，而在二年级开设，用四年时间上完原先五年的内容，并增添数学解决、数学应用、数学阅读等内容。这时，当场有专家问道："一年级不设数学课是重大改革，为什么那么有把握？是否会影响以后的数学学习？"课题组组长张人利答曰："不会影响，因为我们用了五年时间进行了实验与比较。"接着，专家又问："那么数学课是否可以在三年级才开设，这样可以让学生腾出更多时间学习语文等其他知识。"张人利继续答曰："我们不清楚，因为这一问题正在继续探索中。"这一回答得到了全场专家的充分肯定。是为是，非为非，知为知，不知为不知，这才是真正的科学态度，这才是我们希望看到的教育科研成果。（原文载于《上海教育》2006－06A 期）

第二章 教育科研课题的选择、设计与论证

第一节 教育科研课题的选择

一、教育科研课题选择的意义

科研课题，即研究的题目，是依据研究目的，通过对研究对象的主客观条件进行分析而确立的研究的问题。选题使研究的目的具体化，使研究活动指向特定的对象和内容范畴，具有指向性、概括性和限定性等特点。教育科研课题的选择，对于整个研究过程和组织管理教育活动都具有十分重要的意义。

1. 课题可以反映研究的价值

课题是教育实践和教育认识进一步发展中必须解决的问题，是已知领域和未知领域的联结点。它反映现有实践和认识的广度和深度，又反映向未知领域探索和前进的广度和深度。著名的物理学家爱因斯坦说过，提出一个问题比解决一个问题更重要。他认为解决问题也许仅是两个数学上或实验上的技能而已。而提出新的问题，却需要有创造性的想象力，而且标志着科学的真正进步。在教育科研中，课题同样具有重要的价值。

教育科研的目的是要解决教育面临的各种问题。这些问题由于其对教育的影响不同，在教育活动中所处的地位和作用不同，因而其价值体现也就不同。例如，当前中小学教育正由"应试教育"向"素质教育"全面转变，这是一种教育观念、教育思想和教育模式的转变，围绕素质教育选择研究课题就具有十分重要的理论意义和实践意义。

2. 课题引导着研究的方向

在教育实践中有许多问题需要我们去研究和解决。研究者总是根据实践和自身发展的需要，从中选择问题进行研究。所谓研究方向，就是研究者在教育科学领域中经过长期的研究与实践所认定的必须着手解决的某些方面的问题、并在这些方面开创自己的研究领域，形成稳定、明确的主攻目标和研究线索。好的课题的提出，将会对教育实践和教育科学带来极大的推动，以揭示在一个时期内教育实践和教育理论的发展方向。

课题还影响着整个研究过程的方向。课题是对研究对象、研究范畴、研究主题的界定，

整个研究工作由此发展,并围绕其进行。比如"西部少数民族地区农村初中学生辍学原因及对策研究",它指出了研究的对象是初中学生,其范围限于西部少数民族地区农村,目标是揭示出"辍学原因",并提出相应的对策。而整个研究方案的设计、实施和成果的鉴定,又都必须紧紧围绕课题进行。显然,课题明确,整个研究活动的方向就明确。

3. 课题对整个研究工作的进行起着制约作用

课题作为教育科研的起点,启动着整个教育科研的机制,制约着教育科研的进程和方式。在教育科研过程中,不同的研究课题、研究方法、研究工具等都不尽相同,资料的搜集和利用存在差异。例如"西部少数民族地区现阶段中学生思想状况分析研究"与"农村中学生课外阅读指导研究",两课题都需了解学生课外阅读情况,但前者应侧重于阅读内容的分析,后者侧重于阅读方法的研究,这是受到课题限制的原因。

课题的选择不仅对本身具有重要意义,而且对整个教育有着重要影响。总体上说,教育科研所要解决的主要是教育中的理论或实际问题,也就是说,教育实践是教育科研课题的源泉,选择什么样的课题往往受着教育现实发展的制约。只有贴近教育的实践才能切实回答教育实践中的问题的研究才有生命才有价值。因而,课题选择得好,对教育改革和发展,科学管理学校,不断改进工作,都具有重要的促进作用。

二、教育科研课题的类型

中小学教育是整个教育系统的基础部分,是一个相对独立的教育子系统,其中包括了一系列活动因素及其间的相互联系。教育还是一个巨大的社会系统,包含着种种复杂的内部关系和外部联系。因而,教育是一个广阔的研究领域,蕴含着丰富的研究课题。教育科研课题的类型与教育科研的类型基本一致,从不同角度可以分为以下不同类型。

1. 从研究的性质看,科研课题可分为理论性课题和应用性课题

教育规律的探索、方法论的研究、有关现象的特点的揭示、某些教育观念和教育思想的分析等都可视为理论性课题。这类课题一般不针对某一具体教育现象,其研究成果具有较广泛的指导意义。如:

部分山区县普及九年义务教育的研究;

中小城市中学生思想状况与教育研究;

边远山区农村校园文化建设研究;

初二学生分化现象研究等课题。

针对教育的具体实践,为解决教育实践中某一个领域或某一方面的具体问题展开的研究,属于应用性研究。如:

××学校教师队伍建设现状分析及提高的五年计划研究;

××学校教师数学教学经验的总结及推广研究;

××教学法的试验及应用研究"等。

应用性研究的成果一般可以直接用于教育实际。

从资料来源和时间看，教育科研课题可分为历史性课题与现实性课题。前者主要通过对历史资料的分析探讨不同历史时期教育的特点，揭示教育的规律，汲取历史经验和教训。后者主要通过对现实教育资料的研究，认识和解决现实教育中的问题，其中也包括建立在现实基础上的教育预测及未来教育科研。

2. 从研究的内容看，教育科研课题又可分为综合性课题和单一性课题

综合性课题主要指同时涉及教育若干领域或若干方面内容的课题。如：

××城市中小学教育综合改革研究；

"校长培训规律与管理制度研究"等。

综合性课题一般要分成几个课题，组织较多的研究者协作完成。

单一性课题主要是对教育的某一方面或某一现象进行探讨，如：

教师研究；

学生学业成绩研究；

教材教法研究，等等。

3. 从研究的手段看，教育科研课题可分为实验性课题与描述性课题

前者主要指通过实验设计来实现研究目的的课题，后者主要指通过调查研究、资料分析、逻辑推理等手段实现研究目的的课题，又称论理性课题。

4. 从课题选定形式看，还可分为新开课题、结转课题、委托课题、自选课题等

新开课题，即当年经过反复评议、论证新列入年度计划的课题。这类课题是当前、当地教育发展和教育改革中居重要地位又是当前亟待优先研究的课题。

结转课题是指上一年或更早时间开设尚未完成的课题。对这类课题是否继续研究，应取审慎态度，既不能轻易放弃，也不能不看实效与条件继续从事徒劳无益、事倍功半的劳动。

委托课题是指有关部门委托研究的课题，这类课题属协作性质，它对于完成一些规模较大的科研项目是必需的，有益的。

自选课题，是指研究人员自己选取的课题。

总之，对于教育科研课题可以进行多角度、多侧面的分类。不过各种类型的划分都只是相对的，在现实的教育科研中的课题往往是几种类型的综合。

三、教育科研课题选择的要求

教育虽然领域广大，科研课题十分丰富，但要真正选择一个既有较高价值，又符合自己的研究实际，能够取得研究成果的课题并不容易。为保证研究的质量，教育科研课题的选择应该遵循以下一些基本要求：

1. 目的性

科学研究是一项目的性极强的活动。教育科研课题的选择首先必须有明确的目的。为什么选择这一课题？这一课题的研究对教育具有什么价值？选题者必须对这些问题有明确的答案。选题目的明确，研究方向才易于把握，也容易坚定研究的信心。

选择课题的目的应该来自教育的客观需要，也就是应从教育实际出发，去解决教育中的理论或实际问题，促进教育的改革和发展。要从教育改革、教育管理、教学实际的需要出发选定自己的研究课题。如"激发初中生语文课堂学习兴趣的研究""课堂问题生成与教师回应策略的研究""语文课堂教学提问艺术的研究""提高农村初中生古诗文诵读素养的研究""初中语文考试题评讲策略的研究"等，都是我们在教学实践中面临的现实亟须解决的问题。遵循目的性原则，选择课题应做到"四个结合、四个为主"，即个人的研究兴趣与社会和学校工作的客观需要相结合，以社会需要为主；基础研究与应用研究相结合，以应用研究为主；宏观研究与微观研究相结合，以微观研究为主；历史研究、超前研究与现实研究相结合，以现实研究为主。

2. 科学性

科学研究是探寻真理的活动。教育科研题目的选择必须遵循教育及与之相联系的各种事物的客观规律，必须充分认识研究的客观条件。应该通过对教育的历史、现状的分析，对他人的研究成果和各方面资料的搜集、整理和分析，经过严密的科学论证等形成课题，切忌主观想象、盲目选题。

科学性的要求还必须注重课题的科学价值。所谓科学价值，是指教育科学上的新发现、新创造，课题的研究能够促进教育科学向前推进一步，会对教育科学某些空白给予填补，对教育科学中某些不正确的观点给予纠正，并对前人的研究给予补充，使前人的研究成果更为丰富完整。

3. 创造性

科学研究是对未知领域的探索活动，意在发明、创新、前进。教育科研的选题应该充分体现创造精神，如陶行知先生所言：敢探求发明的新理。选题要有先进性、新颖性，目光应落在教育改革和发展的前沿。如"初中语文课文教学与作文教学整合的研究"这一课题角度比较新，对其实施研究也应该是当务之急。因为长期以来，在语文教学中，我们的作文教学与课文教学往往严重脱节，讲课只是讲课，作文只是作文，两者常常被割裂开来了，导致语文教学的低效。那么我们能不能为课文教学和作文训练搭建起一个能够相互沟通、相互渗透、相互促进的平台，让课文教学与作文训练相辅相成呢？这样有利于促进语文能力水平的整体提高。

对教育领域的老课题，则应善于从不同角度、不同途径，以新的视野去研究。即使是选择一些验证性研究课题，也应力图有新的发现。只有富于创造精神的课题才有真正的生命力。

4. 可行性

科学研究是一项严谨求实的活动。教育科研课题的选择必须充分考虑主客观条件，分析课题在实际研究过程中的切实可行性。从主观方面看，自己是否具备课题研究必需的知识水平和研究能力，自己的经验、精力，以及兴趣所在等是否满足研究的需求。从客观方面看，是否有必要的资料、工具、设备、经费、时间，是否能得到领导的支持和各方面的配合等。

对教育工作者来说，选择课题应从实际出发，充分考虑自己的力量与研究课题的大小难易是否相称。初次从事研究的人应该选择那些范围较窄、内容比较具体、难度较低的课题，特别是紧密结合自己的教育教学及教育管理实际，选择有可利用的条件、成果，能直接用于自己实践的课题。以后，随着自己经验的不断积累，科研能力的不断提高，视野不断扩展，可以选择一些难度较大或综合性较强的课题。还可以组织有关人员协同研究，集体攻关。总之，要做到由点到面，由浅入深，由小到大，由少数人起步到群众性参与，由一校到数校及跨地区协作。

四、教育科研课题的来源

教育科学研究的课题主要来源于教育实践和理论文献两大方面，更具体地说，则可以从以下八个方面来寻找和发掘研究课题。

1. 从如何提高本职工作的质量上去发掘课题

每个教育工作者都有自己的工作任务与职责，应当如何完成本职工作任务与提高工作的质量呢？这里就有许多值得研究的课题。例如：

语文、外语教师研究如何提高学生听说读写能力；

数学教师研究如何培养学生逻辑思维能力；

师范学校教师研究如何在教育、教学中体现师范性；

幼儿园教师研究如何培养幼儿良好习惯；

图书管理员研究如何提高图书使用效益与进行阅读指导；

学校教育管理人员研究如何对学校发展进行科学规划与管理等等。

从本职工作中去寻找课题，加以研究，有利于提高教育工作的科学化程度。

2. 从工作中的困难与缺点中去发掘课题

教育工作者在教育实践中会遇到各种困难，工作中也会产生这样或那样的缺点，有的还带有一定的普遍性，解决这些问题对于提高教育质量有较大的意义。例如，传统的课堂教学方法，往往是教师讲、学生听，教师念、学生记，教师考、学生背。这不能激起学生学习的兴趣，总有一部分学生不愿学。教师就可以这样思考，是否可以从转变教育观念入手，建立一种民主、和谐、合作的新颖师生关系，尤其要给"差生"以更多的厚爱，增强他们战胜学习困难的信心，提高学习的成功感与愉悦感；是否可以改变原来的教学方法，如采用"自学辅导法""导学法""自主参与教学"，促使学生由被动学习转为主动学习；是否可以改变原来的课堂教学结构，把班级授课制与小组讨论、个别答疑结合起来，并指导学生开展课外学习活动，以增加学生活动的时间与空间；是否可以调整原来的教学内容，处理好教材，增加实践环节与学生练习、实验时间，加强反馈—矫正；是否可以对学校考试的形式和内容作些改革试验，使它们真正发挥反馈、激励与科学评估的作用，而不是仅仅为了分等而已，等等。只要悉心思考，是不难找到研究课题的。

3. 从教育改革与教育建设遇到的新情况中去发掘课题

在教育改革与教育事业发展中会遇到许多新情况、新问题，也就会形成许多研究课题。例如：

关于城镇人口增长、城镇建设以及"科技兴市（兴农）"与教育的相关研究；

关于加强与改革学校政治思想工作的研究；

关于地区教育发展战略及其运行机制的研究；

关于教育整体改革与实验的研究；

关于课程、教材和考试改革的研究；

关于农村初中教育改革的研究；

关于校长负责制改革的研究。

这些课题的研究，既能向教育行政部门提供决策的科学依据，也有利于微观教育问题的解决。

4. 从教育实践活动的观察中去发现课题

观察教育实践活动，最能发现问题，若以科学的敏感、学术的敏感来进行理论的思考，就不难发现一批极有研究价值的课题。例如，初步观察发现，由于生活水平提高、经济与文化的发展，不少中学生的生理成熟期提前了，深入观察与思考后，对中学生的青春期教育提出了一系列问题：

中学生青春期生理发育和心理发展的现状究竟如何？

中学生性观念是如何形成的？

社会与学校文化环境对青少年性意识的发展有何影响？

青春期教育对学生个性形成有什么意义？

如何对学生的心理平衡能力进行培养和训练？

如何对学生青春期的心理健康进行咨询与指导。

从这些问题出发，可以形成许多研究课题。

5. 从各种信息交流中去发掘课题

在教师和学生、学生家长、同事、朋友等的交谈、会议发言或辩论中，在广播、电视、报纸的报道中，会涉及许多教育问题，若留意将它们记录和思考，就有可能形成教育科研的课题。例如，一个良好的班集体既是学生健康成长必不可少的环境，又是学校精神文明建设的基本单位，是学生所向往、教师与家长所期望的，同时，它又是学校教育中议论得比较多的一个热门话题，若将这些议论概括起来，就形成有关班集体建设的系列研究课题：

良好班集体的目标与评价研究；

良好班集体形成规律；

班集体中学生个性和"三自"能力的培养与发展研究；

班集体中学生基础文明行为的培养和训练研究；

班集体中狭隘集体主义观念的表现及教育研究；

良好班集体形成的动力机制研究；

班整体与自然群体关系研究；

教师的教书育人意识与班集体建设关系的研究；

班主任素质与良好班集体形成的相关研究。

此类课题的深入研究，对于加强学校教育管理，提高教师素质以及中学德育建设，必然会起重要作用。

6. 从成功的教育、教学经验总结中去发掘课题

教育工作者从教育实践中积累的丰富、宝贵的教育经验，有不少是成功的。但往往又是零碎的、不自觉的，也未经科学检验。因此，这些经验往往"自生自灭"，难以推广。若运用经验总结法或实验法予以科学检验与总结，揭示教育措施与教育效果间的关系，并给以理论的抽象与概括，才能有推广的可能。

7. 从对某教育现象进行调查而形成课题

教育工作者在实践中，若能对某些教育现象悉心思考，深入调查，也会从中发现和形成颇有价值的研究课题。如商品经济发展浪潮对学校教育带来巨大的推动与冲击，广大教育工作者都有强烈的感受，但具体状况如何呢？须通过深入的调查，做出定量与定性相结合的分析研究，否则，有的议论仅仅是泛泛而谈，不能揭示其本质，更难做出正确的教育对策。因此，进行这类审查是非常必要的，这也就形成一批教育科研课题。如：

学生厌学、辍学、出走、青少年犯罪的调查及其教育对策；

中学生理想、学习目的、兴趣、自主意识、职业意识以及价值观、道德观、民主观的调查与教育研究；

学生劳动观念、劳动习惯与基础文明习惯的现状调查研究；

学校教师、干部心理平衡能力的调查研究；

破裂家庭子女教育现状调查。

8. 从各种文献资料中发掘课题

在各种理论文献、教育类报刊、会议交流论文集、专题资料集、获奖论文集以及有关的课题指南等之中，都有教育科研的成果与动态的反映，认真阅读，可以从中发掘出研究课题，其中或是别人尚未注意到的问题，或是尚有争论的问题，或是虽有进展，但仍可作进一步研究的问题。如近十年来，我国在教育经济领域的研究成果累累，但阅读教育书刊、理论文献，仍可发现还有许多问题有待研究。如：

建立教育投资稳定来源和建立教育投资超前增长机制的研究；

教育投资效益评估研究；

学校内部结构工资改革中，物质与精神、报酬与奉献的研究；

五、中小学教育科研课题的来源

中小学教育科研课题主要有两大来源，一是教育实践中需要解决的问题，另一个是教育理论文献中提出的关于教育的理论问题。前者主要体现研究的实践价值，后者主要体现研究的理论价值，两类课题都离不开教育的实践，因而都具有现实意义。

1. 来自教育实践的选题

教育实践是教育科研课题的源泉。解决教育实际工作中的具体问题是教育科学研究的基本任务，对广大教育工作者来说，更是研究的重点。

对教育实践中的问题，我们可以将其分为两类，一类为宏观领域的问题，即对教育的全局产生着巨大影响的问题。如教育的学制问题、课程设置问题、管理体制问题、发展规划问题等。这类课题研究对象比较广，投入的人力、物力较多，涉及内容多、资料量大，持续时间较长，因而通常由国家或教育主管部门组织专门的教育科研工作者选题研究。另一类是微观领域的问题，主要指教育某一具体方面或者一定范围内的问题。对教育工作者来说，这些往往是选题的直接来源。对这类课题又可以概括为以下几方面：

（1）教学工作中提出的问题。教学是学校的中心工作。学生学业负担过重的问题、学生学习问题、基础教育课程改革、提高教学质量与提高管理效率等都是研究的课题。

（2）德育工作中的问题。培养什么样的人是学校的首要任务。德育工作如何适应时代的发展、儿童道德启蒙教育实验研究、爱国主义教育研究、德育课程问题研究、道德情感教育研究、"一国两制"条件下学校德育工作研究等无一不是教育科研的课题。

（3）教育管理研究。向管理要效益，向管理要质量是现代教育的一个重要观点。如何提高管理水平、管理效率、管理质量以及管理体制、学生管理、师资队伍管理、后勤管理等方面包含着大量的研究课题。

（4）教育改革与发展中的问题。当前我国教育正处于转型时期。适应科技进步、改革开放，适应经济和社会发展，教育正由"应试教育"向"素质教育"转化。在这过程中，从人们的观念更新到具体的操作，教育改革向每一位教育工作者提出了大量的新问题。义务教育的全面实施，教育面向现代化，农村教育改革，为教育工作者展示了大量的研究课题。

（5）教育内外联系中产生的问题。从教育系统内部看，中小学教育与职业教育、高等教育、成人教育、继续教育都发生着密切联系；从教育系统外部看，教育与家庭教育、社会教育相互影响、相互制约。如何处理好这些关系，又给我们以丰富的选题。

2. 来自教育理论的选题

教育理论文献分析是教育科课题的重要来源。

在人类文明史上，很早以前教育就被作为一种社会现象加以研究，例如两千多年前的孔子"庶、富、教"的思想，"愤悱启发"的思想，"学思行结合"的思想以及道德教育的系统主张；先秦儒家教育思想的集大成之作《学记》的教育思想等。在现代教育史上，从夸美纽斯到杜威，教育家们对教育现象作了大量的理论探讨，提出了许多教育观点和主张。从现有的教育理论文献中，从前人构造的教育理论体系中，我们可以寻找并填补其中的空白区，可以继续他们提出而没有解决的问题的研究，也可以对前人理论发出怀疑，经过研究提出新的见解和主张，还可以参与学术上的争鸣、讨论。

从实践中找课题与从理论文献中选课题，两者是相辅相成的。在一个具体课题中往往既有实践价值，又有理论价值。从实践中产生的课题如果非常值得研究的话，往往都是理论上没有解决的问题。因而实践研究所解决的具体实践问题，往往又有一定的理论意义，丰富和发展了理论。

3. 来自研究行动的选题

研究行动也是一种实践，之所以把它作为一个问题单独来讲，主要是考虑它具有与教育实践不同的特殊性，是一种超越一般教育实践，对教育实践行动进行研究的行动。这也是我们获得新的问题的另一条重要的渠道。在全球性的教育改革发展背景下，教育环境千变万化，教育问题层出不穷，其原因错综复杂，挑战和机遇犬牙交错。如教育改革如何适应市场经济体制建设的要求，教育事业如何实现科学和谐发展等。为此，一方面要认真学习国家和地方的教育政策，了解教育改革发展动态；另一方面要结合岗位工作，深入教育改革的第一线发现问题，再通过研究找到解决的办法与对策。在已有研究中发现问题，重复或拓展他人的研究课题，重复研究的必要性在教育研究中也是需要的。但即使是重复，也是为了有所发展。包括检验某一"突破性"研究成果、研究不同人群来检验原有研究发现的效度、运用不同的方法检验研究成果、研究影响更强的介入因素。研究需要日积月累，永远也不可能达到完善和完美的境界。教育是不断发展的，但教育科研很多主题是永恒不变的。因此，决定研究的问题不可能全部是新的。问题的重复研究关键在于有没有新的意义与价值，是否对原有研究提出新的质疑，是否有新的视野、新的成果。如2009年教育科学规划国家课题《现行国家学生体质检测标准质疑与重构研究》就是属于这种类型的研究，但它不是简单地重复研究而是在对原有研究进行怀疑的基础上建立新的符合时代要求与现实状况的体质检测标准。

4. 来自课题指南的选题

应该说科研管理部门发布的课题指南都来源于理论和实践，只不过是科研管理部门根据教育科学研究与教育改革与发展的实际情况，把征集到的问题经过归纳、提炼、概括，以指南的形式提供给研究者选择。它集中了各个学科在一定时期内所需要研究解决的理论与实际问题，反映了教育行政部门的意志和意图，代表一定时期内教育科研的发展方向，体现了教育理论与实践探索的实际需要，具有鲜明的引领性、导向性和指令性，是我们选题的一个重要的来源和依据。怎样把握和理解指南对研究者十分重要。

（1）课题指南明确了各个学科所需要研究的热点难点问题，是我们选题的重点。研究者可从自己的研究专长、研究兴趣与爱好、基础与能力、需要与可能出发，选择体验与感受较深、有一定的研究基础，有可能出好成果的课题，找到自我研究与指南的结合点。

（2）课题指南所提出的问题是方向性与领域性的，有的仅是选题的范围和大的方向，但不一定就是一个可以研究的选题。也有的既是研究方向又是研究的选题，如招标课题就是包括了研究方向与研究问题的，研究者不能随意改变。申报人要注意根据选题方向和领域，要对指南提出的选题进行具体分析，按照小、精、实、新的原则，对指南提出的问题作适当的调整，确定自己的研究课题，不要不切实际地照抄照搬。对指南提出的问题做适当的调整与转化，化大为小、化虚为实、化宽为窄。抓住其中的一个较小方面的问题作为研究的选题。

如职业教育课程改革研究可从课程的项目化模块化切入,把课程的研究落实到具体的项目化模块化问题上来。基础教育新课程改革内容很宽泛,可具体转化到课堂教学中的师生合作与互动的策略研究上来。

(3) 不要为指南所束缚,要根据自己的研究实际创造性地提出新的问题。学会借鉴,学会从指南提供的选题中获得新的灵感与启发,提出与众不同、别具一格、自主创新的选题。指南虽然具有权威性和指令性,但具有一定的局限性,所提出的问题不一定就是唯一的。因此,出资单位和科研主管部门在依据指南选题的同时,鼓励和提倡研究者根据国家所需,结合实际自选有重大研究价值的课题。

六、教育科研课题发现、选择的方法

教育科研课题的来源十分丰富,但真正发现和选择一个好的课题又并非易事,这需要研究者具有相当的知识水平、分析能力、敏锐的洞察力。教育工作者必须善于发现和选择课题,以下介绍几种常用方法。

1. 问题筛选法

这是教育工作者常用的方法。在实际教育活动中,我们常常遇到或者产生大量问题,通过对这些问题归类整理,再分析其重要性程度和研究这些问题意义的大小,确定其研究价值,并广泛听取意见,从中选取价值明显、且适合自己研究水平和能力的问题作为课题。

2. 经验提炼法

这是教育工作者可资利用的发现和选择课题的方法。长期从事教育的同志一般在自己的实践中都摸索出了不少经验。如何把经验总结出来,把经验上升到理论的高度,必然要回答一系列的问题,这样一个个研究的课题就出现了。比如,许多校长在师资队伍建设中积累了许多经验,诸如"严格要求""尊重信任""感情投资"等。这些经验具有普遍意义吗?对不同年龄、不同个性的教师的作用是不是相同?这些做法有没有理论根据?它们的作用是否相同?有无主次之分?由此而形成了研究的课题。

3. 资料寻疑法

古人云:"尽信书不如无书。"书籍或资料中的结论或观点不一定全是正确的,并非没有一点值得质疑的问题。其实在信息资料中往往隐含着有意义的科研课题。通过对资料的分析,比较不同观点,诘问前人的结论,揭露真理与实践的差异等,可以产生新的研究课题。

4. 现状分析法

这是通过对学校教育教学现状的分析,发现或指出教育中存在的弊端,从而选择适当课题的方法。在现状分析中,要善于"捕捉偶发事件",从中捕捉发现和选择课题。在调查、观察、实验或研究某一事物过程中,有时会遇到"意外"的、并非预料的"正常"现象,这些偶发事件,很可能是科学研究的新起点,形成有价值课题的好机会。

5. 意向转化法

教育工作者有时可能突然对教育的某一问题萌发一种探索的意向，这种意向实际上是一定的教育实践或理论信息在思维中积累的反映。这种意向如不能及时揪住的话就可能稍纵即逝；如果紧紧抓住，则可能产生一个研究的课题。当这种意向出现时，如能对它作进一步的思考，使得问题逐渐清晰起来；同时对有关问题的具体情况作进一步的调查，查阅相应的文献资料，分析其研究价值和自己的承受能力及其他客观条件，从而形成正式的课题。

七、教育科研课题选题的一般步骤

1. 调查研究，提出问题

课题始于问题，为了提出新的问题，确定研究工作的起点，就要了解前人或他人研究的情况，就需要进行深入细致的调查研究，了解有关研究课题的发展状况，课题研究水平与今后发展趋势，摸清进行研究的主客观条件。

调查研究的方法，有查阅资料、现场调查和专家咨询三种。

（1）查阅资料。通过查阅资料可以考察、论证所选择的课题是否有研究价值，吸收与消化有关领域内其他人的研究成果，了解他们研究达到的程度以及目前研究动态。这样，可以在前人研究的基础上，确立自己的主攻方向，从而使研究课题具体化、深入化。查阅资料，也可以帮助我们了解别人的构思或新的研究方法，引进相邻学科的新观点、新思路，从中得到启发。还可以从资料中了解别人成功或失败的经验教训，供自己比较和参考，避免或少走弯路。

（2）调查。到教育实践的第一线去调查，有利于发现问题与形成课题。在调查前要明确调查目的，拟好调查提纲，设计好调查表格，力求调查的情况真实、全面、系统、可靠。在调查中，要注意听取教育实际工作者的意见与对教育问题的分析。

（3）专家咨询。征询专家或对某方面有研究经验者的意见，可以从中受到启发，取得借鉴，有时还要反复听取各方面的意见，达到集思广益的目的。

2. 资料的分析与综合

对调查所得的资料要进行归纳整理、分析综合。

第一步，要去伪存真，保留其中真实可靠的资料；

第二步，要分析各种资料之间的相互关系，找出内在联系和问题所在；

第三步，对搜集的问题进行筛选；

第四步，提出课题或项目。

3. 提出课题的设想与设计

提出课题的设想与设计是在调查研究与资料分析综合的基础上进行的。

第一，要确定课题的名称；

第二，要明确课题的研究目的和意义，阐明研究课题要解决的问题及预期达到的目标，以及课题的国内（或地区）研究水平和动向；

第三，提出研究所采用的方法、途径、步骤及所需的经费、设备、手段等。

4．预实验或预调查

对一些综合性的、重大的、研究因素比较复杂、探索性比较强的教育实验研究课题，往往需要进行预实验或预调查，通过模拟研究，对提出的研究目标、采用的方法、途径、研究内容进行初步的论证。

以上这四个步骤，又可统称为开题论证。

5．课题确立

课题选定后，研究者向有关教育科研管理部门或教育行政部门提出"教育科研课题（项目）申报表"，申报表的内容一般包括：

（1）课题名称、研究类别、研究起止时间。其中研究类别一般指基础理论研究、应用研究等；
（2）课题研究的负责人、参加者、承担单位以及合作或协作的单位与分工；
（3）课题研究的目的、意义及国内外研究水平和发展趋势；
（4）研究的内容和采用的方法、途径、手段；
（5）预期的效果、成果的形式与去向；
（6）研究的基础和准备情况；
（7）研究的步骤；
（8）经费估算与来源；
（9）课题负责人所在单位的意见；
（10）审批单位的意见。

填写时一定要实事求是，条理清晰，文理通顺，简要明白。

需要指出的是，研究者选定课题，无论是上报有关管理部门还是自行研究，都应该遵循选题的基本原则与步骤，都要重视开题论证，以提高研究的科学性，有助于研究获得预期成果。

八、课题名称的表述

教育科研课题名称的确定与表述是课题研究的具体化，是将一个研究方向演化为一个确切的研究课题的过程，对课题研究起着决定性的作用。课题研究的开展和各个环节的活动都要紧紧围绕它来进行，各级课题立项以后是不允许更改课题名称的，可以说课题名称的确定影响着整个研究的成败。因此，课题研究选好方向后，研究者应结合自己要解决的问题，反复推敲，精心选择，定出恰当的名称。确定一个好的课题名称，应注意三个方面问题。

第一，课题名称的表述要意义准确。课题名称要能明确地表达出这项研究的主要内容和主要问题。其一，要求课题是一个有确定涵义的具体问题。教育科研课题的大小要适中，如果课题太大、太笼统，就会使研究无从下手。其二，课题的表述要清楚地说明本课题的研究范围。研究范围是对课题的研究对象总体范围的具体规定。

第二，课题名称的表述要突出主题。要力求反映研究的焦点和研究方向。

第三，课题名称的表述要规范、简洁。所用的词语、句型要规范、科学，不能用比喻句、反问句等修辞手法，最好用陈述句。课题名称的表述还要力求简洁，要在意义准确的前提下，用最简短精练的课题名称表达出完整的意思。

课题表述的用词要具体化，即尽量使用特定涵义的词汇来代替泛泛一般的词汇，课题表述应尽可能将研究的关键词包括在内。课题表述通过使用具体化的词汇，能够使得课题研究具体明确，主题突出，便于操作。

九、选题要注意处理好几个方面的关系

1. 选题大与小的关系

研究主题的大与小决定了研究目标的高与低，研究内容的宽与窄，也决定了获得成果的多与少，同时决定了研究的宏观与中观或微观。选题时尽可能做到从大处着眼，从小处着手，"小题大做"，以小见大，透过小问题审视教育大背景。选题不一定是越大越好，也不是越小越有价值。

2. 选题新与旧的关系

教育的对象从本质上讲是永恒不变的，都是为了围绕人的教育、人的心灵塑造、人的成长和造化。这就决定教育科学研究的问题也是永恒不变的主题。在选题时要注意继承与发展，改革与创新。同一个问题在新情况、新要求、新背景下会给人带来很多新的思考，萌发出许多的联想、触发研究的冲动与灵感。找不到新的研究点，难以获得新成果，找不到新方法和新途径，也难以积累新经验，取得新突破。

3. 选题难与易的关系

教育科学研究理应多鼓励迎难而上，越是难度大的课题某种意义上讲也是最有创新价值的。但现实情况表明由于受主观和客观条件的制约很多相对比较大而难的课题，一般人做不了，一般的力量、一般的投入很难完成，因此要把握适度，从小问题入手，寻找突破口。选题的难易与课题的大小有关，一般大课题研究起来相对比较困难，难在问题比较复杂抽象，研究的内容庞大，任务艰巨，需要投入较多的人力物力财力。相对小的课题问题可能比较简单具体，研究内容涉及面不是很广，投入的力量相对较少一些，容易出成果。

4. 选题理与行的关系

所谓理，主要是指理论性研究选题；行，是指实践性应用性研究的选题，两者要有区分，但又要兼顾。一个好的选题有理论高度和深度，即使是实践性应用性的课题同样也要有理论的支撑与回答，不能就事论事。同时又要特别注重解决实际问题，取得实际效果。一般来讲，地方教育科研机构和高校纯理论的问题少选或不选，不是理论研究不重要，而是难以出实际成果，难以解决当前教育改革与发展中的现实问题。我们更多的是需要"短、平、

快"的行动研究、应用研究、实证研究。

第二节 教育科研课题的设计

课题设计,它的主要任务是从整体上对研究问题、目标、依据、内容、方法、过程、成果、人员和费用等因素进行具体的论证、分析和预测,从而确定一个合理可行的研究方案。

一、课题设计的基本框架

设计一个课题研究方案,无非是要回答教育科研的几个基本问题:第一,解决什么问题?第二,这项研究有何价值?第三,有没有能力解决问题?第四,得到哪些成果?第五,如何解决问题?这些问题决定了课题设计的基本结构。具体地说,一个课题设计一般包括以下要素:

1. 课题名称

课题的具体题目要明确,无歧义。字数以不超过 25 个字为宜。

2. 问题的提出

提出问题要交代背景,分析国内外研究现状说明研究的价值与意义。

3. 研究的理论依据和研究假设

介绍运用哪种理论做指导,提出研究假设,找到研究主题及其变量之间的关系。

4. 核心概念的界定

表明课题所研究的对象、范围、明晰核心概念内涵与外延。

5. 研究目标与内容

确立研究要达到的初始目标和终极目标,提出课题研究的具体问题,形成若干个子问题体系,从不同侧面进行研究。

6. 研究的方法

决定和选择课题所采用的主要研究技术和方法。

7. 研究思路与步骤

明确课题开展研究工作的具体策略与路径,表明研究的重点和关键之处。

8．研究保障

表明课题所能控制运用的研究资源。

9．研究队伍

明确课题组成员及分工，形成知识学科、职称职务结构合理，有年龄梯度的研究团队。

10．研究经费

对获得资助的经费作出合理的预算分配。

11．研究成果预测

表明预期的科研成果形式和数量。

12．资料附录

表明研究者掌握的研究资料和参考文献。

二、课题设计的技术操作

1．做好研究现状述评

研究现状述评是课题设计必不可少的重要内容，是研究者提出问题的重要依据和基础，在整个课题设计中文字最多、篇幅最长、位置最靠前。它是专家评审时对该选题提出的由来、占有资料与信息广度与深度、研究意义和价值进行考察的重要依据，在整个设计中具有举足轻重的作用。

现状述评分两层含义，一是要"述"，二是要"评"。

所谓"述"，即对这个问题目前国际、国内的相关研究进行综述，阐述至今为止国内外曾经有哪些学者对这个问题进行过研究，研究了些什么，取得了哪些研究成果，形成了哪些重要的学术观点。运用研究者掌握和搜集到的文献进行综合性阐述，目的是寻找现行研究的不足，为自己提出的问题找到创新点。综述要尽可能全面真实详尽地做好文献的搜集与整理，不能随意杜撰，断章取义。引文出处也要规范，避免侵犯知识产权。

所谓"评"，就是对前人已取得的成果，形成的学术观点，研究的方法与采用的技术等进行分析比较，作出概括性的评价。表明作者对已有研究的看法，指出这些研究有哪些不足，有哪些可进一步研究的空间。做这项研究与之相比较，切入点和落脚点有哪些区别，有哪些创新与发展，将会产生什么样的成果，这些成果的取得和突破，对推动教育理论创新和教育改革实践将会起什么作用，有着什么价值和意义，等等。评价要客观，概括要精练，不能凭个人好恶刻意贬低与拔高，言过其实。

"述"和"评"两者的关系紧密相连，相互依存，缺一不可。述的目的是为了评，是前提，是基础，是铺垫。评是对述的深化概括，提炼上升。

2. 界定课题核心概念

课题的选题中一般有一些关键性词语，隐含了一个或多个概念，有的已经是约定俗成，十分常见，不需要对其内涵和外延作出解释和界定的概念，但有些是别人不清楚，理解起来容易产生歧义，需要进行界定。尤其是其中核心的问题如果界定不清，将会使研究的目标与研究对象、范围、内容产生不确定性，直接影响到研究目标，研究方向，研究的信度与效度，因此要重视概念的界定。课题界定即对研究的核心概念进行明晰，阐明概念的内涵外延，明确研究对象，确定研究范围。

3. 充分论证课题价值

人人都会说自己的课题是有价值的。但是，怎样让别人也相信这个课题是有价值的，这是课题申报中要解决的一个重要问题。也就是说，在课题评审书中，我们要用心去论证一个课题的价值，从而说服评审者来认可这个课题立项。

论证课题的价值，一般包括以下几个方面。

第一，课题研究的文献综述。就是把别人的相关研究做一个搜集与分析，列出重要的观点及成果。要把握这个领域的研究前沿在哪里，别人做了哪些工作，还有哪些问题没有解决好并需要进一步研究。一个有价值的课题，必定是一个具有学术前沿性的课题。通过文献综述，别人可以判断你是否了解学术前沿，你的选题是否有前沿性。因此，在文献综述上，关键是要正确判断选题的方向性，确定能够把握前沿的问题，这是一个课题有无价值的关键之处。

第二，课题研究的认识价值。中小学教育科研有助于深化人们对教育活动、教育要素的具体认识。比如，重新认识学生的学习能力、重新认识师生之间的交往方式、重新认识评价的效能，或者树立新的教育理念，形成新的教育思想等。课题研究的认识价值，是通过对事物本质与规律的深化探究来获得的。因此，论证课题的认识价值，关键是要说明课题研究在对事物本质与规律的把握上能够获得新进展。

第三，课题研究的实践价值。通过科学研究，可以找到解决问题的新思路、新方法、新技术、新模式，从而促进问题解决，这是科学研究的实践价值所在。中小学教育科研的主要价值在于改进教育实践。中小学教育科研和中小学教育实践应该是合二为一的，即课题研究是在教育实践探索中进行的，教育过程就是实验过程，这是中小学教育科研的突出特点。要从理论和实践两个角度来分析选题的重要性，展示课题研究的学术意义和应用前景。

4. 设定课题研究假设

科学研究一般都应有研究假设。

什么是研究假设？是指从已有的事实和科学原理出发，对实践中观察或研究到的、以往的理论没有说明或当时不能说明的一些现象做出理论上的假定性说明。也就是说，根据事实和已有资料，对研究课题设想出一种或几种可能的答案、结论。这种假设是根据一定的科学知识和新的科学事实对所研究的问题的规律或原因作出一种推测性的论断和假定性解释，是在进行研究前预先设想、暂定的理论。对各种教育问题和现象所作的且尚待证明的初步解释都属于假定性质。

研究假设一般具备以下几个特征：

第一，科学性。即它是以一定的理论和事实为基础，不是毫无依据地推测和主观臆断的一个命题。如"永动机"就是一个没有科学依据的命题。

第二，可检验性。即研究假设的结论是可以检验的，可检验的假设是研究假设的科学性的必要条件。可检验性是指研究的结果是可以在同等的条件下进行重复的实验，并能证明同一结论的存在性和它的可靠性。

第三，可预测性。一个课题的假设应该有可以预测的结果。如"在中小学合理地运用现代教学技术进行课堂教学，就可以提高学生的学习热情"。其结果是可以预测的，因为它符合中小学生的学习心理和生理需求以及性格特点。

一个好的研究假设需达到五条标准：

一是假设应以叙述的方式加以说明，明确表示研究者设想在两个变量之间有还是没有关系。因此不能以提问的方式表述假设。

二是假设应说明两个以上的变量关系，但每一个假设中，只能陈述两个变量之间的关系。两个以上的变量之间的关系，可以有一组假设。

三是必须以客观事实或科学理论为依据，并可以检验。不能凭空想象，毫无依据。

四是假设应全面反映课题中涉及变量的不同值之间可能存在的关系。

五是研究假设表述要清晰，界说要准确，符合语言逻辑。

5. 客观而合理地界定研究目的

研究目的即我们预期取得的成效，是整个研究要达到的目标。简单地说，教育科研的目的是解决我们面临的教育教学实践中遇到的问题。这些问题可能是理论的，也可能是实践的，但都是现实存在的、对教育活动有影响的问题。科研就是有计划地解决问题的活动。这种活动和一般活动相比，更具计划性、创新性和严密性。

在研究方案中，研究目的需要具体、明确为可操作、可验证的各项研究目标。一般来说，中小学教育科研的常见目标有：

第一，教育要素或教育模式的创新，如新方法的应用、新模式的形成、新原则的阐述、新工具的发明等；

第二，对教育问题的理论认识的提升，包括提出新理论、发现新规律等；

第三，学校面貌的变化，比如学校教育理念的变革、学校教育环境的优化、学校教育精神和教育特色的确立等；

第四，学生获得更好的发展，比如，学业成绩得到提高、学习能力得到发展、学习态度得到端正、在品德和审美等方面取得新进步、全面素质得到提高、特长得到发挥等；

第五，教师队伍的发展，比如科研兴趣激发出来、科研能力得到提高、形成了独特的教学艺术风格、业务能力提高等。

一个具体的科研项目，可能包含上述五个方面的成果预期，也可能只有某个或某些方面。究竟能达到什么目的，能收到哪些效果，需要具体课题具体分析。

在具体表述时一般有两种方式。一种是总体论述式，另一种是分层论述式。前者是直接讲明课题研究中针对什么问题，通过什么样的变革，追求什么成效。后者是分出层次，加以介绍。中小学的研究通常将研究目标分解成学生发展目标（学生的进步）、工作目标（教师与学校的发展）与科研目标（包括知识的增长、经验的丰富、方法技巧的创新、理论的发展）。分别具体表明在这三个方面的措施与变化上的追求。具体表述研究目标时，要与课题研究的措施设计、成果设计相对应。同时要注意，研究目标不能用完成时来表述。

6. 准确而有效地分解研究内容

研究内容是回答"研究什么"的问题，是研究目标的分解与细化，即研究要解决哪些具体问题。只有把研究的问题弄清楚了，才能开始研究。

一个大课题一般包含若干子课题，为了解决好总问题，需要对课题内容进行分解，确定一些相互关联的小问题，从而使问题逐步得到解决。这一过程，是确定研究内容的过程，也是对研究课题的逻辑分解过程。为了提高教育科研的质量，在课题设计过程中，应高度重视研究内容的分解工作，努力把课题落到实处。

通常课题越大，研究内容就越多，研究的难度也越大。研究内容设计时可以围绕研究的核心进行分解，使之成为一系列的能进行操作的具体项目。内容的确定关键是要紧扣研究目标（主题），做到逻辑对等，切忌内容小于目标或脱离于目标之外。

7. 选取研究方法、研究思路与技术路线

科学的结论取决于科学的研究，科学的研究又完全得益于科学的方法。常用的方法有：文献研究法、个案研究法、调查研究法、行动研究法、叙事研究法等。在做设计论证时方法的选择不能太原则，太笼统。力求问题与方法相对应，什么问题用什么方法要具体翔实，不能仅限简单地罗列出几种方法。研究方法应该是专业性、学术性的，有的表述为上下结合法，点面结合法。需要说明的是，理论联系实际法仅是研究工作策略，不是研究方法。

所谓研究思路与技术路线是指对研究的总体把握，研究从哪里进入，从哪里开始，从哪里突破，注意些什么样的研究策略，先做什么，后做什么，主要做什么，重点做什么，本研究关键性的技术难点在哪里，怎样去解决，工作流程是什么，等等。恰当的研究思路与技术路线，决定研究的科学有序的推进，要因人、因题来考虑。要体现有所为有所不为，有所先为有所后为。

8. 预设阶段性和终结性成果

提出问题是为了研究问题和解决问题，解决问题要用成果来回答支撑。在设定预期成果时，要注意两个前提：

第一，要明确本课题打算出什么样的成果，是论文还是专著，是软件开发还是做软件的使用推广。要根据研究的定位来决定。理论性研究，一定要有理论成果、理论建树、理论创新，当然也要注意成果的实践性。应用性研究，重在寻找问题的原因，提出解决的办法与策略，其成果能够推动实际工作，产生实际管用的效果。开发性研究，既要重视开发的理论创新又要重视成果的实际应用价值，理论与实践成果兼而有之。

第二，要明确成果的数量，出多少成果。

在两个前提下，紧扣研究目标和内容来设定成果的名称与表现形式，努力做到研究内容与成果相对应，成果与成果表现形式相对应。成果的设定要量力而行，拿得起放得下，不能贪大求全，更不能不切实际夸海口，放空炮。

9. 组建课题研究团队

研究团队的组建既是课题设计论证的一个部分，也可作为研究条件的保障单独考虑。一个结构合理的研究团队对做好课题的作用非常重要。组建研究团队时要做到"五要"：

一要注意年龄结构，形成研究梯队；

二要注意学科结构，形成多学科的支撑；

三要要注意理论工作者与实际工作者的结合，推动理论与实践双重探索；

四要注意行政领导与一线教师的结合；

五要注意专家的参与和指导。

10. 规范标注课题参考文献

标明参考文献是遵守学术规范的需要，也是课题设计必不可少的内容之一。参考文献的作用：

一是帮助读者了解有关本课题的研究历史和已有成就，作为进一步研究的依据；

二是尊重他人的研究成果，同时体现作者治学的严谨；

三是为别人提供查证的线索，避免出于马虎，转引他人研究观点时产生的误解或不同的理解。

参考文献的多少与质量反映研究者对本课题的历史的了解以及科学态度和求实精神。在引用时应注意：

一是参考文献要比较全面，确实对本课题设计有针对性和参考性；

二是要遵循引文规范，按学术规范标明文献名称、作者、文献来源、日期等；

三是要精心选择，不要滥竽充数。

第三节　教育科研课题的论证

教育科研课题的设计与论证既有联系也有区别，两者不能混为一谈。设计主要是把课题的总体框架构建好，而论证是对总体设计框架的必要性、科学性、创新性与可行性从理论与技术的层面进行分析求证。两者同时发生，交织在一起。对于有经验的研究者来说，很容易把握，但对于科研新手则需要从理论到实践加以澄清。

一、教育科研课题论证的目的

论证的目的主要包括四个方面：

第一，论证问题的真实性和现实性。运用已掌握的文献资料考证问题是否存在，是否可能解决。

第二，论证研究的科学性。所提出的问题是否有充分的教育理论或教育实践依据，研究的前提是否成立可靠，有没有研究基础，有没有前期研究成果。

第三，论证研究的创新性。研究的创新点在什么地方，与其他同类研究相比，有何重大突破,研究的视野有什么不同,研究采取了哪些新的方法,将会产生什么样的新成果。

第四,研究的可行性。完成课题研究的充足条件与必要条件是否具备。

二、教育科研课题论证的意义

课题论证是科研课题选择必不可少的环节。课题的论证是有组织地、有系统地鉴别研究的价值,分析研究条件,完善研究方案的评价活动,对保证教育科研工作的顺利进行,提高研究质量等有着重要意义。

1. 课题论证是对研究的价值的有效鉴定

课题论证通过对课题研究的问题所涉及的对象与内容的考察、研究的背景分析与他人同类研究的比较等基本环节,清楚地揭示出研究的实践价值或理论价值。

2. 课题论证促进了研究方案的完善

课题论证是一个信息交流的过程,同行专家的观点、主张都会给课题的设计者以极大的启发;论证会又是一个提意见和建议,对方案评头品足的过程,从而找出方案的不足;论证过程还会对研究条件等作详细的分析,从而为方案的修改提供具体依据。

3. 课题论证是研究质量的可靠保证

经过论证,不仅方案得到完善,为研究的顺利实施奠定了基础,而且,严格的论证对研究过程可能出现的问题做出预测,使整个研究的方向等更加明确,各项前期工作得到更充分的准备,从而确保了研究的质量。

课题论证是一项十分严肃认真的工作,对论证对象和论证人都有严格的要求。就论证对象来说,要认真准备论证资料,详细介绍课题情况,要虚心听取论证意见和修改意见,并根据论证结论处理研究方案等。论证人应以实事求是的科学态度对课题进行论证,充分发表自己的意见。论证人还必须是相关问题的研究专家,应具有良好的职业道德。

三、教育科研课题论证的具体技术要求

通过论证需要达到以下技术要求:
(1) 明确课题的定位,是理论研究还是应用研究;是实验研究还是开发研究?
(2) 明确课题研究的重要性,有没有分析比较,有没有足够充分的说明?
(3) 问题的设计是否紧扣研究主题或偏离主题?研究目标是否清晰明了?研究内容是否紧贴研究目标?是否将研究主题细分为若干个子问题,且子问题之间是否存在内在的逻辑关系?
(4) 研究假设的设定是否清楚明确,表述合理,是否可以验证?
(5) 有关研究变量的定义和描述是否完整,要进行哪些变量的前测和后测,要运用哪些量表和工具?

（6）研究选择哪些样本？样本是否过多或过少，范围是否适中？是否有代表性和典型性，是否具有可信度？

（7）研究难点与核心问题在哪里？最先从哪里切入？从哪里取得突破？

（8）研究所应该具备的基本条件是否得到满足，需要什么样的外部环境和条件？

（9）预期成果是否对应研究目标与研究内容？成果表现形式有哪些，完成的可能性有多大？数量是否足以支撑研究目标，成果的层级和档次是否定位得当，能否确保满足结题的要求？

（10）参考文献是否具有新颖性？是否具有代表性和完整性？是否符合学术引文规范？

四、教育科研课题论证的组织和实施

教育科研是一项有序的系统工程，需要很强的计划性，需要进行严密的论证。课题论证一般有论证准备、开题论证、综合论证等几方面的工作。

1. 论证准备

要保证论证的质量，必须认真做好开题论证的各项准备工作。其中主要的是做好课题计划准备，以交付专家和各级领导以及有关人员论证。在提供课题计划时，应当针对不同的计划类别有所侧重。如教育调查课题计划，提供论证的侧重点，应放在计划的客观性、全面性和发展性上；教育实验课题计划，侧重点则应放在实验目的（解决什么问题，解决到什么程度）、操作定义（操作活动的特点）、实验对象（选取、分组）、可比性、控制性和重复实验等问题上。

2. 开题论证

开题论证是对课题进行全面评审。通过专家、主管领导和同行研究人员进行全面、系统的研讨与审议，做出抉择，或对课题计划提出调整与修改的意见，最后批准实施。开题论证一般要从课题实际情况出发，如课题较小，或是个人课题，可通过座谈会形式进行，课题主持人向有关同志介绍课题，征求与会人员的意见。如课题较大，或是集体课题，则必须进行系统论证，可以采取通过课题论证会形式。课题论证会前，研究者必须将课题的目的、目标、内容、研究对象、具备的条件等进行系统整理，提交论证报告。在论证报告中必须提供以下方面内容：

（1）主题目的。为什么选择这个题目？通过这项研究要达到什么目的？

（2）课题的价值。课题的价值是选题的依据，所选课题对解决教育实际问题（包括对本校、本地区的教育工作实际存在的问题）或回答教育理论问题有什么意义？对教育的改革和发展会有什么贡献？选择这一课题的依据是什么？国内外在这一研究中已取得了哪些成果？

（3）课题研究的条件。这一课题研究涉及哪些客观条件？是否都能满足？从研究者自身看是否有足够的知识、能力、信心？

（4）方案。方案是否完备？方案中各部分的联系如何？方案的总体思路是什么？

（5）过程分析与结果预测。研究过程可能出现哪些问题？有哪些对策？研究结果可能出现哪些情况？是否会带来不良后果？

论证会上，有关专家必须详细审查论证报告，向研究者提问质疑。但论证会不同于成果鉴定会，更主要的应该是完善方案。在确定研究有明显价值的前提下，论证双方应全力讨论方案，提出意见和建议、修改补充方案。

对于一些重大的课题，一般还要进行综合评价，作具体的价值分析、可行性论证和效益分析，以确保研究的质量。

3．综合论证

综合论证，即综合评价。从评价的主体来说，它是自我论证评价、同行论证评价及科研管理部门论证评价的结合。从过程角度来说，它是由预审、初审、学术评审、综合评审四个阶段组成。预审与初审可在开题前后的时间里进行。重点侧重在课题选择和课题计划的制订上。学术评审与综合评审要贯穿于课题研究的全过程，重点放在计划实施与成果的预期鉴定上。

五、开题论证存在的问题

在课题研究中，一些学校由于对开题论证的意义认识不统一，对开题论证常识掌握的不一致，开题论证主要存在以下问题。

1．认识不清，不予操作

个别学校对开题论证的意义认识不清，在课题立项后，着手制订实验方案，然后进行研究过程的实施，根本不进行开题论证这一重要工作，对研究内容、研究方法不进行论证，导致课题方案不完善，操作性不强，更有甚者，连实验教师都不知道自己研究的课题是什么。这样，使课题的研究搁置，研究成果虚无。

2．操作简单，形式化严重

有些学校进行了开题论证工作，但操作简单，形式化严重。主要表现在：第一，开题论证只限于撰写论证报告，装入课题研究档案，走过场；第二，召开开题会，只向实验教师宣读开题报告，不做具体论证、交流，对研究报告不做任何修改。

3．闭门研究，思路不宽

有的学校很不重视开题论证工作，学校封闭研究，导致研究方案思路狭窄，研究方法不得当，研究结果肤浅，或研究不出什么成果。

六、开题论证与立项论证的区别

立项论证主要包括六部分：本课题国内外研究现状述评，选题的目的、意义，本课题研究的主要内容（研究的切入点、主要问题、重要观点等），研究方法、手段、途径等，已有相关成果，主要参考文献等等。立项论证的过程实际在课题的选择、设计、填写课题申报书的过程就已经完成。立项论证的重点是研究的意义、价值，目的在于立项。开题论证的重点是如何完成此项研究，目的在于如何完成。两种论证各项内容侧重点的区别如表1：

表1　立项论证和开题论证的区别

内容	立项论证	开题论证
文献研究	研究背景、研究角度、突破口	在对以往经验进行分析中，特别要说明本课题组已有研究基础和突破口
研究内容	概述准备研究的问题	具体说明研究问题
研究假设	基本的设想	具体假设、预期结论
研究方法	大致采取什么方法	说明如何采取这些方法
研究队伍	确定课题组成员	人员的分工及建立子课题组
研究成果	成果形式	具体的成果形式
研究时间	研究各阶段的大致安排	研究日程安排
研究经费	投入经费总额	每年度支出情况及自筹经费情况

案例二： 教育科研课题的设计与论证

教育科研课题的设计与论证主要体现在课题申报书（有的叫课题申请评审书）上，原则上是按照表格上所列的相关项目逐一认真填写。各类申报表尽管名称各不相同，所立项目形式上也有一定差异，其实是大同小异。课题申报表主体部分大致由以下项目组成：

课题的表述与界定；
研究的背景、目的意义；
本课题研究的历史、现状和发展趋势；
课题研究的理论依据；
研究范围、内容和对象；
研究方法；
研究步骤；
预期成果的形式；
课题组负责人和成员的分工；
经费预算及其他所需条件。

课题申报表的填写注意事项包括：

填写内容与栏目要求要完全一致，一是表格前后的表述也要基本一致；二是体例要规范，语言要简洁；三是申报资料必须通过正常的申报程序；四是书写一定要工整；五是要注意其他容易忽略的细节。

现选取新疆某大学讲师王某申报的全国教育科学"十一五"规划2010年度课题"专业发展视域下新疆教师资格制度的审视与重构研究"作为案例，读者借鉴此申报书中课题的设计与论证方法，就能很直观地理解课题的申报过程和申报要求。事实上，一般课题的申报书往往更简略，也更容易操作。课题申报者只需按印制好的申报书的要求填写就行。值得一提的是，申报书后附有论证活页，这是为了评审的需要，其内容在申报书中都有体现。

编号	

全国教育科学规划
课题申请·评审书

课 题 名 称　专业发展视域下新疆教师资格制度的
　　　　　　　审视与重构研究
指 南 题 号　二，（三），5
学 科 分 类　教育经济与管理
课 题 负 责 人　王　×
责 任 单 位　新疆××大学
填 表 日 期　2010年3月10日

全国教育科学规划领导小组办公室
2010年1月修订

申请者的承诺与成果使用授权

一、本人自愿申报全国教育科学"十一五"规划2010年度重点课题。认可所填写的《全国教育科学规划课题申请·审批书》（以下简称为《课题申请·审批书》）为有约束力的协议，并承诺对所填写的《课题申请·评审书》所涉及各项内容的真实性负责，保证没有知识产权争议。同意全国教育科学规划领导小组办公室有权使用《投标申请·评审书》所有数据和资料。课题申请如获准立项，在研究工作中，接受全国教育科学规划领导小组办公室及其委托部门的管理，并对以下约定信守承诺：

1. 遵守相关法律法规。遵守我国《著作权法》和《专利法》等相关法律法规；遵守我国政府签署加入的相关国际知识产权规定。

2. 遵循学术研究的基本规范。科学设计研究方案，采用适当的研究方法，如期完成研究任务，取得预期研究成果。

3. 尊重他人的知识贡献。客观、公正、准确地介绍和评论已有学术成果。凡引用他人的观点、方案、资料、数据等，无论曾否发表，无论是纸质或电子版，均加以注释。凡转引文献资料，均如实说明。

4. 恪守学术道德。研究过程真实，不以任何方式抄袭、剽窃或侵吞他人学术成果，杜绝伪注、伪造、篡改文献和数据等学术不端行为。成果真实，不重复发表研究成果；对课题主持人和参与者的各自贡献均要在成果中以明确的方式标明。

5. 维护学术尊严。保持学者尊严，增强公共服务意识，维护社会公共利益。维护全国教育科学规划课题声誉，不以课题名义牟取不当利益。

6. 遵守课题管理规定。遵守《全国教育科学规划课题管理办法》及其实施细则的规定。

7. 明确课题研究的资助和立项部门。国家社科基金课题和教育部级课题研究成果发表时须在醒目位置独家标明"国家社科基金教育学××年度××××课题（课题批准号：××××）成果"和"全国教育科学'十一五'规划××年度××××课题（课题批准号：××××）成果"字样，课题名称和类别与课题立项通知书相一致。凡涉及政治、宗教、军事、民族等问题的研究成果须经全国教育科学规划领导小组办公室同意后方可公开发表。

8. 标明课题研究的支持者。要以明确方式标明为课题研究做出重要贡献的非课题组个人和集体。

9. 正确表达科研成果。按照《国家通用语言文字法》规定，规范使用中国语言文字、标点符号、数字及外国语言文字。

10. 遵守财务规章制度。合理有效使用课题经费，不得滥用和挪用。课题结题时如实报告经费使用情况，不报假账。

11. 按照预期完成研究任务。课题立项获得批准的资助经费低于申请的资助经费时，同意承担课题并按预期完成研究任务，达到预期研究目标。

12. 成果达到约定要求。课题成果专著、论文、研究报告等公开发表，并在学术界和实践领域产生一定的影响。

二、作为课题研究者，本人完全了解全国教育科学规划领导小组办公室的有关管理规定，完全意识到本声明的法律后果由本人承担。特授权全国教育科学规划领导小组办公室：有权保留并向国家有关部门或机构报送课题成果的原件、复印件、摘要和电子版；有权公布课题研究成果的全部或部分内容，同意以影印、缩印、扫描、出版等形式复制、保存、汇编课题研究成果；允许课题研究成果被他人查阅和借阅；有权推广科研成果，允许将课题研究成果通过内部报告、学术会议、专业报刊、大众媒体、专门网站、评奖等形式进行宣传、试验和培训。

申请者（签章）：_____

年　　月　　日

填 表 说 明

一、请按《全国教育科学规划课题管理办法》的有关规定，使用计算机如实准确填写各项内容。

二、本表报送一式2份，其中1份原件，1份复印件，7份《课题设计论证》活页。原则上要求统一用A3纸双面印制、中缝装订。

三、封面左上方框申请人不用填写。其他栏目申请人要如实填写，不能留空白。申请者签章处，不得用打印字和印刷体代替。封面请勿用塑料封皮或其他装饰。

四、本表所附《课题设计论证》活页供匿名评审使用，必须填写，但不得出现申请人和课题组成员的姓名、单位名称等信息。

五、请按"填写数据表注意事项"的要求，准确、清晰地填写数据表各栏内容；若有问题，请与本省（自治区、直辖市）教育科学规划领导小组办公室或全国教育科学规划领导小组办公室联系咨询。

六、本表须经课题负责人所在单位领导审核，签署明确意见，承担信誉保证和管理职责并加盖公章后方可上报。

七、全国教育科学规划领导小组办公室联系方式

办公地址：北京市北三环中路46号

邮政编码：100088

联系电话：（010）62003305　　（010）62003307　　（010）62003308　　（010）62003304

传真电话：（010）62003324

电子信箱：jks.qgb@cnier.ac.cn

网　　址：http://onsgep.moe.edu.cn（教育部）

http://www.cnier.ac.cn（中央教育科学研究所）

http://www.npopss-cn.gov.cn 单列学科

（全国哲学社会科学规划办公室）

填写数据表注意事项

1. **课题名称** 应准确、简明反映研究内容，最多不超过40个汉字（包括标点符号）。
2. **关键词** 按研究内容设立。最多不超过3个关键词，词与词之间空一格。
3. **选题依据** 请选择填写，限填一项。当选择A时，必须填写"指南题号"。

    例如：　A ｜ 依据指南　指南题号 二，（二），5

    A．依据指南　指南题号 _____　B．自选课题
4. **学科分类** 系指课题研究所属学科范围。请选项填写，限报1项。

    例如：　B ｜ 教育心理

    A．教育基本理论与教育史　B．教育心理　C．教育信息技术　D．比较教育　E．德育　F．教育经济与管理　G．教育发展战略　H．基础教育　I．高等教育　J．职业技术教育　K．成人教育　L．体育卫生美育　M．民族教育　N．国防军事教育跨学科的课题，请选为主的学科填写。
5. **课题负责人** 系指真正承担课题研究和负责课题组织、指导的研究者。不能承担实质性研究工作的，不得申请。
6. **课题类别** 请选项填写，限报1项。例如：　B ｜ 国家一般

    A．国家重点课题　B．国家一般课题　C．国家青年基金课题　D．教育部重点课题　E．教育部青年专项课题
7. **研究类型** 请选项填写，限报1项。例如：　C ｜ 综合研究

    A．基础研究　B．应用研究　C．综合研究　D．其他研究
8. **担任导师** 系指申请人本人担任博士生导师或硕士生导师情况，请选项填写，限报1项。

    例如：　A ｜ 博士生导师

    A．博士生导师　B．硕士生导师　C．未担任导师
9. **工作单位** 按单位和部门公章全称填写。
10. **所在省（自治区、直辖市）** 请选项填写，限报1项。例如：　A ｜ 北京市

    A．北京市　B．天津市　C．上海市　D．重庆市　E．河北省　F．山西省　G．内蒙古自治区　H．辽宁省　I．吉林省　J．黑龙江省　K．江苏省　L．浙江省　M．安徽省　N．福建省　O．江西省　P．山东省　Q．河南省　R．湖北省　S．广东省　T．湖南省　U．海南省　V．广西壮族自治区　W．四川省　X．贵州省　Y．云南省　Z．西藏自治区　1．陕西省　2．甘肃省　3．青海省　4．宁夏回族自治区　5．新疆维吾尔自治区　6．新疆生产建设兵团
11. **所属系统** 系指申请人单位的属性。请选项填写，限报1项。

    例如：　A ｜ 教育部直属高等院校

    A．教育部直属高等院校　B．其他高等院校　C．教育部直属单位　D．其他科研机构　E．中小学校（包括中等专业学校、技工学校、职业高中、幼儿园等）　F．军事机关及院校　G．教育部各司局　H．国家部委机关　I．地方教育行政部门　J．其他
12. **联系电话** 必须填写课题负责人的电话号码。
13. **主要参加者** 必须真正参加本课题研究工作，不含课题负责人，不包括单位领导、科研管理、财务管理、后勤服务等人员。
14. **预期成果** 系指预期取得的最终研究成果形式。请选项填写，最多选报3项，其中必须包含研究报告和公开发表的研究论文。例如：　A ｜ 专著　　D ｜ 研究报告

    A．专著　B．译著　C．研究论文　D．研究报告　E．工具书　F．电脑软件　G．其他
15. **申请经费** 以万元为单位，填写阿拉伯数字，注意小数点位置。

一、数据表

课题名称	专业发展视域下新疆教师资格制度的审视与重构研究								
关键词	专业发展　　资格　　重构								
选题依据	A	指南题号：二，(三)，5							
课题类别	C	国家青年基金项目		学科分类	F	教育经济与管理		研究类型	C	综合研究
负责人姓名	王×		性别	女	民族	汉	出生日期	1981年9月28日	
行政职务			专业职务		讲师		研究专长	教育管理	
最后学历	研究生		最后学位		硕士		担任导师		
所在省（自治区、直辖市）	5		新疆维吾尔自治区		所属系统	B	其他高等学校		
工作单位	新疆××大学教育科学学院				电子信箱		×××666@163.com		
通讯地址	新疆乌鲁木齐市××路102号				邮政编码		8300××		
联系电话	(区号)0991(单位)433×××(家庭)6223×××(手机)1366998×××								
身份证号	650102××××××××××								

主要参加者	姓名	出生年月	专业职务	研究专长	学历	学位	工作单位
	石×	1975.4	副教授	公共管理	研究生	博士	新疆××大学
	陈×	1981.1	讲师	人力资源管理	研究生	硕士	新疆××大学
	耿×	1981.11	讲师	人力资源管理	研究生	硕士	新疆维吾尔自治区××学校
	蒲××	1983.1	讲师	政策法律	研究生	硕士	新疆××大学
	贺×	1980.9	小教高级	教育管理	本科	学士	新疆乌鲁木齐市第××小学

预期最终成果	C	研究论文	D	研究报告	
申请资助经费(单位：万元)	8.00		预计完成时间	2013年6月30日	

二、负责人和课题组主要成员近五年取得的与本课题有关的研究成果

成 果 名 称	著作者	成果形式	发表刊物或出版单位	发表出版时间
政府公共决策与公民参与	石×	专著	社会科学文献出版社	2009年9月
教育组织决策中的参与式民主	石×	论文	现代教育论丛	2005年第10期
关于加快新疆高校办学发展的几点思考	王×	论文	产业与科技论坛	2008年第8期
浅析高校教师的专业化发展	王×	论文	新疆石油学院学报	2008年第2期

三、负责人和课题组主要成员近五年来主持的相关重要研究课题
（如已结题，请提供课题结题相关证书、证明复印件）

主持人	课 题 名 称	课题类别	批准时间	批准单位	完成情况
王×	新疆教师职业准入制度实施研究	新疆××大学优秀青年教师科研启动基金项目	2008.11	新疆××大学	在研

四、课题设计论证

- 本课题核心概念的界定、国内外研究现状述评、选题意义及研究价值；
- 本课题的研究目标、研究内容、研究假设和拟创新点；
- 本课题的研究思路、研究方法、技术路线和实施步骤。

(限 4000 字内)

一、本课题核心概念的界定、国内外研究现状述评、选题意义及研究价值

（一）本课题核心概念的界定

教师资格制度是对从事教师职业的人员在资格上的规定，是国家对从事教育教学工作人员提出的最基本标准和要求。也称"教师资格证制度""教师证书制度"，它是指"国家对教师实行的一种特定的职业资格认定制度"。(参阅中国教育百科全书)

（二）国内外研究现状述评

国外相关研究——关于教师资格制度实施的研究成果较为丰富

1. 教师资格标准研究。国外很多学者认为，传统的教师资格标准不足以保障优秀人才进入教育领域。根据对学科知识、伦理品质、学业成绩、实践能力等多方面的要求应推行新的资格标准，使师资培养更为科学、系统，英国将PGCE课程考核作为本国的特色标准。(Richardson, Pearson, 1994) 而美国则积极倡导实施ISU: 12项有特色的教师资格标准。(Denner, Salzman, &Newsome, 2004)

2. 教师资格考试研究。针对以成绩考查、试卷评价为主的传统方式不利于发现教师真正具备实践能力、问题解决能力的不足，各国也在积极提倡设计更为专业、更具实践性和更富有潜能评估考试来提升教师的能力。具有代表性的有：(1) 美国提出职业资格考试要选择那些有关情感、专业伦理、教育实践能力等方面的指标。(Goodlad, 2002) (2) 法国更重视在资格申请者的学历、教育教学能力与身体等方面作出统一的考核与评价。(刘敏, 2002)

3. 教师资格管理研究。国外很多学者认为通过加强教师资格管理来实施更为专业、更具实践性的资格制度。具有代表性的有：(1) 美国学者通过对国家专业教学标准委员会 (NBPTS) 和 ABCTE 两个认证机构的争议来探讨认证机构的权威性。(2) 美国强调各州间在中小学教师资格认定基准、程度、证书发放等方面既要有一致性也要考虑差异性，并且促进准入制度和职后教育的有机结合。(温伟华, 2004) (3) 日本则关注"专修许可证"和"特别许可证"的设立，强调其对教师产生激励作用。(刘敏, 2002)

国内相关研究——长期以来集中在对"教师资格制度"的实践解析

1. 教师资格制度对教师职业素养的影响研究。国内一些学者从不同角度分析了教师资格制度对教师职业素养的积极影响作用。(1) 从教师专业发展视角分析了促进教师掌握一定的教育教学艺术和灵活的教育教学机制。(罗艳, 2006) (2) 强调在教师资格认证制度下，提升了教师的道德素养、基本职业技能、心理素质、教育技术素养等。(高交运, 2006)

2. 教师资格考试研究。国内针对具体的教师资格认证考试的研究活跃，成果丰富，其中具有代表性的有：(1) 从学历角度分析，学历是申请教师资格的一个初步条件，但只凭学历，师范生就可不参加考试而申请教师资格，在一定程度上存在着不合理性。(罗艳, 2006) (2) 在强调资格考试的基础上，提出要切实保证教育学、心理学等科目培训和考试的有效性，坚持考试的严肃性。(易红郡, 2004) (3) 在对"教师职业准入制度"进行理论分析的基础上，特别强调了引入职业测评机制的重要性。(张茂聪, 李拉, 2008)

3. 教师资格的时效性研究。针对我国现行的教师资格认证，没有明显的分期、一次通过、终身受用的现象，有学者提出我国教师资格认证制度的实施中，应该明确教师资格认证的有效期限，打破教师资格终身制，严格执行教师资格认证有效期满后进行再次认证的制度。(蔡维薇, 2005)

4. 教师资格的管理研究。汇集了众多学者对教师资格的管理现状的冷静分析与对策建议，具有代表性的有（1）提出建立起教师资格注册、年检和档案管理制度。（蔡维薇，2005）（2）强调对于那些已经持有认证证书的教师，应制定审议和复核的标准和监控制度。（罗艳，2006）（3）提出要使教师资格认证制度与教师继续教育相结合，与教师的职称评定相结合。（樊香兰，2006）

5. 新疆教师资格制度研究。针对新疆教师资格制度的集中研究不多，相对较为零散，具有代表性的有：（1）在对新疆贫困县中小学教师水平测试分析的基础上，提出了要加强教师队伍"入口处"的把关。（薛伟，2000）（2）提出在新疆全面实施教师资格制度，加强汉语培训力度，保证民族教师具备基本的汉语水平。（马文华，王阿舒，2004）

综上所述，对教师资格制度研究的内涵比较丰富，其中教师资格制度的实施研究是重点和核心。在我国，国内的研究总体上侧重教师资格的考试研究，但是受区域和民族文化的影响，从公共政策执行分析角度对新疆教师资格制度的实施分析及对策建议的专项研究还不多见。因此，立足于新疆教师专业发展，以公共政策执行分析视角对我区教师资格制度进行深入系统的研究，着重挖掘存在的问题，并提出切实可行的对策建议。

（三）选题意义及研究价值

毋庸置疑，随着我国教师队伍的建设从规模扩充转向质量提高，在教师专业发展的大背景中，为了更加有效地选拔和培养教师，教师资格制度的实施和完善应旨在选拔合格者进入教师队伍，按照适当的标准、程序和方法对教师进行合理的职前培养，进一步加强对教师职后的激励，进而有效地促进教师终身专业发展。本研究从政策变迁的分析视角，立足于新疆的教育实践，针对教师资格制度进行深入探究，一方面从理论层面深入分析教师资格制度的"发展性"与教师专业发展的价值关系；另一方面，从实践层面解析新疆教师资格制度实施的现状、问题，把握政策发展规律，为完善该制度提出对策建议，进一步促进教师的专业发展。

二、本课题的研究目标、研究内容、研究假设和拟创新点

（一）研究目标

1. 理论层面：立足于教师专业发展的大背景中，明确教师资格制度的功能价值定位，厘清教师资格制度的"发展性"与教师专业发展的价值关系，对如何避免"技术理性"规范下产生的过于僵化、简单统一的资格制度做出理性探索，进一步分析有助于教师专业发展的灵活而富有活力的制度环境。

2. 实践层面：立足于新疆特殊的社情、区情，通过分析新疆教师资格制度实施的现状、问题，比较借鉴发达国家和国内发达地区的经验，为完善该制度提出有效对策建议，进一步促进教师的专业发展，以期为政府决策提供参考。

（二）研究内容

1. 教师资格制度应然的价值负载研究。
（1）教师专业发展大背景下对教师资格制度发展的诉求分析。
（2）当下教师资格制度实施现实困境分析。
（3）教师资格制度的价值定位分析。

2. 新疆教师资格制度实施状况研究。
（1）新疆教师资格制度对新疆教育发展的积极作用分析。
（2）新疆教师资格制度现实困境分析（主要针对资格标准、资格考试、资格管理进行分析）。
（3）新疆教师资格制度实施问题的原因解析。

3. 教师资格制度实施策略比较研究。对一些发达国家的教师资格制度实施策略进行分析比较。

4. 新疆有效实施教师资格制度对策研究。在上述研究的基础上，立足于新疆教育的现状提出针对性强的对策建议。

（三）研究假设

1. 在教师专业发展的大背景中，教师资格制度也必须具备发展性，其价值不仅仅在于对准入教师进行甄别和选择，而在于有效促进教师的专业发展。

2. 新疆教师资格制度在实施中存在着问题。

3. 借鉴一些发达国家的教师资格制度的实施策略，新疆教师资格制度的完善具有特殊性。

（四）拟创新点

1. 从教师资格制度实施研究为视角切入对新疆教师的专业发展进行研究。

2. 从理论层面对教师资格制度的"发展性"与教师专业发展的价值关系作有效性分析。

3. 运用公共政策分析方法就新疆教师资格制度做有效性分析。

4. 试图对完善教师资格制度，促进新疆教师专业化发展提出一些可行性政策建议。

三、本课题的研究思路、研究方法、技术路线和实施步骤

（一）研究思路和研究方法

1. 教师资格制度应然的价值负载研究。

运用文献法：①搜集国内外教师资格制度方面的法律、法规、政策、等规范性文件、论文及专著，以此做文本分析。②立足于"价值涉入"的政策研究范式，厘清教师资格制度的"发展性"与教师专业发展的价值关系。

2. 新疆教师资格制度实施状况分析。

通过文献法，搜集相关资料，特别挖掘对教师资格制度实施产生积极影响和存在问题分析。

运用访谈法：分别对新疆教育行政机关相关工作人员、部分中小学校长、部分教师访谈，了解实施新疆教师资格制度对教师专业发展（特别是双语教师）的现状、所产生作用和存在的具体问题。

由此，以公共政策分析理论和制度变迁理论为分析基础。

（1）阐述新疆教师资格制度产生的积极作用。

（2）重点就新疆教师资格制度在实施中的职业资格标准状况、资格考试状况、资格管理状况等方面存在的问题进行分析，深入挖掘在理念；政策文本；目标群体；制度实施的组织和机构；制度的实施环境；相关配套制度等方面的原因。

3. 运用比较分析法，对一些发达国家教师资格制度实施策略进行分析，发现问题、找出差距。

4. 在以上研究的基础上，结合新疆特殊的区情、社情，对新疆教师资格制度的实施提出一些可行性政策建议，并试图对政府政策供给作出理性探索。

（二）技术路线和实施步骤

1. 2010年6月-12月：搜集和整理资料阶段，采用文献分析法梳理国内外教师资格制度的相关研究，形成理论基础，并依此设计访谈提纲，聚焦于教师资格制度的价值目标分析，撰写论文。

2. 2011年1—5月：在理论研究的基础上，分别新疆部分教育行政部门工作人员、校长、教师进行访谈，进一步了解新疆教师资格制度实施状况和问题。

3. 2011年6—12月，对新疆教师资格制度实施状况调研材料进行分析，撰写论文。

4. 2012年1—5月，在文献资料分析的基础上，运用比较分析的方法，对一些发达国家的教师资格制度及实施状况进行分析，发现问题、找出差距，撰写论文。

5. 2012年6—12月，完成研究任务，对资料进行分析，撰写研究报告及论文。

6. 2013年1—6月，完成论文的发表，申请结题。

五、完成课题的可行性分析

- 已取得相关研究成果的社会评价（引用、转载、获奖及被采纳情况），主要参考文献（限填10项）；
- 课题负责人的主要学术经历；主要参加者的学术背景和研究经验、组成结构（如职务、专业、年龄等）；
- 完成课题的保障条件（如研究资料、实验仪器设备、配套经费、研究时间及所在单位条件等）。

（限1500字内）

一、已取得相关研究成果的社会评价（引用、转载、获奖及被采纳情况），主要参考文献（限填10项）

主要参考文献：

［1］叶澜. 教师角色与教师发展新探［M］. 北京：教育科学出版社，2001.

［2］陈永明. 教师教育研究［M］. 上海：华东师范大学出版社，2003.

［3］郭志明. 美国教师专业规范历史研究［M］. 北京：中国社会科学出版社，2004.

［4］朱怀新. 封闭与开放 教师教育政策研究［M］. 浙江：浙江教育出版社，2007.

［5］吴遵民. 基础教育决策论［M］. 上海：华东师范大学出版社，2006.

［6］吴志宏，陈韶峰，汤林春. MPA 教育政策与教育法规［M］. 上海：华东师范大学出版社，2003.

［7］陈向明. 教师资格制度的反思与重构［J］. 教育发展研究，2008.

［8］张茂聪，李拉. 教师职业准入制度的研究［J］. 山东师范大学学报（人文社会科学版）2008（1）.

［9］蒋亦化. 我国教师资格制度的阐释与建构［J］. 当代教育科学. 2008（9）.

［10］姜勇，康永祥. 美国爱达荷州立大学教师职业准入制度的改革与启示［J］. 高教探索. 2007（5）.

二、课题负责人的主要学术经历；主要参加者的学术背景和研究经验、组成结构（如职务、专业、年龄等）

（一）课题负责人的主要学术经历

课题负责人现主持新疆师范大学校级课题"新疆教师职业准入制度实施研究"，参与国家社科基金项目"新疆公共危机管理与政府责任"，参与新疆维吾尔自治区高校科研计划青年教师科研启动基金项目"变革时代背景下教师与课程的关系重建研究"，先后发表论文多篇，具备一定的学术科研能力，有充足的时间和精力保证完成本课题。

（二）主要参加者的学术背景和研究经验、组成结构

本课题组成员由长期在教育一线工作的教师组成，学历层次、结构合理，科研经验丰富。本课题组成员曾主持国家社科基金项目，于核心期刊发表论文多篇，在民族地区公共管理研究方面有较强功底和实践经验，且课题组成员在人力资源管理和制度政策分析方面有较强的理论基础，有一定的研究功底，课题组的老师们长期致力于民族地区教育管理的研究，具有一定的基础，并能很好地对少数民族地区进行调研工作。同时，课题组中有在中小学一线工作的管理者和教师，能很好结合实际进行调研和把握对实践的判断和审视。

三、完成课题的保障条件

学校丰富的网络信息及图书资料为本项目研究提供了一定的信息与实验资源的保障及经验参照。课题主持人和成员有专职从事教师教育研究工作的经验，对该课题有浓厚的研究兴趣，有较为充裕的时间进行调研和资料研究。

六、预期研究成果

	主要阶段性成果（限报10项）			
序号	研究阶段 （起止时间）	阶 段 成 果 名 称	成果形式	负责人
1	2011.1－2011.5	教师专业发展背景下的教师资格制度反思与重构	论文	王× 陈×
2	2012.1－2012.6	新疆教师资格制度实施的现状分析	论文	石× 耿× 贺×
3	2012.6－2012.12	教师资格制度的中外比较分析	论文	王× 蒲××
4	2013.1－2013.5	完善新疆教师资格制度的对策分析	论文	王× 石×
5	2013.1－2013.6	新疆教师资格实施状况研究报告	调研报告	王× 石× 陈×

	最终研究成果（限报3项，其中必含研究报告和系列研究论文）			
序号	完成时间	最 终 成 果 名 称	成果形式	负责人
1	2013.6	新疆教师资格实施状况研究报告	调研报告	王× 石× 陈×
2	2011.5	教师专业发展背景下的教师资格制度反思与重构	论文	王× 陈×
3	2012.6	新疆教师资格制度实施的现状分析	论文	石× 耿× 贺×

七、经费概算

序号	经费开支科目	金额（元）	序号	经费开支科目	金额（元）
1	资料费	10 000 元	7	专家咨询费	7 000 元
2	数据采集费	7 000 元	8	劳务费	7 000 元
3	差旅费	10 000 元	9	印刷费	5 000 元
4	会议费	7 000 元	10	管理费	2 000 元
5	国际合作与交流		11	其他	10 000 元
6	设备费	15 000 元	合计	80 000 元	
年度预算	2010 年	2011 年	2012 年	2013 年	
	20 000	20 000 元	20 000 元	20 000 元	

注：经费开支科目参见《全国教育科学规划课题经费管理办法》。

八、经费管理

承诺遵守财务规章制度，如实填报，严格监督课题经费的合理有效使用，保证课题经费单独立户，专款专用，不挤占和挪用课题经费，在课题结题时提供课题经费使用明细单
单位名称：新疆××大学 通讯地址：新疆乌鲁木齐市××路108号 邮政编码：8300×× 联系电话：0991-433×××× 开户银行：交通银行乌鲁木齐××路支行 银行账号：65110855012015××××× 本单位承诺遵守财务规章制度，严格监督课题经费的合理有效使用，保证课题经费单独立户，专款专用，不挤占和挪用课题经费，在课题结题时提供课题经费使用明细单，使课题能够顺利结题。 公　　章： 负责人签章： 2010 年 3 月 17 日

九、推荐人意见

不具有高级专业技术职务的申请人,须由两名具有正高级专业技术职务的同行专家推荐。推荐人须如实介绍课题负责人的科研态度、专业水平、科研能力和科研条件,并说明该课题取得预期成果的可能性

  该课题的负责人王×在青年教师中政治素质强,科研能力突出,具有严谨的研究态度,曾参加"国家社科基金项目"的课题,并有一定的研究成果,发表学术论文多篇,科研潜力很大。该课题能很好地把握当前新疆教师专业发展的契机对新疆教师资格制度的实施问题进行研究,具有较高的理论和实践价值。该课题组成员均由长期从事相关研究的青年教师组成,学历层次、民族结构合理,教师分工、搭配合理,课题组成员均具有认真严谨的科研态度,科研经验丰富,并在相关领域均有一定的研究成果,由此可以保障课题按时顺利完成各项预期成果。

  第一推荐人姓名:孟××
  专业职务:教授
  研究专长:课程与教学论
  工作单位:新疆××大学
  推荐人签章(须本人亲笔签名或本人印章)
  2010 年 3 月 15 日

  该课题组成员均由长期进行相关研究的青年教师组成,政治素质强,科研能力突出,具有严谨、认真的研究态度,科研经验丰富,课题组成员的学历层次、民族结构合理,教师分工、搭配合理。项目负责人王×曾参加"国家社科基金项目"的课题,并发表学术论文多篇,课题组成员分别在公共政策分析、教师专业发展、人力资源管理、法律制度分析等研究方面具有丰富的科研经验,并取得了一定的科研成果。同时,该课题资料准备充分,并有充足的研究时间以保证课题顺利有效地完成各项预期成果。

  第一推荐人姓名:孙××
  专业职务:教授
  研究专长:教育学原理
  工作单位:新疆××大学
  推荐人签章(须本人亲笔签名或本人印章):
  2010 年 3 月 15 日

十、课题负责人所在单位意见

　　本单位完全了解全国教育科学规划领导小组办公室的有关管理规定，完全意识到本声明的法律后果由本单位承担。保证课题负责人之申请书所填写的内容完全属实，课题负责人和参加者的政治素质和业务能力适合承担该课题的研究工作；本单位能够提供完成课题所需的时间和条件；本单位同意承担课题的管理职责和信誉保证

　　本单位完全了解全国教育科学规划领导小组办公室的有关管理规定，完全意识到本声明的法律后果由本单位承担。保证课题负责人之申请书所填写的内容完全属实，课题负责人和参加者的政治素质和业务能力适合承担该课题的研究工作；本单位能够提供完成课题所需的时间和条件；本单位同意承担课题的管理职责和信誉保证，并给予一定资金支持。

公　　　章：
负责人签章：

2010 年 3 月 17 日

十一、省级教育科学规划领导小组办公室意见

　　本单位完全了解全国教育科学规划领导小组办公室的有关管理规定，完全意识到本声明的法律后果由本单位承担。保证课题申报的真实性，认可课题申报人及其所在单位的申报资格，同意上报全国教育科学规划领导小组办公室

公　　　章：
负责人签章：

年　　月　　日

十二、课题评审评分表

评审内容	权重 1	评审标准				得分（百分制）
		A级（80~100分）	B级（60~80分）	C级（40~60分）	D级（0~40分）	
选题意义	0.2	有重要创新性或应用性	有比较重要的创新性或应用性	创新性或应用性一般	基本属于重复性工作	
研究基础	0.15	已有相关成果丰富，熟悉研究现状，所列参考文献具有代表性	已有比较丰富的相关成果，比较熟悉研究现状，所列参考文献比较有代表性	已有一般相关成果，一般了解研究现状，所列参考文献有一定代表性	没有相关成果，不了解研究现状，所列参考文献没有代表性	
课题设计	0.4	目标明确，内容充实，思路清晰	目标比较明确，内容比较充实，思路比较清晰	目标基本明确，内容基本充实，思路基本清晰	目标不够明确，内容空泛，思路模糊	
研究方法	0.15	方法适切	方法比较适切	方法基本适切	方法不当	
研究条件	0.1	完全具备	比较具备	一般条件	不具备	
总计						

总得分由全国教育科学规划领导小组办公室统计。

十三、学科评审组评审意见

评审专家签章					
				评审专家签章： 年 月 日	
评审组人数		实到人数		表决结果	
赞成票		反对票		弃权票	
资助金额	主审专家意见	万元	评审组意见		万元
评审组建议立项意见	1. 评审组建议本课题立项的原因： （1）理论价值 （2）实践意义 2. 评审组对本课题研究的改进建议： （1）课题名称 （2）研究内容 （3）课题组织 （4）研究方法 （5）经费预算 （6）研究成果 （7）其他 评审组长签章： 年 月 日				
评审未通过原因	1. 活页评审未通过； 2. 投票表决未通过，主要原因是（可多项选择，在选项处画勾）： 选题问题； 课题设计问题； 研究内容问题； 研究方法问题； 课题组织问题； 经费预算问题； 研究成果问题； 名额有限； 其他 评审组长签章： 年 月 日				

十四、全国教育科学规划领导小组审批意见

公 章

负责人签章：

年 月 日

十五、全国教育科学规划领导小组办公室批准经费意见

批准资助金额（单位：万元）					万元	拨款次数	
年度拨款计划（万元）	年	年	年	年	年		

公 章

负责人签章：

年 月 日

十六、负责人和课题组主要成员近五年来主持的重要研究课题
已结题相关证书、证明复印件张贴处

登记号	

全国教育科学"十一五"规划课题申请·评审书
《课题设计论证》活页

填表说明：本表供匿名评审使用。填写时，不得出现课题申请人和课题组成员的姓名、单位名称等信息，统一用×××、××××××代表。否则，一律不得进入评审程序（申请"单位资助教育部规划课题"的不必填写此活页）。

课题名称：专业发展视域下新疆教师资格制度的审视与重构研究

课题设计论证

- 本课题核心概念的界定，国内外研究现状述评、选题意义和研究价值；
- 本课题的研究目标、研究内容、研究假设和拟创新点；
- 本课题的研究思路、研究方法、技术路线和实施步骤。

（限 4000 字内）

一、本课题核心概念的界定，国内外研究现状述评、选题意义及研究价值

（一）本课题核心概念的界定

教师资格制度是对从事教师职业的人员在资格上的规定，是国家对从事教育教学工作人员提出的最基本标准和要求。也称"教师资格证制度""教师证书制度"，它是指"国家对教师实行的一种特定的职业资格认定制度"。（参阅中国教育百科全书）

（二）国内外研究现状述评

国外相关研究——关于教师资格制度实施的研究成果较为丰富

1. 教师资格标准研究。国外很多学者认为，传统的教师资格标准不足以保障优秀人才进入教育领域。根据对学科知识、伦理品质、学业成绩、实践能力等多方面的要求应推行新的资格标准，使师资培养更为科学、系统，英国将 PGCE 课程考核作为本国的特色标准。（Richardson, Pearson, 1994）而美国则积极倡导实施 ISU：12 项有特色的教师资格标准。（Denner, Salzman, &Newsome, 2004）

2. 教师资格考试研究。针对以成绩考查、试卷评价为主的传统方式不利于发现教师真正具备实践能力、问题解决能力的不足，各国也在积极提倡设计更为专业、更具实践性和更富有潜能评估考试来提升教师的能力。具有代表性的有：（1）美国提出职业资格考试要选择那些有关情感、专业伦理、教育实践能力等方面的指标。（Goodlad, 2002）（2）法国更重视在资格申请者的学历、教育教学能力与身体等方面作出统一的考核与评价。（刘敏, 2002）

3. 教师资格管理研究。国外很多学者认为通过加强教师资格管理来实施更为专业、更具实践性的资格制度。具有代表性的有：（1）美国学者通过对国家专业教学标准委员会（NBPTS）和 ABCTE 两个认证机构的争议来探讨认证机构的权威性。（2）美国强调各州间在中小学教师资格认定基准、程度、证书发放等方面既要有一致性也要考虑差异性，并且促进准入制度和职后教育的有机结合。（温伟华, 2004）（3）日本则关注"专修许可证"和"特别许可证"的设立，强调其对教师产生激励作用。（刘敏, 2002）

国内相关研究——长期以来集中在对"教师资格制度"的实践解析

1. 教师资格制度对教师职业素养的影响研究。国内一些学者从不同角度分析了教师资格制度对教师职业素养的积极影响作用。（1）从教师专业发展视角分析了促进教师掌握一定的教育教学艺术和灵活的教育教学机制（罗艳，2006）（2）强调在教师资格认证制度下，提升了教师的道德素养、基本职业技能、心理素质、教育技术素养等（高交运，2006）

2. 教师资格考试研究。国内针对具体的教师资格认证考试的研究活跃，成果丰富，其中具有代表性的有：（1）从学历角度分析，学历是申请教师资格的一个初步条件，但只凭学历，师范生就可不参加考试而申请教师资格，在一定程度上存在着不合理性（罗艳，2006）（2）在强调资格考试的基础上，提出要切实保证教育学、心理学等科目培训和考试的有效性，坚持考试的严肃性（易红郡，2004）（3）在对"教师职业准入制度"进行理论分析的基础上，特别强调了引入职业测评机制的重要性（张茂聪，李拉，2008）

3. 教师资格的时效性研究。针对我国现行的教师资格认证，没有明显的分期、一次通过、终身受用的现象，有学者提出我国教师资格认证制度的实施中，应该明确教师资格认证的有效期限，打破教师资格终身制，严格执行教师资格认证有效期满后进行再次认证的制度。（蔡维薇，2005）

4. 教师资格的管理研究。汇集了众多学者对教师资格的管理现状的冷静分析与对策建议，具有代表性的有（1）提出建立起教师资格注册、年检和档案管理制度（蔡维薇，2005）（2）强调对于那些已经持有认证证书的教师，应制定审议和复核的标准和监控制度（罗艳，2006）（3）提出要使教师资格认证制度与教师继续教育相结合，与教师的职称评定相结合。（樊香兰，2006）

5. 新疆教师资格制度研究。针对新疆教师资格制度的集中研究不多，相对较为零散，具有代表性的有：（1）在对新疆贫困县中小学教师水平测试分析的基础上，提出了要加强教师队伍"入口处"的把关（薛伟，2000）（2）提出在新疆全面实施教师资格制度，加强汉语培训力度，保证民族教师具备基本的汉语水平。（马文华，王阿舒，2004）综上所述，对教师资格制度研究的内涵比较丰富，其中对教师资格制度的实施研究是重点和核心。在我国，国内的研究总体上侧重教师资格的考试研究，但是受区域和民族文化的影响，从公共政策执行分析角度对新疆教师资格制度的实施分析及对策建议的专项研究还不多见。因此，立足于新疆教师专业发展，以公共政策执行分析视角对我区教师资格制度进行深入系统的研究，着重挖掘存在的问题，并提出切实可行的对策建议。

（三）选题意义及研究价值

毋庸置疑，随着我国教师队伍的建设从规模扩充转向质量提高，在教师专业发展的大背景中，为了更加有效地选拔和培养教师，教师资格制度的实施和完善应旨在选拔合格者进入教师队伍，按照适当的标准、程序和方法对教师进行合理的职前培养，进一步加强对教师职后的激励，进而有效地促进教师终身专业发展。本研究从政策变迁的分析视角，立足于新疆的教育实践，针对教师资格制度进行深入探究，一方面从理论层面深入分析教师资格制度的"发展性"与教师专业发展的价值关系；另一方面，从实践层面解析新疆教师资格制度实施的现状、问题，把握政策发展规律，为完善该制度提出对策建议，进一步促进教师的专业发展。

二、本课题的研究目标、研究内容、研究假设和拟创新点

（一）研究目标

1. 理论层面：立足于教师专业发展的大背景中，明确教师资格制度的功能价值定位，厘清教师资格制度的"发展性"与教师专业发展的价值关系，对如何避免"技术理性"规范下产生的过于僵化、简单统一的资格制度做出理性探索，进一步分析有助于教师专业发展的灵活而富有活力的制度环境。

2．实践层面：立足于新疆特殊的社情、区情，通过分析新疆教师资格制度实施的现状、问题，比较借鉴发达国家和国内发达地区的经验，为完善该制度提出有效对策建议，进一步促进教师的专业发展，以期为政府决策提供参考。

（二）研究内容

1．教师资格制度应然的价值负载研究。
（1）教师专业发展大背景下对教师资格制度发展的诉求分析。
（2）当下教师资格制度实施现实困境分析。
（3）教师资格制度的价值定位分析。

2．新疆教师资格制度实施状况研究。
（1）新疆教师资格制度对新疆教育发展的积极作用分析。
（2）新疆教师资格制度现实困境分析（主要针对资格标准、资格考试、资格管理进行分析）。
（3）新疆教师资格制度实施问题的原因解析。

3．教师资格制度的实施策略比较研究。
对一些发达国家的教师资格制度实施策略进行分析比较。

4．新疆有效实施教师资格制度对策研究。
在上述研究的基础上，立足于新疆教育的现状提出针对性强的对策建议。

（三）研究假设

1．在教师专业发展的大背景中，教师资格制度也必须具备发展性，其价值而不仅仅在于对准入教师进行甄别和选择，而在于有效促进教师的专业发展。

2．新疆教师资格制度在实施中存在着问题。

3．借鉴一些发达国家的教师资格制度的实施策略，新疆教师资格制度的完善具有特殊性。

（四）拟创新点

1．从教师资格制度实施研究为视角切入对新疆教师的专业发展进行研究。
2．从理论层面对教师资格制度的"发展性"与教师专业发展的价值关系作有效性分析。
3．运用公共政策分析方法就新疆教师资格制度做有效性分析。
4．试图对完善教师资格制度，促进新疆教师专业化发展提出一些可行性政策建议。

三、本课题的研究思路、研究方法、技术路线和实施步骤

（一）研究思路和研究方法

1．教师资格制度应然的价值负载研究运用文献法：①搜集国内外教师资格制度方面的法律、法规、政策、等规范性文件、论文及专著，以此做文本分析②立足于"价值涉入"的政策研究范式，厘清教师资格制度的"发展性"与教师专业发展的价值关系。

2．新疆教师资格制度实施状况分析通过文献法，搜集相关资料，特别挖掘对教师资格制度实施产生积极影响和存在问题分析。

运用访谈法：分别对新疆教育行政机关的相关工作人员；部分中小学校长；部分民、汉教师访谈，了解实施新疆教师资格制度对教师专业发展（特别是双语教师）的现状、所产生作用和存在的具体问题。

由此，以公共政策分析理论和制度变迁理论为分析基础。
①阐析新疆教师资格制度产生的积极作用。
②重点就新疆教师资格制度在实施中的职业资格标准状况、资格考试状况、资格管理状况等方面存在的问题进行分析，深入挖掘在理念；政策文本；目标群体；制度实施的组织和机构；制度的实施环境；相关配套制度等方面的原因。

3. 运用比较分析法，对一些发达国家的教师资格制度实施策略进行分析，发现问题、找出差距。

4. 在以上研究的基础上，结合新疆特殊的区情、社情，对新疆教师资格制度的实施提出一些可行性政策建议，并试图对政府政策供给作出理性探索。

（二）技术路线和实施步骤

1. 2010年6月-12月：搜集和整理资料阶段，采用文献分析法梳理国内外教师资格制度的相关研究，形成理论基础，并依此设计访谈提纲，聚焦于教师资格制度的价值目标分析，撰写论文。

2. 2011年1—5月：在理论研究的基础上，分别新疆部分教育行政部门工作人员、校长、教师进行访谈，进一步了解新疆教师资格制度实施状况和问题。

3. 2011年6—12月，对新疆教师资格制度实施状况调研材料进行分析，撰写论文。

4. 2012年1—5月，在文献资料分析的基础上，运用比较分析的方法，对一些发达国家的教师资格制度及实施状况进行分析，发现问题、找出差距，撰写论文。

5. 2012年6—12月，完成研究任务，对资料进行分析，撰写研究报告及论文。

6. 2013年1—6月，完成论文的发表，申请结题。

完成课题的可行性分析

- 已取得相关研究成果的社会评价（引用、转载、获奖及被采纳情况），主要参考文献（限填10项）；
- 课题负责人的主要学术经历；主要参加者的学术背景和研究经验、组成结构（如职务、专业、年龄等）；
- 完成课题的保障条件（如研究资料、实验仪器设备、配套经费、研究时间及所在单位条件等）。

（限1500字内）

一、已取得相关研究成果的社会评价（引用、转载、获奖及被采纳情况），主要参考文献（限填10项）

1. 已取得相关研究成果

[1] 教育组织决策中的参与式民主．现代教育论丛．2005年第10期
[2] 关于加快新疆高校办学发展的几点思考．产业与科技论坛．2008年第8期
[3] 浅析高校教师的专业化发展．新疆石油学院学报．2008年第2期

2. 主要参考文献

[1] 叶澜．教师角色与教师发展新探［M］．北京：教育科学出版社，2001．
[2] 陈永明．教师教育研究［M］．上海：华东师范大学出版社，2003．
[3] 郭志明．美国教师专业规范历史研究［M］．北京：中国社会科学出版社，2004．
[4] 朱怀新．封闭与开放 教师教育政策研究［M］．浙江：浙江教育出版社，2007．
[5] 吴遵民．基础教育决策论［M］．上海：华东师范大学出版社，2006．
[6] 吴志宏，陈韶峰，汤林春．MPA教育政策与教育法规［M］．上海：华东师范大学出版社，2003．
[7] 陈向明．教师资格制度的反思与重构［J］．教育发展研究，2008
[8] 张茂聪，李拉．教师职业准入制度的研究［J］．山东师范大学学报（人文社会科学版）2008（1）
[9] 蒋亦化．我国教师资格制度的阐释与建构［J］．当代教育科学．2008（9）

二、课题负责人的主要学术经历；主要参加者的学术背景和研究经验、组成结构（如职务、专业、年龄等）

（一）课题负责人的主要学术经历

课题负责人现主持××校级课题"新疆教师职业准入制度实施研究"，参与国家社科基金项目"新疆公共危机管理与政府责任"，参与新疆维吾尔自治区高校科研计划青年教师科研启动基金项目"变革时代背景下教师与课程的关系重建研究"，先后发表论文多篇，具备一定的学术科研能力，有充足的时间和精力保证完成本课题。

（二）主要参加者的学术背景和研究经验、组成结构

本课题组成员由长期在教育一线工作的教师组成，学历层次、结构合理，科研经验丰富。本课题组成员曾主持国家社科基金项目，于核心期刊发表论文多篇，在民族地区公共管理研究方面有较强功底和实践经验，且课题组成员在人力资源管理和制度政策分析方面有较强的理论基础，有一定的研究功底，课题组的老师们长期致力于民族地区教育管理的研究，具有一定的基础，并能很好地对少数民族地区进行调研工作。同时，课题组中有在中小学一线工作的管理者和教师，能很好结合实际进行调研和把握对实践的判断和审视。

三、完成课题的保障条件

学校丰富的网络信息及图书资料为本项目研究提供了一定的信息与实验资源的保障及经验参照。课题主持人和成员有专职从事教师教育研究工作的经验，对该课题有浓厚的研究兴趣，有较为充裕的时间进行调研和资料研究。

第三章 教育科研资料的搜集、整理与分析

第一节 教育科研资料的搜集

每一项教育科学研究课题都有预先设计好的要解决的问题。我们用什么来证明这些问题已经解决了,或者说明问题解决得怎样,搜集资料的目的就是为做好这些工作而准备的。从某种意义上说,科学研究过程就是对研究资料的搜集、使用和再创造的过程。

教育科研资料能使研究者了解有关研究领域的已有成果、发展历史、当前研究动态,可以帮助选择和确定研究课题,还可为论证课题提供理论依据和事实依据,能启发研究者的思维、激发灵感。教师要根据研究课题的需要和搜集研究资料的有关要求,做到迅速、准确地查阅、归类、筛选研究资料。

一、搜集研究资料的意义

进行教育科研必须先确定研究的问题,然后决定采取什么方法、依据什么资料进行研究(理论概括)。问题、方法、资料三者都确定之后,课题的研究才能有效地进行,也才能通过研究真正地解决问题。研究资料在教育科研中占有重要的地位。研究者占有的资料越丰富、全面、真实可靠,研究的进展就越顺利,得出结论的科学性也就越强。如果不能充分地占有资料,研究工作将是无源之水、无本之木。

二、搜集资料的常见问题

搜集资料是科研工作的重要环节。
目前,在课题研究搜集资料方面存在着以下问题:
文献资料不注明出处;
事实性材料没有时间、地点,没有背景说明;
对资料的真实性缺乏考证,对代表性的事实性材料没能科学选择;

有时使用数据前后自相矛盾，经常有采用举例法但却不知道抓典型，不明白典型在所属群体中的位置；

搜集资料的方法、使用的工具，如调查问卷等不够科学严谨，对资料缺乏综合分析，有时变成材料堆砌，无序无列，无重点可言，等等。

三、研究资料的类型

资料（或称材料），是指作者为了某一写作目的，搜集到或写入文章中的事实和理论根据。事实，指来自于社会生活与社会实践（包括科技实验与社会调查所获得的资料）的事实和结果；理论根据，指来自于前人总结出来并经实践证明了的正确道理、定理、原则等等。

教育科研资料在教育科学研究中起着非常重要的作用。在某种意义上说，科学研究过程就是对教育科研资料的搜集、使用和再创造的过程。

由于教育科研成果的记载和传播方式多种多样，因此教育科研资料的类型也就多种多样。概括地说，主要有以下几种类型。

1. 书籍

这里所说的书籍，是指与研究课题有关的教科书、论著、资料性与参考性工具书、科普性著作和通俗著作。在教育科研中，所参考的书籍以前三种为主。教科书是根据教学大纲编写的教材。

一般性教育论著是对教育的某一领域进行广泛讨论的著作。二者大体上相似，都比较全面地介绍了某一学科的基础知识，较好地概括了这门学科领域内的科研成果。但由于学术的稳定性和出版周期长、更新速度慢等原因，一般来说教材和一般性教育论著的内容偏向于所反映学术界普遍认同或较为流行的见解，因而往往不能反映学术研究的最新进展。而专著则不同，它是针对教育科学中某个专题进行系统、深入讨论的著作，大都是作者多年研究的心血，其中有自己独到的见解和新颖的材料，因此其参考价值大于教科书和一般性论著。教育理论研究所参考的书籍，多数为专著。

2. 报纸

报纸是以刊登新闻报道和评论为主的定期连续出版物，一般是每天出版。由于出版迅速，所以情报报导及时。对于研究者来说是重要的资料来源。目前，我国出版发行的有关教育方面的专业性报纸有几十种。如《中国教育报》《上海教育报》《教育时报》《教育导报》《教师报》《教育周报》等等。光明日报、文汇报、中国青年报等一些报纸还定期刊登教育专栏。这些报纸荟萃了国内外各类教育信息，反映了教改动态和教研动态，对教育科研具有重要参考价值。

3. 期刊

期刊是定期出版的刊物，如周刊、月刊、季刊等。由于期刊出版周期短、内容新颖、论述深入、发行量大、影响面广,反映了学术界当前最新研究成果。所以,它是科学研究的主要参考资料。在我国,有关教育科研的期刊大约有几十种。除《教育研究》《人民教育》《课程与教材》等教育科研专业期刊外,还有各学段各学科的教育教学期刊,如《语文教学》《中学数学教学》等,还有各省市教育行政部门的教育杂志,如《北京教育》《上海教育》《江苏教育》《四川教育》和各师范院校学报、人民大学复印资料,等等,都是我们进行教育科学研究的重要参考资料。

4. 学术会议文献

学术会议是当代学术界进行学术交流的重要形式之一。在学术会议过程中和会议前后散发的有关论文、会议报告、纪要等,就是会议文献。学术会议文献往往反映了一门学科某一领域的研究动向和研究成果,代表了国内外的最新学术发展水平。目前,我国教育科学界正处在一个比较活跃的时期,中国教育学会、中国高等教育学会以及下设的几十个分会,几乎每年都定期召开有关学术研讨会、年会等。这些教育学术会议所提供的文献是研究资料的一个重要来源。

以上是教育科研资料的主要类型。此外,某些研究者未发表的文稿、硕士生或博士生的学位论文,正在进行中的科研项目情报等,也是我们搜集教育科研资料时不能忽视的。

四、搜集研究资料的原则与渠道

1. 搜集研究资料的原则

搜集资料是科研过程的主要工作。所要搜集的资料内容庞杂、出处多头、时间久长、观点不一、价值各异,甚至有不少糟粕。这就要求教师在搜集资料时要特别注意掌握一些原则,以做到事半功倍。

(1) 逆时性原则。搜集资料时首先要重视资料形成的时间顺序。越是近期的、现时的资料,信息就越新,适用性就越大。为此,搜集资料要采用逆时性原则,即在时间上使用倒查法。这样就会使你在资料的汪洋大海中沿着时间的航标,较容易地拿到你要的资料,而且还会使你获得最新的信息与最新的资料,可靠性也大。

(2) 选择性原则。科研工作要求尽量多地搜集资料,但多搜集不等于多用,而是要精选精用。这就要求科研人员在整理搜集掌握资料时,必须对自己加以限制,把自己的资料选择工作限在课题所必需的范围内。只有如此,才能把科研人员的精力和时间投放在有用之处,并获得你所必需的资料。

(3) 直接性原则。搜集资料是为了自己应用这些资料,这就要求搜集到的资料要有真实性和准确性。因此,科研人员应亲自搜集第一手资料,而不能搜集转手资料,以求去伪存真。

(4) 比较性原则。搜集资料要重点搜集那些为自己课题所需要的观点与事实的资料,但同时也要拓宽自己的思路,特别要了解和掌握那些观点不一致的或与自己构思相对立的资料。只有如此,才能进行全面的比较研究、对照分析,从而得出正确的或比自己构思更加先进的结论。

（5）及时性原则。教育科研的资料搜集与藏书不一样，是直接为研究服务的，因此具有很强的时效性。资料搜集的及时性包含两层意思：一是搜集要及时。研究课题一经确定，即应着手搜集资料。甚至在课题形成之前，就应先期进行资料搜集工作，为课题的确定打下基础。二是要搜集最新资料。随着我国加入世界贸易组织，教育改革的不断深入，教育科研会不断遇到新问题，进入新的研究领域。搜集最新资料，有助于研究者在新的研究中，及时捕捉、掌握新的动向和变化，使自己的研究有所创新，有所突破，取得新的成果。

2. 搜集研究资料的渠道

搜集资料是按照教育科研的任务和研究对象性质、特点，通过不同的方法和手段，所搜集的反映有关问题和情况的资料。这是一项涉及面很广的复杂工作，必须有目的、有重点、有计划地进行。主要渠道一般是借助图书馆、档案馆、情报所、资料室的图书目录、学术专著、报纸、期刊，各种学术会议的论文、报告以及党和政府的有关政策法规等。搜集方法主要有文献法、观察法、调查法等，各种方法可以配合应用。

（1）通过图书馆搜集资料。图书馆是汇集百科知识的宝库，是搜集各种文献与情报资料最主要、最重要的渠道之一。为了更好地利用图书馆的资料，研究者应该熟悉图书馆中的检索系统，掌握具体的检索知识与技能。此外，一定要学会熟练地使用工具书。因为工具书能帮助我们在浩如烟海的资料中，较迅速地搜集到所需要的资料。

（2）通过个别交流来搜集。在教育科学研究活动中，有意识地同本专业的学者、专家同行进行个别交流很重要。因为在个人接触过程中，我们不但可以自然而然地获得有关研究的情报，而且思想能受到启发，学到别人思考问题的方法。例如研究者在与同行学者进行个人交往和信件联系中，能较快地获得文献资料中难以得到的情报，而且比查找散见于成千上万种报刊的论文容易得多，并具有高度的选择性和针对性。特别是同行之间的对话、交谈、辩论，能使原来模糊的问题得到澄清，错误的思想得到及时修正。因此，教育科研工作者一定要加强与同行的广泛联系。

（3）通过参加学术会议来搜集。参加专业学术会议是搜集教育科研资料的一条重要渠道。在学术会议上学者们可以面对面地交流教育科研的新成果、新进展或新课题，因而可以使人们获得在报刊文献中得不到的新信息。特别是在学术会议上同本专业的学者交流和倾听他们的讨论发言，不但可以使我们了解到他们正在研究什么，如何研究，而且还可以发现自己的缺陷，从而使自己得到启发。这不仅能使人们获得大量有价值的信息，还能提高我们的科学研究能力和业务素质。同时学术会议也为我们提供了与国内外同行专家学者进行接触的机会。

（4）网上搜集。随着网络技术的发展，在网上查询和搜集所需相关教育科研资料十分方便，可在实践中应用。具体方法是：一是通过相关词运用搜索引擎查询相关网页、网站，再查询相关资料，并把有用的下载，编辑整理成文档，存于磁盘或打印。二是访问一些专门的网站，如人民教育出版社网站，点击所需相关内容，查询相关资料并选择下载、保存。

五、搜集研究资料的范围和方法

1. 搜集研究资料的范围

资料是教育科研的基础,"巧妇难为无米之炊",没有资料,研究无从着手,观点无法成立,成果不可能形成。所以,详尽地占有资料是教育科研的另一项极重要的工作。

进行教育科研,至少应当占有如下五个方面的资料:

(1) 第一手资料。包括与课题直接有关的文字资料、数字资料(包括图表)。譬如:统计资料、典型案例、经验总结等等,还包括自己在亲自实践中取得的感性资料。没有这些资料,教育科研就只能成为毫无实际价值的空谈。对第一手资料要注意及早搜集,同时要注意其真实性、典型性、新颖性和准确性。

(2) 他人的研究成果。这是指国内外对有关该课题学术研究的最新动态。教育科研不是凭空进行的,而是在他人研究成果的基础上进行的。因此,对于他人已经解决了的问题就可以不必再花力气重复进行研究,人们可以此作为出发点,并可从中得到有益的启发、借鉴和指导。对于他人未解决的,或解决不圆满的问题,则可以在他人研究的基础上再继续研究和探索。

(3) 边缘学科的资料。当今时代是信息时代,人类的知识体系呈现出大分化大融合的状态,传统学科间的鸿沟逐渐被打破了,出现了令人眼花缭乱的分支学科及边缘学科。努力掌握边缘学科的资料,对于所要进行的学科研究、课题研究大有好处。它可以使我们研究的视野更开阔,分析的方法更多样。大量研究工作的实践表明,不了解一些边缘学科知识,不掌握一些边缘学科的资料,知识面和思路狭窄,是很难作好高质量的研究的。

(4) 名人的有关论述,有关政策文献等。名人的论述极具权威性,对准确有力地阐述论点大有益处。至于党的有关方针、政策,既体现了社会主义现代化的实践经验,又能反映出现实工作中面临的多种问题,因此,研究一切现实问题都必须占有和清楚这方面的资料,否则会出现与党的方针、政策不一致的言论,使研究出现很大的缺陷。

(5) 背景资料。搜集和研究背景资料,这有助于开阔思路、提高研究的质量。

2. 搜集研究资料的方法

据美国、日本有关部门统计,在完成一项科研项目过程中,用于查阅资料、搜集数据的时间占50.9%,计划思考时间占32.1%,撰写论文时间仅占9.3%。由此可见,搜集资料是一项花费较多时间和精力的重要工作。教育科学研究的数据、资料搜集方法很多,按搜集方式分为两类:一是研究者通过直接观察、实验得到的直接材料,二是研究者通过阅读文献、书籍得到的间接材料。

(1) 间接材料的搜集方法——研究文献的查阅。任何一项教育科研工作,都是在前人研究的基础上进行的。只有在广泛搜集、分析文献资料的过程中,才能了解所要研究的课题已达到了什么样的水平,哪些问题已经解决了,哪些问题尚未解决,才有可能发现前人研究之不足,找到自身的研究方向。在教育科学迅速发展、研究文献剧增的今天,如何查阅研究文献已成为研究者最重要的基本功之一。文献搜集的渠道是多种多样的,资料的种类也有很多种,如书籍、期刊、会议论文、目录索引等。阅读文献资料的方法与一般的读书方法相似,可以采取"浏览""略读""精读"三种不同的方法。一般来讲，浏览材料不需要记录，略读材料可记下要点，精读材料则需要作详细的笔记或摘要。记录研究文献的方法也有多种多样：有摘录、摘要、提纲、札记等。

（2）直接资料的搜集方法——研究数据的搜集。从某种意义上说，科学研究实质上就是一种"发现"的过程，即发现事物的内在规律，而"规律"总是存在于大量的现象和数据之中，科学研究就是从资料出发，既从资料中发现，又从资料、数据中探寻事物内在的、本质的联系，发现规律，形成新的认识和看法。因此搜集数据、资料是科学研究的主要过程。

还有人把资料的积累方法概括为总体序列积累法和专项序列积累法。

总体序列积累法：即根据课题研究运行的轨迹来积累和搜集资料。通常包括研究方案、方案的论证资料、研究全过程的情况实录、研究对象变化的观察记录（个体变化及群体变化资料）、检测资料（试题、答卷、测试成绩、学生作业、有价值的学生作品获奖证书）、各阶段的自我评价资料、反映成果的报告、成果的鉴定、各阶段成果以及教育科研成果获奖证书或在报刊上发表的与本课题有关的文章。简单说，按照研究的进程，只要与课题有关的资料都要积累。

专项序列积累法：从课题研究实际需要出发，对所需资料进行分类、搜集、整理。

这种方法分六类：

理论类：指其他人对自己所选定的研究课题相关内容的论述以及该课题提出的理论依据，这类资料可能是一本书、一篇文章、某篇文章的章节段落或几句话。

方法类：包括研究采用的各种方法、采用该方法的依据以及如何使用这些方法。

事例类：指能说明研究内容的典型事例，包括师生思想转变的典型事例，学生思维得到发展的课内外事例，促使学生在其他方面明显发展的事例，学生在各种情况下所表现的创造性思维，教师优秀教案，课堂实录及课堂上的精彩片断，板书或课堂提问的效果，学生、家长、社会有说服力的反映，学生优秀作业或有创见的解题思路等。另外，还包括由于某种作法不当而引起的不良后果的实例。

数据类：主要包括研究前的测试、研究过程中的测试、实验班与对比班的各种成绩统计对比分析、师生参加竞赛人数、获奖名次或成绩统计、学生回答问题的正确率与错误率、学生用于复习某种实验教材和作业的时间、课外读书书目、学生发表作品数量的调查统计和学生各级获奖的调查统计等。

表格类：为了便于对研究结果进行评价，每项研究都要有明确的研究目标，同时要设计各种配套的检测量表，把研究过程中获得的大量数据分类设计成图表。

实物类：即研究过程中有关的实物，如开展研究活动的照片、上公开课的照片、录音带、录像带、光盘、制作的课件与教具、师生获奖的作品、有关的文字资料、奖状、奖品、期刊、报纸等。

3. 搜集事实资料的常用方法

众所周知，任何一项研究都离不开相关资料。资料通常可分为事实资料和文献资料。对于教育科研来说，事实资料更凸现出它的意义和价值。搜集事实资料的常用方法有观察法、问卷（调查）法、访谈法等。

六、课题研究资料档案的建立

1. 建立教育科研档案的意义与目标

教育科研档案是课题研究活动中形成的分类保存以备查找的文字、图表、图像、软盘、声像等各种形式的文献资料。

教育科研档案作为开展科研活动真实的历史记录,是科研储备的一种形式和重要的信息资源,具有较高的文献分析研究价值。教育科研档案的管理十分重要,第一,它为组织和发动教师开展科研活动提供了帮助。有了这些档案材料,一方面可以激发教师热爱教育科研,增强科研意识;另一方面也为教师开展科研活动的选题、设计方案等提供可借鉴的经验和新的研究生长点。第二,它能够为宣传普及和推广科研成果准备条件。第三,它也为考评课题研究的成果提供依据。另外依据档案记载,我们可以总结经验,汲取教训,使课题管理工作更具科学化和规范化,不断提高课题管理的水平。

教育科研档案管理的目标是使档案资料具有系统性、完整性、规范性、安全性、时效性和真实性。从静态管理来看,文档的储存、积累、整理、查阅、审批,直至销毁,都应有其严格的管理制度,个人是无权变动的,这就维护了资料的规范性、安全性和真实性。从动态管理看,研究文档需要不断得到补充,保证其系统性、完整性和时效性。

文档的系统、完整、规范是要建立在长期积累的基础上的。由于文档管理的效益难以在当时显现出来,因而把教育科研档案管理作为短期行为,不重视文档管理的现象仍在科研管理工作中存在。其实教育科研档案积累的时间越长,越规范,未来的效益越明显。鉴于教育科研档案的重要意义,每一个研究人员都应该从思想上高度重视,工作中认真执行,做好教育科研档案的管理工作。

2. 课题研究工作档案的建立

对一项科研课题研究的整个过程而言,研究档案应该留下它研究进程中的每一个脚印。一般而言,与研究对象、研究内容、研究过程相关的所有信息资料都应尽可能收集保留。从目前中小学科研课题研究工作的基本情况看,至少有这样几种资料要在研究档案中存放。

(1) 基础性资料。基础性资料是反映课题研究基本情况的资料,主要包括:

课题申报表和评审议定书;

课题立项通知书;

研究人员登记表,如学历、教龄、教学水平等;

研究对象登记表及名册,包括实验对象的基本情况,如个人兴趣、爱好、性格、家庭成员、父母职业、文化程度等;

教育科研各项规章制度;

课题开题论证报告和课题研究的方案(包括方案的修改稿);

各年度课题研究计划和总结;

各种调研问卷、实验记录资料;

研究对象和参照对象研究前、研究中、研究后的智力、能力、知识等方面的检测或调查资料;

专家的论证材料和鉴定意见（开题、中期、结题三阶段）；

课题研究各阶段查阅和学习的文献资料目录。

（2）计划性资料。计划性资料是课题研究各阶段所形成的计划方案，这类资料关涉课题研究的整体设计与部署，是整个课题实施的蓝图。可以分类存放以下内容：

课题总体的研究设计与实施方案；

子课题的研究方案；

课题组个人的研究计划；

研究过程中各个阶段的工作计划；

各年度课题研究计划。

（3）过程性资料。过程性资料是课题研究过程中所产生的各类资料，这些资料比较繁杂，重在随时随地地搜集、积累与整理，特别要注意研究过程中原始数据与资料。大致包括以下内容：

各学年课题研究进展报告；

每一阶段重要的活动记录材料或阶段成果记录（包括研讨、交流、展示发表或社会反响方面的内容）；

中期总结报告或检查材料（对研究过程进行阶段回顾和总结的各种情况记录）；

有关领导、专家及上级教育科研人员的咨询活动记录、听课记录等；

研究过程中对研究对象的全部观察记录，调查材料、测验统计等；

研究全程中各阶段的教学设计、研究方法设计、检测评价试卷、问卷及检测所得的一些数据资料；

研究中异常情况、遇到的问题及解决办法的记录；

典型实验课纪实、教案、课后分析研究记录；

参与课题研究人员的记录、随笔；

研究过程中自制和引进的文字教材、音像教材、电教软件及其他教学材料；

与课题研究有关的活动的文字、照片、录像、光碟、录音等记录资料；

研究过程的大事记。

（4）专题性资料。专题性资料是课题研究过程中，围绕一些事关整个课题动作而进行深入系统的研究所形成的资料，它对课题的延伸、拓展与深化具有重要的意义。可存放其中的内容有：

专题学习材料，包括学习资料的原件、研究人员的读书笔记和文献综述等；

专题讲座材料，包括主讲人的讲稿或录音、讲座中互动式交流的谈话记录等；

专题研讨会材料，包括研讨会会议议程、讲话人的发言稿、研讨课的教案、研讨交流的记录、研讨会会议纪要等。

（5）效果性资料。效果性资料主要是对课题实施的阶段性、终结性评估时得到相应的资料，这是形成最终成果的主要资料。主要包括：

研究对象个体或群体变化的资料，如成绩考核、心理测试、有关素质和态度的检测统计分析；

有价值的学生作品、奖状等文字材料的原本或复本，音像制品或实物制作；

社会各界（包括专家、教师、教育行政领导、家长、学生、新闻界）对课题研究的直接或间接的评价。

(6) 成果性资料。

课题研究报告；

课题研究工作报告；

课题研究各阶段形成的阶段研究成果，包括调查报告、论文、经验总结、专著等；

其他物化成果，包括教案、文集、课件、音像制品等；

研究阶段或最终研究成果获奖材料、证书、作品等；

研究者发表、交流、获奖的文章；

在报刊上发表过的有关研究内容的论文、简讯（包括他人对本课题的有关评价）。

档案中有了这些材料，不仅使文档丰富而有质量，同时，它还可以使管理者对各个研究项目有了细致的了解和把握，防止研究者将研究流于形式，为督促与检查提供了事实依据。

七、搜集教育科研资料的注意事项

资料是教育科研的起点和基础，没有它，立论和教育构想便成了空中楼阁和海市蜃楼。因此，对于搜集资料过程的强调是十分必要的。

1. 搜集资料的计划性

计划性是在目的性指导下进行的，有了明确的目的才能制定出完善的计划。要明确课题研究不同阶段对各种资料的需求，课题组成员按步骤分工合作，保证资料搜集工作有条不紊地进行，全面、系统地搜集相关资料，不遗漏掉任何重要有用的资料。

2. 搜集资料的及时性

研究人员必须具有较强的意识并养成良好的习惯，在研究的每一个程序、每一个环节中及时记录搜集当时的情形和重要的细节。如果是通过查阅文献积累资料，务必要定期翻阅最新出版的报刊，资料越鲜活越有利用价值。

3. 搜集资料的真实性

资料的真实性、准确性对课题研究的成功起着至关重要的作用。因此搜集资料时，要注意观察研究的整个动态过程，及时记录动态过程中的现象，每份记录都必须注明日期，不仅要记录为什么做研究，而且要记下研究是在什么条件下如何进行的，研究过程中有什么异常的现象出现，有没有出现意想不到的结果，等等，以提高资料的准确性和科学性。

4. 搜集资料的技术性

要积极运用录音、录像、计算机等现代信息技术手段来搜集和储存资料，这是多快好省搜集与储存资料的有力措施。如条件许可，应在课题研究中预留出一定经费用于添置录音笔、数码相机等设备，由这些设备摄取的资料便于用计算机处理，将为后续的资料整理与保存带来很大便利。

5. 搜集资料的时空性

从教育科研的需要来看,一定要注意搜集两方面的资料,从各种图书文献和古籍文献中搜集历史资料,从现行各种教育刊物中搜集最新的研究动态资料,既要在空间上延伸,又要在时间上逆向追溯,在资料的搜集上贯彻时空结合的原则。

6. 资料搜集的协作性

一方面,一个人的时间和精力毕竟是有限的,这对于繁重的资料搜集过程来说往往是不够用的;另一方面,现在开放的时代已经容不得研究人员之间彼此封锁资料、文人相轻的做法大可不必。尤其在现代条件下,许多教育科研项目都只能由集体才能完成,倘若不打破资料搜集的封闭状态,研究的科学性和可行性势必要受到严重影响。另外,在搜集资料时,即使是个人的课题,也离不开其他人和相关部门的支持。试想,要获得关于一个县的义务教育情况的资料,没有上级部门的介绍和支持,没有被调查部门的理解和配合,教育科研也许就因为资料的缺乏和不全而搁浅了。

7. 资料搜集的适度性

搜集资料的过程占用了整个教育科研的很大一部分的时间和精力。从过程的角度看,搜集资料是一个永无止境的过程,而论文写作则是一个阶段教育科研成果的总结。一方面,资料的搜集要求尽可能全面和丰富,另一方面,教育科研的成果需要尽可能早地以教育科研论文的形式表达出来才能最大限度地发挥它的价值。因此,如何协调两者的关系是每一个研究者面临的课题。

而要做到这一点,首先需要重提遵守研究计划的重要性,这是按时完成任务的一个重要方面;其次,在资料搜集时,要充分利用日常和系统搜集相结合的原则,在广泛涉猎的基础上进行筛选,选择那些最有价值的、最合乎研究目标的资料。古人云:"知止而后有定,定而后能静,静而后能安,安而后能虑,虑而后能得。"学问无止境而求知却有阶段性,资料无穷而搜集资料则应适可而止。

第二节 教育科研资料的整理

资料的整理就是对通过前文介绍的各种方法所搜集的资料的真实性、正确性、准确性进行审核,对不同类型、不同内容的资料进行分类,对资料的数据及其他方面的信息进行汇总统计。资料的整理在教育科学研究中占有比较重要的地位。达尔文1888年在《达尔文的生活信件》中提说过,"科学就是整理事实以便从中得出普遍的规律或结论"。这是因为,研究者通过观察、问询、搜集已有文献而获得的资料多半是片断的、分散的、零乱的,性质各异、内容各异、类型不同的资料错综复杂地交织在一起。首先需要研究者对其进行整理,才能为研究者在对资料进行分析时所用。因此，研究者应对资料的整理及其一般的方法有一定的了解。值得注意的是，由于研究者所搜集的资料量大、内容复杂，因此资料的审核、分类、汇总等需要在搜集资料的过程中不断地进行，也就是说，整理资料的工作不仅在搜集资料的任务基本完成后是必需的，而且在搜集资料的过程中也是必不可少的。

一、资料整理的方式

由于研究方法的差异、资料搜集的手段不同而导致记载教育现象信息的形式上有所差异，资料的整理方式也就表现出某些差异。

资料的获得或者是通过实地接触（即观察或者是通过问询访谈），或者是通过搜集已有的文献资料等途径。通过观察而获得的资料一般表现为现场所作的笔记。从内容上看，首先这种笔记既包括观察到的东西，也包括记录者当时理解的东西。就是说，在笔记中，不仅有研究者"知道""看到""听到"的，而且有研究者"想到"的。其次，由于时空条件的限制，现场观察中的记录可能是粗略的、不详细的。因此，就后者而言，研究者在观察后必须尽快地整理笔记。整理笔记就是以现场记录为线索，通过回忆而尽量在笔记中保持观察现场的原状，在回忆的基础上整理出详尽的笔记来；就前者而言，研究者需要就笔记中自己的"理解"建立分析档案。

通过调查而获得的资料主要是收回的问卷、调查表以及测验、评价用的试卷等。其特点就是资料的量大。对这些大量的调查资料也需作及时的整理，如果不作及时的处理，到调查结束时，研究者面对一大堆资料，犹如面对一团乱麻，难以下手。更重要的是，及时地整理资料可以立即发现所要求的资料之不足及尚缺少哪方面的资料。如果在资料搜集完成之后整理资料才发现资料之不足，再去作补充调查，就会造成时间、精力、财力的浪费。因此，调查过程中对资料进行及时的整理是非常必要的。

通过调查而获得的资料往往是数据资料。对于数据资料的整理，一般采取列出总表的方式，根据一定标准，将调查资料分成若干大类及若干亚类，然后逐一统计汇总。各类数据的统计与汇总要做到精确，不能马虎、草率，更不能为了满足自己的事先假设而篡改数据。

对于已有的文献资料，研究者也须作整理工作。已有的文献资料，内容广泛，信息量大，时间和空间的跨度较大。因此，需要根据特定的概念框架，无论是口头的、文字的或其他形式承载的资料做分类信息记录。

因资料的内容、形式与应用方式不一，整理资料的具体方法也就有所不同。常用的整理资料的方法有：

一是卡片法。部分形式的资料，如提纲、片断、语录等，常用抄录卡片的方式。因字数不多，阅读时随手制作，应用也很方便。

二是剪贴法。过期的报纸刊物中的有用资料，应用这种方法最为合适。既可保留全文，又很简便省事，也是一种很有效益的利用。

三是打印法。一式多份的资料，应用打印件散发保存，是最经济可行的方法。

四是复印法。资料内容比较重要、需要复制保留全文的完整形式,而且所需份数不多,以此方法最为理想。只要条件允许,可适当应用。

五是电子文档法。保存于磁盘。

二、资料整理的任务

尽管资料的整理在方式上有差异,但不管对什么资料进行整理,研究者都要完成以下几个方面的任务。

1. 资料的审核

审核就是检查资料真实、准确或完整与否。无论是对由观察问询而获得的资料,还是对已有的文献资料,审核都是必要的。在运用观察方法搜集资料时,由于一些原因(包括观察者的个人偏见、用自己的立场观点来筛选事实等),可能造成观察者只观察那些符合自己要求的现象;以及观察者观察时的不细致、不深入或遗漏观察对象的某些表现;或者由于观察对象表现不充分,记录不准确等等因素,从而产生观察误差。其结果是观察所获得的资料不准确、不完整。观察资料的审核就是研究者对资料做必要的检查,以防出现观察误差。

第一,要了解资料的来源、搜集人的条件、搜集的时间、地点、采用的方法、当时的条件和情况等。这些情况在一定程度上可以提供关于资料的可靠性与准确性的线索。

第二,从逻辑上分析,找出资料彼此间的矛盾和不合情理的地方。

第三,用有关的资料比较、分析,鉴别真伪,有无差误,最后对资料作出十分可靠的评价。

问询资料的审核。问询主要涉及各种量表及问卷调查。因此特别需要注意统计数字的核对。除此之外,要对地名、人名、书名或其他资料名称进行核对。要核对问卷发出的数量与回收数量,统计数字是否完整等等。总之,资料要全面、真实、可靠。这是教育科学研究的根本所在,必须要认真加以对待。

对搜集的原有文献资料也要进行审核。这是因为,由于各种原因,一些文献资料可能会与实际情况不相符合。文献资料的审核在于对文献资料的鉴定,即对于准备使用的文献资料进行真伪、可靠程度的判定,其主要任务就是辨别文献的真假与质量的高低。

2. 资料的选择

资料的选择在整理资料的过程中的作用就是淘汰与研究目的无关的部分,而将与研究有关的部分集中起来。所有搜集到的资料,是不可能全部用于结果分析和研究报告中的。因此,需要对原始资料作出必要的选择,删除无关的资料,保留解决问题所需要的资料。那么到底哪些资料该选用,哪些该废弃呢?对于这个问题,研究者必须记住的是,资料的选择不能依据主观愿望和假定的前提,而必须根据资料的科学性及研究的目的任务来定夺。

资料的科学性表现为,资料必须是可靠的、真实的,要具有代表性、典型性,能够反映普遍情况。资料的选择实际上就是一个"去伪存真、去粗取精"的过程。

选择资料要重视四条原则：

第一，要鉴别资料的真实性与客观性；

第二，要注意资料的有效性；

第三，要注意资料的代表性；

第四，要注意抽样选取的正确性。

总之，应当正确地选择典型的资料留作重点分析研究的对象。

3. 资料的分类

分类就是研究者根据资料的内容对搜集的资料进行剖析，把研究资料分为若干互不交错的小类或部分。具体地说，分类就是研究者运用比较的方法鉴别出资料内容的共同点和差异点，然后根据共同点将资料归并为较大的类，根据差异将资料划分为较小的类，从而将各种资料区分为具有一定的从属关系的不同等级层次的系统。

在教育科学研究中，对资料的分类是很重要的。研究者如果不对搜集的资料进行及时的分类，那么这些资料就难以在研究的理论分析中使用。大量的科研成果表明，分类是知识理论化的最初步骤，是理论分析的基础。它能使资料中包含的信息得到整理，达到一定程度的系统化。分类的根本目的在于描述资料中所呈现的现象的特征。

如何对资料进行分类呢？为了做好资料的分类工作，第一，在搜集资料之前就要制定出分类的方案，这对于研究者来说是非常必要的。制定资料分类方案时，应考虑研究任务要求哪些主题资料，怎样的编排最为方便，主题与主题之间的逻辑顺序如何，每一主题以内的资料顺序又应如何等等。经过前面的考虑，然后分门别类，依次排列。第二，必须认真确定分类标准。分类的标准是多样的，如时间分类、问题分类、现象分类、本质分类等。研究者可以对同一种教育现象从不同的角度作出不同的分类。这取决于研究的目的与问题的性质，取决于对资料的分类是否有利于对资料进行分析研究。

不管依据何种标准对资料进行分类，研究者在分类时都要注意以下几个方面的事项：

（1）每次分类只能按照一个标准，要避免出现"依据混淆"的逻辑错误。

（2）分类必须是相称的，即分类后所得到的子项（即根据划分而得到的类别）外延之和应与母项的外延相等，不能扩大也不能缩小。

（3）分类后的子项其外延应当是相互排斥、互不相容的，并且要包含所有的内容而不遗漏。

（4）分类要按一定的层次逐级进行。

4. 汇总统计

就是把搜集起来的大量分散的、零乱的、片断的同类原资料综合在一起，成为一个有系统的、一目了然的统一体，以便对资料进一步研究分析。这是对搜集起来的资料进行粗加工的重要步骤。加工方法，由不同性质的研究任务和不同性质的资料而选定。有的需做汇总统计，如透过各种数字现象分析判断事物的本质；有的则不需汇总统计，只需把从各角度、各来源的资料汇集在一起，加以综合就可以。最后，对于加工整理起来的资料，要分门别类地登记保管。对于一些汇总统计、分析整理出来的数据，还要设计出相应的图表，一一填写进去，以备研究应用。

资料在形成、积累、归档时应注意以下几个问题：注意资料的真实性、准确性；注意资料的完整性、系统性；注意建立课题档案的科学性、适用性。

第三节　教育科研资料的分析

教育科学研究的任务就在于通过对资料中表现的教育现象进行分析、研究，透过这些表面的现象，揭示教育活动的本质与规律，最终达到解决教育问题，改进教育实践的目的。因此对资料进行细致而深入的分析是教育科学研究中至关重要的一步，也是解决问题、得出研究结论的关键一步。

分析研究的方法随着对象的内容不同而不同。资料一般具有两种表现形式：一种是以书面文字形式传递有关教育现象的信息，一种是以数量描述教育活动的资料。因此，对资料进行分析也就有不同的方式，对第一种类型资料的分析我们可以称之为定性分析，对第二种类别资料的分析被称之为定量分析。也有的研究者将前者称为逻辑分析，将后者称为统计分析。定性分析就是通过对丰富的现象资料进行改造，去粗取精、去伪存真、由此及彼、由表及里，揭示教育活动过程中的动态规律，就是透过经处理过的现象资料，分析研究对象是否具有某种性质，分析某种现象变化的原因及变化的过程；定量分析就是将丰富的现象资料，用数量的形式表现出来，经过统计学的处理，描述出现象中散布着的共同特征。

在对资料的分析中，研究者用定性分析还是用定量分析，取决于资料的内容和性质。某些资料要求用定性分析或以定性分析为主，另一些资料则要求定量分析或以定量分析为主。在多数情况下，要求相结合地运用定性分析和定量分析。因为定性分析与定量分析相互补充，相得益彰，处在统一的连续体之中，定性分析为定量分析提供基础，定量分析的结果要通过定性分析来解释和理解。

一、定性分析

定性分析就是对研究对象进行质的方面的分析。具体地说，就是运用归纳与演绎、分析与综合、抽象与概括等方法，对获得的各种资料进行思维和加工，从而去粗取精、去伪存真、由此及彼、由表及里，对事物认识产生飞跃，达到认识事物本质，揭示内在规律，乃至有所发现，有所创新。

1. 定性分析的类型

定性分析可以分为定性描述和解释的定性分析。

描述在于呈现经过审核、选择、分类与汇总的资料说明研究对象是什么。对现象进行描述是解释现象的基础,是探索教育奥秘的不可缺少的第一步。只有在描述的基础上,研究者才能对现象作出正确的解释。

定性描述可以分为印象描述、概观描述和类型描述三类。

印象描述。印象描述就是特写式的记叙教育现象与问题的一种描述方法。

概观描述。概观描述就是素描式的记叙研究对象总体面貌的一种描述方法。

类型描述。类型描述就是对研究对象的基本特征全面进行分类、记叙与分析的一种描述方法。

对于教育科学研究来说,更重要的是要解释教育现象,即说明研究对象"为什么"。解释就是对研究对象为什么那样存在或变化的回答,换句话说,解释就是关于内在原因或外部因素对研究对象的作用作出说明。研究者所搜集的资料都是一些原始资料,是人们接触认识对象的最初产物。要在这种最初认识的基础上形成对事物的本质和各种内在联系的深刻认识,研究者就必须在描述的基础上对所搜集的资料进行分析。分析就是通过分解认识对象,从认识现象到认识本质的思维活动。

2. 定性分析的方法

定性分析即为对资料的质的规定性作(整体的)分析,除了要运用一些哲学的观点和方法,如辩证唯物主义和历史唯物主义、分析哲学、现象学、解释学等外,主要使用诸如比较、归纳、演绎、分析、综合等逻辑方法;同时还要求对分析结果的信度、效度和客观度等可靠性指标进行检验和评价。

定性资料一般是文字资料,可分成两类:一类是观察或访谈记录;另一类是教材或文献资料。

对于观察和访谈资料,分析的方法是,先将内容记录下来,然后反复阅读,了解其中所涉及的概念和联系,从中找到对问题的一些看法。

报告观察和访谈资料的另一种形式是采用讲故事的方式,把其中有意思的内容完整地报告出来,给读者一个很立体的故事。比如差生成因也可以用个案报告的方法,揭示差生学习中遇到的特殊问题。个案报告是中小学教育科研中非常有效的一种报告方法,其特点是能反映对象所处环境以及问题的演变过程。

分析教材和文献资料,可以考察其中到底包含了哪些内容,这些内容又是怎样阐述的。在研究小学教科书中隐含的性别观念时,研究者会把教材中有关男、女角色的内容抽取出来,看看教材中的人物是不是以男性为主,且男性和女性在职业上有何不同,以考察教材中是否存在性别偏见。教师还可以通过分析学生作文,研究学生的写作风格和写作中存在的问题。有一位老师在批改学生的考场作文后,归纳了以下问题:空洞说假多,似曾相识多,错字病句多,卷面不清多。

二、定量分析

定量分析就是对研究对象进行量的方面的分析。它可以使人们对研究对象的认识进一步深化和精确化,以便更加科学地理清关系,把握本质,提示规律,预测事物的发展趋势。

这里需要区分两种情况：一是如果搜集到的资料已经是一些数据，我们只需根据条件和需要选用适当的统计分析方法进行处理和分析便可；另一种就是对搜集到的定性资料做进一步的定量分析。比如要研究某一学科的结构问题，我们可能搜集了这一学科及相关学科的许多版本的教材（包括现在的和过去的），显然首先需要进行比较，如何比较？可能就需要数量化处理，定量分析；还比如要对学生在某一门学科学习中的错误进行分析，搜集到各种事实的资料之后，定量分析可能也是十分重要的。

1. 基本统计方法

可用于教育教学研究的统计分析方法主要有三类。

（1）描述统计。主要用于特征分析，即通过一些概括性量数来反映数据的全貌和特征。用来描述数据分布特征的概括性量数主要有：

一是描述数据集中趋势的量数，如算术平均数，几何平均数，中位数，众数；

二是反映数据间彼此差异程度的量数，如全距，平均差，方差，标准差；

三是反映原始数据在所处分布中地位的量数，如百分位分数，百分等级分数，标准分数，分数等；

四是当事物之间存在联系但又不能直接作出因果关系的解释时，可用一些合理的指标对其观测值进行相关分析，其相关程度用相关系数表示，如有积差相关，等级相关，质量相关（点二列相关、双二列相关）等等。

（2）推论统计。即在无法直接估计总体参数的情况下，只能采用抽样方式对样本进行研究，并由样本统计量对事物的总体做出统计的推论和估计。它包括两个方面内容：

一是总体参数估计，即根据样本的数字特征推断总体的相应的数字特征，它又有点估计和区间估计之分；

二是假设检验。在许多研究中（比如比较两种教学方法、两种教材的优劣），首先需要提出一个假设（比如：谁比谁在什么状态下要好或者差或其他），这一假设合理或者正确与否，需要抽取样本用其统计量进行检验。

（3）多元统计。由于影响教育教学现象的因素不是单一的，而是多方面的、多层次的、多特征的，因而要分析这些因素之间的各种关系需要用多元统计方法。多元分析的基本方法主要有：

回归分析。回归分析是确定两种或两种以上变量间相互依赖的定量关系的一种统计分析方法。对于两个具有不确定关系的变量，上述的相关系数可以对其两变量是否相关做出定性描述，对其相关程度做出总的定量描述，但是如何通过自变量的值去估计和预测因变量的发展变化，相关分析对此无能为力，这时需要用回归分析。

因素分析（主成分分析）。因素分析是利用统计指数体系分析现象总变动中各个因素影响程度的一种统计分析方法。当描述事物性质的变量比较多时，常常需要从中提取较少的几个主要的"一般因素"（或称"共同因素"），并依据一定的方式对所获得的"一般因素"做出较为合理的解释，这时就需要使用因素分析法。

聚类分析（分类分析或数值分类）。聚类分析指将物理或抽象对象的集合分组为由类似的对象组成的多个类的分析过程。即凭借变量指标的定量分析对变量实施分类（如果类别已经清楚，只需归类；如果事先并不清楚类别，这时就寻求一种规则进行新的恰当的分类），使同类的变量比较均质，而不同类的变量差异比较大。

此外还有其他方法，如模糊综合评判，等等。

2．方法的选用

上述如此之多的统计分析方法，如何才能选择恰当的、正确的方法呢？这里主要有两个方面的标准。

一是各种统计方法和公式自身的使用条件；

二是研究问题的性质、数据类型以及研究设计。

在中小学尤其是小学教育科研中，描述统计用得比较多。描述统计就是将问卷数据进行分类整理，将数据中呈现的一些规律找出来。比如在很多研究中，学习成绩都是一个变量，那么经过描述统计处理，就可以求出分数的分布状况、全班的平均成绩和标准差、语文和数学成绩的相关系数等。以下介绍描述统计的几种方法。

（1）统计表。统计表是用表格形式记录各种情形出现的数量，是既实用又方便的统计方法。

在一项关于优差学生心理特征比较的研究中，研究者调查了学习成绩优和差的学生各40名，然后用图表形式对比了这些学生的心理特征。40名差的学生中上课注意力不够集中或不集中占多数，而多数优生能集中注意力；其他好的心理特征上在学习成绩优和差的学生中也有类似情形。优生存在的问题是有骄娇二气、固执任性的人数比较多。

又比如，在小学生学习效率研究中，观察者要记录学生的举手率，在分析时就可以算出全班学生在举手率上的不同表现。例如，有多少人一次都没有举手，有多少人每次提问都举了手。

（2）平均数和标准差。平均数和标准差是最重要的统计量。平均数反映了数据的集中趋势，标准差则反映了数据的差异程度。在分析一组数据时，仅掌握其平均水平是不够的，还要了解这组数据之间的差异程度。

比如，某班有40名学生，其数学成绩有高有低，怎么说明这个班的数学水平呢？平均数是常用的衡量指标，如可以说"该班数学平均成绩78分，是全年级中表现最好的一个班"。如果甲乙两班平均成绩都是78分，则两个班的学业表现一定相同吗？其实不一定，如甲班学生的成绩可能从60分到100分，相差悬殊；而乙班学生的成绩却集中在80分左右。因此可见，光靠平均数，并不能完全说明问题。平均数只反映了一组数据的集中趋势，数据间的差异或离散情况还要靠标准差来说明。甲班成绩分散，标准差会比较大。反之，乙班成绩集中，标准差会比较小。

（3）相关系数。相关系数反映了两个变量之间的变化关系，相关可分为三种类型：正相关、负相关和零相关。正相关表示两个变量的变化趋势相同，即一个变量增加时，另一个变量也随之增加，如智商和学业成绩的关系。负相关表示两个变量的变化方向相反，也就是说，一个变量增加时，另一个变量反而降低，如练习时间和错误率。零相关表示两个变量间的变化关系无规律可循，如身高与学业成绩。相关系数用 R 表示，其值在 -1 和 +1 之间。$R > 0$ 为正相关，$R < 0$ 为负相关，$R = 0$ 为零相关。

3．方法的功效

在什么时候选用什么样的方法，除了上述两条标准外，全面了解每一种方法的功效也十分重要。比如因素分析法的主要功效是在保持原有信息的基础上，通过减少变量的个数发现隐藏在背后的公共因素或主成分；除此而外，还可以用来构建新的指标、新的变量；估计测验的信度；评价测验的效度（用因素分析中方差分解的结果）；评价成套测验中某一个分测验的临床判断价值，等等。

4. 方法的操作

对于定量研究，统计分析是必不可少的程序。研究者也许过去会对上述统计方法的操作感到"头痛"和"棘手"，现在不必了。上述各种统计方法都已经有了计算机软件，比如SPSS（社会科学统计软件包）就包括了上述常见的多种统计方法，只要输入原始数据就可以得到相关结果，十分方便，它是教育科研中常用的一种分析数据的工具。如果条件不具备，也可以用手工进行一些简单的计算。

三、综合分析

一般有定性分析与定量分析相结合、理论分析与事实分析相结合、纵向比较与横向比较相结合、结果分析与过程分析相结合等。要注意运用多种方法，综合分析，相互验证，然后经过比较，作出选择。

分析资料常用的处理方法：文献资料，主要用逻辑方法进行分析研究；数据资料，主要用统计方法进行分析研究。选择统计分析方法需要了解两个方面的内容，即各种统计方法的适用条件和对研究问题的性质、数据类型以及研究设计要求作出判定。研究过程中需经统计处理解决的问题大致可归为四类：①描述数据的分布情况，②探讨变量之间的关系，③检验样本或总体差异的显著性，④对某些方面加以预测。

在研究具有不同数目的变量，或变量的性质不同时，可供选择的统计方法是不同的。我们可根据自己课题研究中的实际条件进行筛选。例如：我们在某校一个班级中开展一项识字的教改实验，期末进行一次测试，并对测试所得数据进行统计分析，从而了解该班学生的成绩及其分布。此时，我们要解决的问题是：描述数据的分布情况；变量的数量是1；变量的性质是等距或等比；可供选择的统计方法就是平均数和标准差、百分比、图示等。

案例三：初中数学学习困难学生成因及转化的实验研究报告

广西柳城县实验中学课题组　赖云龙　梁卷明

一、课题提出的背景及意义

课程标准指出："人人学有价值的数学"，"人人都能获得必要的数学"，"不同的人在数学上得到不同的发展"，"数学是人们生活、劳动和学习必不可少的工具"，这些都阐明了数学作为基础学科的重要性。由于数学的基础性与工具性，数学后进生的后继教育、身心健康、全面发展与成才将受到直接影响；对教育来说，关系到学科教学的平衡性与课程改革的重大战略和基础教育水平的根本大计；对国家来说，关系到劳动者的素质和综合国力的提升。可见，研究数学后进生问题，成为当前教育常抓不懈的大课题。

基础课程改革已经六年多了，尽管《课程标准》和教材更新了，教师的教学观念、教学行为也有不同程度的改变，但数学后进生并没有减少。我所在的学校，近几年来数学成绩60分以下的人数比例逐年增加，很多教师都抱怨现在的学生是越来越难教了。要想改变这种教育质量低下的现状，后进生的转化是关键性问题。

数学学习困难学生是一个繁杂的异质群体。异质性给学困生的鉴别、诊断、干预带来很大的模糊性。为了对偌大的学困生异质群体进行准确诊断和干预，使研究更具科学性，我们将数学学习困难学生划分成若干同质的四类亚群体。同时，由于学困生的形成原因的复杂性，有其自身的原因，也有外部原因：家庭、学校、社会。在转化学困生方面，有许多工作是教师无能为力的、爱莫能助的，如父母离异，应试教育等等，但教师在转化学困生方面起的作用又是不可忽视的，因此我们应着重从教师教育方面来研究如何转化学困生。

二、课题研究的实施过程

1. 成立课题研究小组

表1 课题组成员组成及任务分工

姓名	性别	年龄	职称	职务	工作单位	课题分工
赖云龙	男	38	中一	教务副主任	实验中学	课题组长
梁卷明	男	46	中高	数学教师	实验中学	课题副组长
何爱美	女	34	中一	数学教师 班主任	实验中学	课题组成员
龙震宇	男	28	中二	数学教师 班主任	实验中学	课题组成员

实验教师梁卷明是市数学学会会员，实验教师赖云龙是县数学中心组成员，其余两位实验教师都是自愿参加课题研究的骨干教师，这4位实验教师都有通过教育科研来促进教学成功的良好愿望和积极态度。另外聘请柳城县数学教研员汤年赞主任作指导老师。

2. 数学学困生的界定

数学学困生——指对数学学习缺乏兴趣，数学学习的主动性差，不能进行独立思考，作业常常完不成或出错较多，数学测验成绩经常处于落后地位的智力正常的学生。（有智力障碍的学生不在研究范围内）

3. 确定被研究对象

确定我校实验中学，乡镇农村中学冲脉中学，东泉二中三所学校共70名数学学困生及其家长和部分老师作为研究对象，也包括小学的30位数学老师。

4. 理论学习与研究

我们小组认真学习了布卢姆动态教育理论：了解学生的年龄特点和个别差异，既承认由于差异而出现的认识、能力等方面的差距，又相信认知水平和各种能力的互相补偿性。充分认识学习困难学生与其他同龄学生一样所具有的人格的独立性和学习上的主观能动性。只要为学生提供足够的时间和适当的教学方法，绝大多数学困生可以脱困。这些理论对实验教师重视学生的学习潜能起到了积极的作用。另外，课题组成员采取分工合作交流的方式学习了《新课程下数学教与学的心理学》（何小亚著），《初中生心理辅导案例解析》（张丽丽主编），《问题学生诊疗手册》（王晓春著），柳城县《初中学习困难学生教育研究论文集》（1997

年），以及在网络上查阅了大量的有关学困生的研究问题。通过学习和研究，实验教师对数学学困生可以转化的观点在思想上形成了共识，研究水平也在一定程度上得到了提高。

5. 本课题的研究采用的方法

①本课题采取同伴合作式的行动研究。参与研究的主体是本校初中数学教师，他们既是研究者又是被研究的对象。

②本课题的研究方法包括：

文献法：学习有关理论和文献。课题组成员采取合作交流的方式学习。分工查阅国内外数学学困生问题研究的有关文献，学习有关数学学习心理研究的著作。

访谈法：抽取几种不同类型的有代表性的学困生谈话，搜集信息。

实物分析法：如抽查学困生各个阶段的数学试卷和作业进行分析。

问卷调查。

观察法：观察学生在课堂上的表现，观察教师的教学行为。

6. 对数学学困生的分类

在理论学习的基础上，采用上海市教科所《学习困难学生教育的理论与实践》的研究经验，对数学学困生这一个繁杂的异质群体，以能力和个性特征两个维度表征个体的心理特点，划分成若干同质的四类亚群体，使每一类别最大限度地同质化，最低限度地异质化。

表2　数学学困生的分类

类型	能力与个性特点
Ⅰ．暂时性困难	能力没有偏常，观察力中上水平；个性特征指标均在中上水平
Ⅱ．能力型困难	思维、言语、数理、空间能力低；个性特征指标为中等水平，坚持性较强，自我意识水平较高
Ⅲ．动力型困难	能力基本没有偏常；个性特征指标水平基本偏低（包括动机、意志、自我意识等），焦虑水平偏高
Ⅳ．整体型困难	思维、言语、数理能力低；动机、意志等水平低

①暂时性困难学生。这类学生能力和个性特征没有偏常，但他们在学习行为上存在不少问题。他们的学习困难往往由于个人得了疾病、家庭的变故（如父母闹离婚、生病），亲子关系紧张，家庭经济出现严重困难，师生关系紧张，社会不良影响（如网瘾），交友出现问题（早恋或哥们义气）或品德滑坡等原因导致学习困难。其主要特征是：因特殊原因不能上学，或在学习中精神不振，课堂活动时缺乏积极、紧张的思维，缺乏主动、兴奋的感情投入。疲劳、懒散，有的表现为学习成绩急剧下降，同时带有思想品德行为上的不良倾向，心理状态不稳，闹情绪或消沉。这部分学困生比较复杂，在学习困难方面表现为阶段性或局部性的较多，还需教师作进一步亚类分析，根据不同亚类特点及时采取不同的措施。相对地说，这类学生的学习困难程度较轻，工作做得及时比较容易转变，如果错失时机，会使这些学生的学习困难继续加重，而成为稳定性学习困难。

②能力型困难学生。能力较差是他们学习上的主要障碍，表现为：理解慢，学习总是死记硬背，不了解和掌握知识的内在联系，学到的知识处于零散的无序状态，无法形成知识结构，从而造成理解能力差；遇到知识的迁移题、综合运用题就难以应付，缺乏去粗取精、举

一反三的能力,更不能在学习中实践中运用知识。但他们的动机,意志水平不低,这是他们身上十分宝贵的尚未开发的动力资源。如果教育者对这些学生嫌弃或一味训斥惩罚,不去帮助他们分析具体的知识障碍和技能障碍,不去帮助他们改进学习方法,甚至把他们的学习困难归之为学习态度、动机,效果会适得其反。

③动力型困难学生。这部分学生在学习态度、动机、意志以及自我意识等方面存在较多的障碍,他们的能力更多的是被动机不足所抑制。表现为:对学习不感兴趣,学习懒惰,不爱动脑动手。在学习过程中,缺乏自制力,不能坚持始终,有的好高骛远,眼高手低,不求甚解,这部分学生心理脆弱,耐挫能力差。教育上如何调动他们的积极性,帮助他们树立积极的自我概念,激发其学习动机是对这类学生教育的关键问题。

④整体型困难学生。这类学生的能力差,动机、意志、自我意识等水平低,大多是由于小学阶段持续的学习困难,知识障碍积累,基本学习技能匮乏造成的。同时长期的学业失败使他们经常受到教师、家长甚至同伴的否定评价,使他们产生消极的自我概念,对自己缺乏自信,丧失对学习的兴趣和愿望。这类学生所占比例不多,但这类学生学习困难程度比较严重,教育上,除了改善课堂教学,还必须摸清他们的知识起点和障碍点,制定个别教学计划和目标,针对其知识与技能薄弱之处予以强化训练,这类学生在班级教学中常常处于不利的地位,常规的教学计划,内容与他们的学习水平相差甚远。个别补救教学是解决这个矛盾的一种过渡性教学策略。

以上四种类型既是相对稳定的又是动态变化的。类型内部的同质和类与类之间的异质只具有相对意义。在一定条件下,暂时性困难会变为稳定性困难,局部型困难会变成整体型困难,反之亦然,就整体型困难学生来说,追溯他们的学习历史,可以认识到他们不是一下子什么都差的,而是有一个变化的起点和过程。

7. 利用各种方法和手段对各类数学学困生进行鉴别和教育对策研究

发放调查表并统计结果:

表3 各类数学学困生原因调查表

类型	你认为造成学生数学成绩不好的原因	肯定打"○",否定打(×)	教师肯定	学生肯定	家长肯定
Ⅰ. 暂时性困难	1. 某个章节知识没掌握,衔接不上,后来索性放弃		65%	51%	57%
	2. 家庭环境影响		31%	27%	22%
	3. 与老师或同学关系紧张,情绪受到干扰		21%	25%	24%
	4. 上初中后某个时期迷上游戏机、网吧或其他		58%	27%	47%
Ⅱ. 能力型困难	5. 学数学已经花了很多的时间和精力,但成绩就是不好		35%	37%	50%
	6. 老师讲时就懂,自己做作业时就不会了		75%	72%	60%

续表3

类型	你认为造成学生数学成绩不好的原因	肯定打"○"，否定打（×）	教师肯定	学生肯定	家长肯定
Ⅲ．动力型困难	7．对数学学习不感兴趣，对学习缺乏主动性，学不学数学都无所谓		60%	24%	34%
	8．师生关系紧张，对该科所以不感兴趣		18%	20%	12%
	9．学数学很少有成功感（如得到老师表扬等）		52%	54%	57%
	10．贪玩，学习上懒惰，自我约束力差		75%	64%	66%
	11．课堂上教师的讲解学生不够完全理解		77%	64%	67%
Ⅳ．整体型困难	12．小学时数学基础就不好		77%	43%	45%
	13．老师、家长或同学有时嘲笑学生		6%	10%	10%
	14．学生确实没有信心学好数学		62%	39%	38%
	15．身体不够健康，注意力不够集中，记忆力困难		29%	27%	33%

从表3统计数据分析：

①在回答"某个章节知识没掌握衔接不上，后来索性放弃"这一问题时，回答"肯定"的教师是51%，学生是51%，家长是57%。"肯定"都超过一半的现象说明：1）数学学困生的形成是一个逐步积累的过程。如能根据他们的实际组织教学，教能适应他们的认知水平和速度，就可以避免产生学习上的障碍。2）对若已产生某些认知障碍或情意障碍的学生，如果教师能及时反馈，调节教学，并采取补救措施帮助他们排除这些障碍，则这种障碍就只是暂时的和局部的。3）学生在先前学习中的障碍如不及时排除，必然为后继学习带来困难，使学习过程无法继续有效地进行，因而会使新的困难不断产生。4）学生学习障碍和困难的积累，会使局部的、暂时的困难成为全面的、稳定的困难。学习上处于稳定困难状态的学生就是真正含义上的学困生。

②回答"老师讲时就懂，自己做作业时就不会了"这一问题时，回答"肯定"的教师是75%，学生是72%，家长是60%。这些回答出乎我们的意料，也引起我们深深的反思：1）能力型学困生占有很大比例。2）数学教学过程是学生的数学认知结构的建构过程。数学知识结构只有通过学生本身的内化才能转化为学生头脑中的数学认知结构。3）在数学教学中，教师不能忽视学生学习的主观能动性，应充分激发学生的求知欲，加强启发引导，让学生阅读，让学生想，让学生讲，让学生议论，让学生练，让学生验证，帮助学生正确建构自己的数学认知结构，提高他们的数学水平。还是杜郎口中学校长说得好"百闻不如一见，百见不如过手一遍"。

③回答"学数学很少有成功感（如得到老师表扬等）"这一问题时，回答"肯定"的教师是52%，学生是54%，家长是57%。说明动力型困难学生及其家长都渴望得到老师的表扬，和在数学学习上获得成功感。1）有人说，"成功的教育就是把孩子往死里夸"，虽然过

分，但不无道理。不是"学困生"没有闪光点，而是教师缺少发现闪光点的眼睛。2）创设成功的机会。教师让这些学困生在学习活动中通过成功地完成学习任务，解决困难来体验和认识自己的能力。如一位名师的成功经验之一是降低压轴题分数，小测验前悄悄辅导试题内容，这些做法减少了学困生考试的焦虑，让他们找到了成功感，从而获得了学习上的自信。3）树立同类型成功的榜样。当一个人看到与自己水平差不多的示范者取得成功，就会增强自我信念，认为自己也能完成同样的任务。4）在自身进步中体验到成功。要求学生从自身变化中认识自己的能力，同自己的过去比，个人的进步则能使学生获得成功的体验，增加自信心。"会的举左手，不会的举右手"的故事就是老师帮助这些习得性无助的学生跳出怪圈的天才般的应用。

④回答"贪玩，学习上懒惰，自我约束力差"这一问题时，回答"肯定"的教师是75%，学生是64%，家长是66%。说明学生和家长都有把学业搞好的积极愿望，也有自我反思的辨证意识。但老师高达75%的肯定回答多少让人担忧，就是老师把学习差的原因都推到了学生的身上，而对自我批判的意识还不如学生和家长。

⑤回答"小学时数学基础就不好"这一问题时，回答"肯定"的教师是77%，学生是43%，家长是45%。教师与学生的回答悬殊最大，很值得思考。除师生归因偏差外，确实有一个原因，上到初中后，学生没有得到学法指导，没法适应知识渐深，课程倍增的初中学习而形成学困生确实占一定比例。从而形成稳定的学困生，这尤为令人惋惜痛心。

⑥回答"上初中后某个时期迷上游戏机或网吧或其他"这一问题时，回答"肯定"的教师是58%，学生是27%，家长是47%；回答"对数学学习不感兴趣，对学习缺乏主动性，学不学数学都无所谓"这一问题时，回答"肯定"的教师是60%，学生是24%，家长是34%；这两个问题的回答，师生相差如此巨大。从德威克的归因理论来看，学生认为学业失败的原因不是玩游戏或上网，也不是不感兴趣、缺乏学习主动性，而是其他的原因。而教师则把学困生学业失败的原因几乎全部推给学生，这两方面不同的归因倾向，值得每一位老师去深思。

8. 根据调查结果分析，提出转化教育对策

学困生的形成有其自身的原因，也有外部原因：家庭、学校、社会。但从以上调查表综合分析，数学学困生的形成大多数与教师的教学直接有关，可见，要转化数学学困生，成功有效重要的方法是教师的教要适应学生的学。我们课题小组仅.从教师教育方面提出转化数学学困生策略。

三、课题研究成果

第一，通过课题研究，实验教师的教育研究能力得到了提高，实验教师写的论文与反思十余篇。

第二，课题研究成果受到了区课改专家的关注，并由赖主任在区级A类骨干教师培训研讨会上发言。

第三，通过课题研究，我们获得了转化数学学困生策略。

①充分认识转化学困生的意义。转化学困生就其个人成长来说，关系到享受教育平等问题、身心健康发展问题、家庭和谐幸福问题；对教育来说，关系到课程改革的重大战略和基础教育水平的根本大计；对国家来说，关系到劳动者的素质和综合国力的提升。

②学困生学习动机的激发。学习动机水平低是学困生的共性，如何激发他们的学习动机

呢？1）找到闪光点并夸张表扬。有人说，成功的教育就是把孩子往死里夸，虽然过分，但不无道理。不是"学困生"没有闪光点，而是教师缺少发现闪光点的眼睛。2）创设成功的机会。教师让这些学困生在学习活动中通过成功地完成学习任务，解决困难来体验和认识自己的能力。有教师在处理测验试题或月考试题的时候，通常把最后两题压轴题改为每小题3分，这样学生考出的成绩相差不大，学困生很容易获得成功感，与其他科目相比往往更喜欢考数学，每次开家长会的时候，家长也对自己的孩子取得进步深信不疑，家长对学生也会有更良好的期待。但每个学生掌握知识的大情况教师应是了如指掌的。还有其他办法就是把总分提高到150分，或分A/B卷，或同一试题分层次检测或小测验前悄悄透露试题内容给学困生，这些做法减少了学困生考试的焦虑，让他们找到了成功感，从而获得了学习上的自信。3）树立同类型成功的榜样。当一个人看到与自己水平差不多的示范者取得成功，就会增强自我信念，认为自己也能完成同样的任务。4）在自身进步中体验到成功。要求学生从自身变化中认识自己的能力，同自己的过去比，个人的进步则能使学生获得成功的体验，增加自信心。"会的举左手，不会的举右手"这故事就是老师帮助这些习得性无助的学生跳出怪圈的天才般的应用。

③学会喜欢学困生。对于学困生，说句实话，想说爱你不容易。教育心理学中有个互悦机制，就是若老师不喜欢学生，学生也不喜欢你，而他对学习的态度以及学习成绩的好坏，不是取决于老师的讲课水平，而是很大程度取决于他对老师的看法或老师对他的态度。卡耐基的继母是我们学习的榜样，小时候卡耐基是远近闻名的坏男孩，9岁时继母进门，父亲就说他是全县最坏的男孩，也许你明天会被他用石头砸死。出乎卡耐基意料的是，继母走到他面前对卡耐基说，你错了，他不是全县最坏的男孩，而是最聪明但还没有找到发泄热忱地方的男孩。继母说得卡耐基热泪盈眶，从此和继母建立了友谊，从此卡耐基发奋努力，创造了成功的28项黄金法则。这说明老师的一句话有时候会影响学生的一个时期，有时候会影响一辈子。

④对学困生的良性转化应充满期待。在教育心理效应中，有个"皮格马利翁效应"。皮格马利翁是希腊神话中的一位雕刻师，他耗尽心血雕刻了一位美丽的姑娘，并倾注了全部的爱给她，上帝被雕刻的真诚打动，使姑娘的雕像获得了生命。爱总能创造奇迹，尤其在孩子们身上。罗森塔尔有个著名的试验，他们来到一所小学乱点18名学生，把他们列入"最有发展前途的名单"交给校长和相应的老师并叮嘱保密，8个月后奇迹就出现了：凡是名单上的学生，个个成绩都有了较大进步，且性格开朗、自信心强。更让人深感意外的是：这些人是随意挑选的。经心理学家研究证明，对每一个学困生都抱有信心，相信学困生，对学困生寄予厚望，能最大限度地发挥出他们的潜能。

⑤有效的课堂教学是转化学困生的主阵地。这方面大家都有共识，我国的很多教育工作者利用分层递进教学脱困作出了大量有效的尝试。另外，洋思中学的核心理念先学后教，东庐中学的两案合一和杜郎口中学讲课不超过10分钟的做法，都很值得各位老师借鉴。

⑥充分利用差异资源进行课外辅导是脱困的有效途径之一。布卢姆认为，"适合每个学生需要的个别化帮助作为群体教学的补充"，教师除了有针对性对学生个别辅导之外，还可以通过建立数学咨询辅导站的方式辅导学生。本课题组成员在这方面做了有益的探索：在班上选拔培养一批优秀的数学辅导员，把他们的彩照挂在墙上，期末设置优秀辅导员奖项。利用他们对学困生在课堂上或在数学学习咨询辅导站内进行数学咨询辅导，这种多对多的辅导

方式，减轻老师负担，辅导面积大，培养了互助精神和交际活动能力，有70%的同学对辅导员感到满意，甚至有15%的同学认为辅导效果比老师辅导要好。

⑦加强对学困生学习策略的指导。如果教师的教学能够引导学生自觉地掌握和运用尽可能多的有效的学习策略，便可以极大地促进学生的学习。大量的实践证明，对学困生进行学习策略指导是改变学困生落后面貌的有效途径之一。本课题组成员的做法是对新增的科目必须上一节学法指导课。已故教育家孙维刚老师非常注重对学生的学法辅导，北京22中是很普通的一所完全中学，学生入学时就孙老师就教会学生怎样预习、听课、做题、复习，怎样定计划，并对计划严格监控，学生初中毕业时就学完高二的数学教学内容，一个上午就把118个三角函数公式记住，第三届实验班毕业时有55%的同学考上北大清华，而学生很少有教辅资料，极少做家庭作业，学生保证有8小时以上的睡眠。这说明科学的学习方法是学生学业有成的关键。

⑧学困生的心理辅导。在学困生的教育中，心理辅导是一项不可缺少的教育对策。它不仅可以帮助学困生摆脱学习困难，取得学业成功，而且也可帮助他们形成健康的心理、健全的人格，使他们今后成为适应社会需要的合格公民。心理辅导对学困生尤为重要与迫切，特别是暂时性困难类型学生，因为他们比一般学生存在更多的学习困扰与人格问题，期待通过心理辅导加以解决。我看到一个用禁果效应来转化学困生的成功案例。某教师想转化一个学困生，多次扬言小手册中记有张某学困生的劣迹，准备在家长会上抖出来，张某就一直想知道老师记下的内容。某天，老师故意把手册丢在教室。张某按捺不住好奇去偷看了手册，结果发现记下的全是优点和做过的好事。张某大为感动，努力学习，成绩进步很快。可见，转化学困生时注重心理分析，注重方式方法，相信办法总比困难多。

⑨教师要对自身的教学进行深刻的反思，警惕归因偏差。反思就是反省、思考、探索和解决教育教学过程中各个方面存在的问题，具有研究性质。在认识学困生学业失败的原因上，不少教师对学困生学业不良的原因归之于学生。而归因于自身教学方法、教学态度的几乎为零。这种归因倾向表明有些教师没有从教育教学上的不足寻找引起学生学习困难的原因，而是把责任全部推给了学生。另一种归因偏差是教师对优生和学困生的归因不一样。由于缺乏对学生学习困难成因全面、科学的分析，必然使他们的教育、教学工作走进误区。归因偏差危害极大，所以作为教师，应当了解归因偏差的原因，在进行归因时要慎重了再慎重。例如一个学生平时政治成绩都是中等水平，有一次考法律知识得到妈妈的辅导，成绩异常突出，但政治老师不屑地说了一句：你不可能考得这么好的！可能是作弊的吧。从此，该女生对政治科彻底放弃。这就是教师典型的归因偏差造成大危害。

学困生成因错综复杂，转化学困生方法各异，任重道远。"冰冻三尺，非一日之寒"，因而排除他们的障碍绝不可能一蹴而就，毕其功于一役，而需要教育工作者长期的、综合的、理性的不懈努力，大面积提高数学教学质量的愿望才会实现。

第四，实验教师的教育能力得到了进一步的提高，2008年中考取得了好的成绩。

第五，赖云龙主任的论文在区级获奖。

第六，梁卷明老师组织05－3班学困生参加广西2008年科技博客比赛共有12名学生获奖，并且该团体被授予"最具潜力团体奖"。

四、几点体会

第一，对学困生研究是教育中一个永恒的主题，是教师就要研究学困生问题。

第二，从和初三数学学困生的谈话及调查表反馈来看，他们大多是由初一、初二阶段暂时困难变为了现在真正意义上的稳定性困难学生。他们对当初遇到困难时没有得到老师的帮助感到惋惜，对自己当初没有毅力跳过那道坎而深深自责，现在由于数学的严重影响而被迫作出无奈的抉择，此时，我们感到教育无小事，直接关系的是学生的人生前途。

第三，在进行研究过程中，我们深深感到自己理论水平的肤浅，对数学学与教的心理学知识知之甚少。做心理辅导工作更是捉襟见肘，力不从心。今后，我们要加强理论方面的学习，利用课题，把教育实践和教育理论有机地结合起来。

第四，学校领导对"学困生"的研究与转化的态度、决心与决策是促进教师关注"学困生"教育的关键一环，它对整个学校"学困生"的教育最具导向性。

第五，各级教育科研部门，特别是县、市教研部门对基层学校"学困生"的研究与转化的指导具有保障性与催化的重要作用，包括教育科研的其他方面，很多教师都有成为名师的渴望，从不缺乏热情和信念，能得到上级教研部门经常指导，是广大第一线教师最迫切的心声。

第六，希望教师好好反省自己。我们发的一项调查表明，教师对自己的教学方法，教学态度不足之处避而不谈，而对学生的不足洋洋洒洒几百字。这种把责任推给学生的作法，使教学工作走入误区。教师影响学困生主要表现在：①教师的教育观念。教师对不同学生的期望影响了学生的自我概念，成就动机和抱负水平。长期不同的认可就会产生极大的差异。②教师的教学水平。教师教学水平的高低直接影响学生学习质量的优劣。课堂上盲目地教、盲目地布置大量作业，高负担、低效益的做法，不仅学困生毫无长进，而且更加厌学。③师生关系。师生关系的好坏是左右学生学习兴趣的举足轻重的因素。中学生对教师所取的态度，对他们的学习有更大的正向关系。④教师队伍稳定问题。在当今社会，住房、福利、工资、地区差异太让教师敏感了。部分教师不安心教师岗位，缺乏应有的工作责任心，不认真钻研业务、提高教学水平，对学困生不积极辅导，影响教学质量。

第七，我们认为教材编排对学困生的形成是微不足道的。窦桂梅、于永正、李镇西、孙维刚这些大师都没有责怪教材，而是超越教材。他们也会遇到学困生，但他们有"没有教不好的学生"这样的豪迈勇气，有点石成金的教学艺术和为教育献身的无限激情。他们就是我们学习的榜样。

五、尚待进一步研究的问题

我们的研究由于时间短，因此对学困生教育的研究还很肤浅，特别是如何转化学困生的问题，尚待进一步作深入的研究。

第四章　教育科研方法

第一节　常用教育科研方法

教育科研方法是按照某种程序和路径，有组织、有计划、系统地研究教育现象和形成教育智慧与技巧的方式。它既是一个认识过程，又是一个知识体系和行为规则系统。教育科研方法是解决教育实践问题，形成教育智慧、技巧和教师专业发展的重要工具。

开展课题研究采用的研究方法丰富多彩，有采用量的研究方法（也有的称为科学主义、实证主义的研究方法）进行观察、调查和多种水平实验的；也有采用质的研究方法（也有的称为人文主义的研究方法）进行案例研究、叙事研究、课例研究等行动研究的。而且在同一学校、在同一个研究课题中又可以随着研究的进程而不断变换着研究所采用的方法。

从各学校开展研究所采用的研究方法看，过去教育科研大多倾向于采用实证主义的研究方法，强调定量的研究。随着质的研究方法在基础教育中的普及，许多教师会感到定性研究方法比较适于自己的研究。定性研究的深入会提出定量研究的要求，而定量研究的开展则进一步为定性研究提供了数理和逻辑的依据。这两类研究是互相支持，互相依存，都是不可或缺的。只是随着研究的深入，需要交替使用不同的研究方法而已，即使是教师结合自己的日常工作所开展的各种微观研究，典型的案例分析和准确的数字说明都是同等重要的。

学校教育科研中，研究方法的含义可以理解为：它是在学校这一特定情景中，为解决学校所面临的各种不同性质类型的问题，达成各种不同的目标时，为了进一步实现目标而必须遵循的一些基本操作要求。

汇总起来，在学校内开展的教育科研将是在中观或微观层面上，以应用性研究或开发性研究为主体的，定量研究和定性研究结合并用，探索性、描述性和解释性研究兼而有之。为了更直观地对前面提到的研究方法有所了解，现简介如下。

一、观察法

观察法是教育科学研究中常用的一种研究方法。

1. 观察法的概念和作用

观察法是研究者按照一定的目的和计划，在教育教学活动中，对研究对象进行系统的观察研究，从而了解某些特征和规律的方法。

观察法是客观、全面地了解教育现象，深入了解教育对象，发现问题的重要手段；是制定正确措施和方法，提高教育质量的前提；是进一步认识教育现象之间的内在联系，把握其本质属性，探索新的教育规律的重要方法。例：

大学生上衣着装和鞋子颜色喜好；

对某服装专卖店的暗访调查，等等。

2. 观察法的实施

（1）制订方案：明确观察目的和任务，学习有关知识和理论，确定观察对象的总体和样本，选择好观察手段，制定观察计划和预期成果。

（2）实施观察：具体选定观察对象和范围，明确观察的中心内容，按计划有步骤地进行观察，善于辨别主要因素和无关因素，注意观察对象的活动及其反应，可重复多次进行观察，提高观察信度。做好观察记录。

（3）完善资料：及时整理观察数据、图表、笔录、录音、录像、相片等资料。及时对有关资料进行统计处理，不断提高资料的信度。

3. 分析资料和撰写研究报告

要及时分析和处理观察所得到的数据资料。找出事件的因果关系，得出观察研究结论。撰写观察研究报告，对教育实践提出有意义的建议。

观察法是在比较自然的条件下进行的，所以除了应用范围广泛、操作简便易行外，观察所得资料也比较客观、真实，可靠性较高。但也有一定的局限性，观察所得以描述性的结果居多，难以进行数量化的统计处理。还存在着被动性、偶然性、片面性的不足。

二、调查法

调查法也是教育科学研究常用而有效的方法。

1. 调查法的概念和作用

调查法是按照一定的目的和计划，间接地搜集研究对象有关的现状及历史资料，从而弄清事实，分析、概括、发现问题，探索教育规律的研究方法。例：

关于中小学生补课问题的调查研究；

城市父母如何管教孩子；

对×××小学"留守儿童"行为习惯现状的调查研究；

小学生违规违纪问题的调查及对策研究；

中学生视力不良的调查及报告等。

调查有以下三个作用：

一是掌握课题研究的第一手资料和数据，加强课题研究的针对性。做为教育科研的对象和现象是复杂的，各种因素是不断地变化着的。因而，要研究解决某些问题，就必须掌握课题研究的第一手资料和数据，加强课题研究的针对性。

二是为课题研究提供事实依据。课题研究及教育科研应努力做好三个服务：为行政决策服务，为做好工作服务，为教育改革实践服务。所有这些服务都要以事实为依据。

三是明了现状，敢于创新。社会越是向前发展，我们要研究的问题涉及的方面就越多。因而，我们必须了解和把握现实情况。要善于发展新问题，解决新问题，提出新见解，形成新理论，推进教育科学和教育事业的发展。

2. 调查的实施和方式

调查要有明确的目的，并制定具体的调查方案。调查对象总体的选择要恰当，要运用科学的抽样方法进行抽样。要利用多种手段搜集资料，并具有典型性、客观性和真实性。对调查资料要进行系统化整理，并尽量运用数理统计的方法和图示的方法进行分析。

一般采用以下三种调查方式：

（1）问卷法。问卷法是调查者将调查的内容编制成问题或表式，由调查对象填写答案，然后回收，进行整理、统计、研究的一种调查方法。

问卷法最重要的工作是做好问卷设计。调查问卷要写好问卷导语，即简要写明问卷的目的、意义和要求。主体内容是做好问题设计，题目要具有科学性、合理性和针对性。既能明确地反映出调查者的意图；又能让答卷者真实、准确地进行回答。可有选择题、是非题、填空题、回答题等。题目的组成和顺序都要有一定的安排，还应注意问卷结果要便于统计，并充分考虑利用现代化手段进行统计。

（2）访谈法。访谈法是调查者针对某一特定研究目的，通过与调查对象面对面的谈话方式了解情况，搜集所需要的资料的方法。

访谈的内容大致可以分为三类：

一是事实的调查，旨在要求被访者提供确实知道的一般情况。

二是意见的征询，即征求被访者对某个教育问题的看法、意见和建议。

三是了解被访者的内心世界和心理动机，包括个人的认知、经历、体验、兴趣、爱好、抱负、信仰、思想特点、个性特征、心理品质乃至家庭情况、社会关系，等等。

要做好访谈设计：确定研究问题，确定访谈的样本和方法，拟定访谈提纲等。

谈话的对象可采用个体访谈，也可以对有相同看法和经历的一组人进行访谈。谈话结构可采用封闭型，即有明确的答案；也可采用开放型，即完全没有明确的答案；或半开放型。谈话方式可采用答辩访谈法也可采用叙事访谈法。

研究者亲自访谈，会使调查工作亲切、深入、全面、准确。障碍是被调查者常有"警戒心理"。为进行好访谈，有以下几点需要注意：

其一，选择访问对象时应考虑到对方能否提供有价值的事实资料，是否乐于回答所提出的问题。因此访问者对于被访问者的经历、地位和个性特征，事先应有所了解。

其二，访问的时间和地点应以不影响被访者的工作或学习为前提，最好是利用课余或休假时间。

其三，访问者取得被访者的信任和合作是关键。为此，访问者在访问前需求得被访者同意；谈话前说明访问目的，使对方感到问题的重要；访问者的态度要诚恳、有礼貌等。

其四，要善于洞察被访者的心理变化。要机智，善于临机应变。

其五，要掌握发问的艺术。提问题通常有三种方法：一是直接法，即开门见山，直截了当地提出一个问题让对方回答。二是间接法，问的是甲，实际想了解的是乙。三是迂回法，即从各个不同的侧面了解一个实质性的问题。当谈话离题时要善于巧妙地把话题引到原定的目标上来。

访谈要选择好记录方式（笔录、录音、录像、相片等）。对访谈记录要及时整理和分析：一是进行事实归类分析，找出因果关系。二是从事实资料中产生新的学说和理论，形成结论。

（3）作品分析法。作品分析法是对调查对象（明确总体和样本）的各种作品，如笔记、作业、日记、文章等进行分析研究，了解情况，发现问题，把握特点和规律的方法。

作品分析法需要有明确的目的和计划，对要分析的作品要确定范围和分析的重点。作品分析法多用于个案研究或群体的心理品质和个性特征等方面的研究。

3. 无论采用哪种调查方式，调查实施后，都应写好调查研究报告

一般调查研究报告的内容包括：调查背景，调查目的，调查对象，调查进行的时间和方式，主要数据统计及分析（结论），对策和建议，主要参考文献等。

三、教育实验法

教育实验法是教育科学研究中最主要的方法之一，是最为严格的教育科学研究方法。

教育实验法是研究者按照研究目的，合理的控制或创设一定条件，人为的改变研究对象，从而验证假设，探讨教育现象因果关系的一种教育科学研究方法。例：

数学实验在教学中的应用实验研究；

代数扑克游戏活动提高初中学生数学运算技能的实验研究；

乡镇小学数学课堂中后30%学生的成因研究；

卡片式作业在初中数学中的实践与研究；

初中数学教学课堂中"智慧的追问"的实践与研究；

小学语文新课教学导入设计和研究，等等。

教育实验法使用的基本步骤如下：

1. 实验准备阶段

这一阶段的总体任务是制订实验研究方案，具体包括：

（1）确定实验研究课题，明确试验研究目的。选择和确定好的实验课题是教育实验成功的第一步，它直接关系着实验成果的大小乃至实验的成败。

（2）明确实验的理论基础，制定研究的理论假设。实验法的假设是按这样的逻辑设计的：研究者以一个因果假设为开端——如果作用于被试的某个变量（自变量）发生了变化，

那么从被试那里反映出来的另一个变量（因变量）也会随之发生变化，测量因变量；再将自变量重新作用于被试（或改变自变量作用的程度），而后再一次测量因变量，看因变量的值是否已有了预期的变化。只要研究者严格控制除自变量和因变量之外的无关因素，那么因变量在测量之前和测量之后的任何变化，都可以归因于自变量的刺激作用。

（3）确定、分析实验变量。所谓变量是指某一群体，其组成成分在性质、数量上可以变化、操纵或测量的条件、现象或事物的特征。如一群学生可以有学业、成绩、智力、兴趣、动机等不同的特征，这些特征就是变量。在实验研究中存在的变量主要有三种：自变量、因变量和无关变量。自变量是由研究者主动操纵而变化的变量，它是引起结果的原因所在。因变量是由自变量的变化引起相应反应的变量，它是自变量变化而引起的结果。无关变量又叫控制变量，是需要在研究过程中加以控制的变量。它是指除自变量和因变量之外的一切变量。例如一项关于优化小学课堂教学的实验研究，探索教学方法对教学效果的影响。在这里，教学方法的使用是自变量，教学效果的变化是因变量，除教学方法外一切可能会影响教学效果的因素都是无关变量。

（4）选择被试，进行实验设计。被试是从总体中选出的参与实验的对象。选择被试是一个很重要的环节，如果选不好，就会影响实验的进行及结果的可信程度。同样，实验设计也是非常重要的环节。实验设计的优劣取决于能否成功的操作三个要素，即：有效的控制无关变量；成功的操纵自变量；科学的观察因变量。

2．实验的实施阶段

这是实验的实质性阶段。实验结果的可靠性、正确性不仅取决于实验的设计，还取决于实验过程的正确操作、观察和记录。在实验实施过程中，要按实验的设计操纵自变量，控制好无关变量，随时观察和测量因变量，搜集实验数据和其他重要的实验资料。在这里需要特别强调的是对因变量的测量，因为实验假设最终要通过对因变量有关数据的统计、分析及结果来加以证明，所以对因变量的测量就显得尤为重要。

因变量的测量一般包括前测和后测两部分。前测是研究者在实验前为了了解实验对象有关方面的情况、水平而进行的测量，它可以帮助研究者了解实验对象的某些特点，并为实验对象的选择和分组提供相应的依据。后测是研究者在实验后为了了解实验所造成的影响而对实验对象进行的测量，它可以使研究者明了实验对象在实验后达到的水平，并与前测相比较，从而获取实验假设是否正确的证据。实施后测时要选择合适的时机，并要保证与前测同质，且有相同的分值。

3．实验的总结与评价阶段

这是实验的结束阶段。该阶段工作主要包括：
（1）对实验数据和有关资料进行统计分析，并在此基础上对变量做出相关分析、因果分析，得出实验结论。
（2）评价实验结论。
（3）撰写实验报告。

四、个案法

它是对个体最直接的、最简单的一种研究方法。是对某一个体在较长时间里进行了解,以研究其发展变化的方法。例:《小学数学学困生个案分析》。

我国著名幼儿教育专家、儿童心理学家陈鹤琴先生从他的第一个孩子陈一鸣出生之时起,就采用日记的方式逐日对孩子身心变化和各种刺激反应进行细致的研究,做了详细的文字记载和摄影,连续追踪808天,积累了大量的研究资料,为《儿童心理之研究》一书提供了有力的佐证,这就是非常典型的应用个案法的例子。

它的优点是深入细致、全面系统、灵活自然,而且特别适合教师使用,因为它可以帮助教师找到学生的问题所在,从而促进学生的全面发展,有助于真正实现因材施教。

缺点是个案法由于研究对象少,规模少,缺乏代表性,很难将对个体的研究结果推广至群体;研究需要较长时间,费时、费力;属于定性研究,研究者的价值取向和思维方式很容易直接影响研究过程。

五、案例研究法

案例是事件,是对一个实际情境的描述。案例讲述的应该是一个一个的故事,叙述是故事产生、发展的历程,是对事物或现象的动态性把握。例:《高中化学学业薄弱生的学习行为案例研究》、《学生上课精神状态不佳的原因与建议》。

案例是含有问题或疑难情境在内的事件。事件只是案例的必要条件,而不是充足条件,换句话说,事件还只是案例的基本素材,并不是说所有的事件都可以成为案例,能够称之为案例的事件,必须要包含有问题在内,并且也可能包含有解决这些问题的方法。

案例是典型性的事件。除了"问题或疑难情境"这样一个基本要素,作为案例的事件还需具有一定的典型性,要能够从这个事件的解决当中说明、诠释类似事件,要能够给读者带来这样或那样的启示、体会。

案例是真实发生的事件。案例虽然展示的是一个饶有趣味的故事,要与故事一样生动有趣,但案例与故事也有一个根本性的区别,那就是故事是可以杜撰的,而案例是不能杜撰的,它所反映的是真实发生的事件,是事件的真实再现。

概括而言,案例是含有问题或疑难情境在内的真实发生的典型性事件。这一概括性的论述,应该说总体反映了案例的形貌。从这一概述中,可以看到,对事物的静态的缺乏过程把握的描述不能称之为案例;信手拈来的没有问题或疑难情境在内的事件也不能称之为案例;没有客观真实为基础缺乏典型意义的事件也不能称之为真正的案例。

什么样的案例才是一个适宜的、好的案例?一些专家提出了一个好案例的具体标准:

一个好的案例应讲述一个故事。像所有好故事的标准一样,一个好的案例必须要有有趣的情节。要能把事件发生的时间、地点、人物等按一定结构展示出来,当然在这其中,对事件的叙述和评点也是必要的组成部分。

一个好的案例要把注意力集中在一个中心论题上,要突出一个主题,如果是多个主题的话，叙述就会显得杂乱无章，难以把握住事件发生的主线。

一个好的案例描述的是现实生活场景，应该反映的是近 5 年发生的事情，因为这样的案例读者更愿意接触。

一个好的案例可以使读者有身临其境的感觉，对案例所涉及的人产生移情作用。

一个好的案例应包括从案例反映的对象那里引述的材料。例如，反映某个学校或某个班级的案例，可引述一些口头或书面的、正式的或非正式的材料，以增强案例的真实感。

一个好的案例需要对面临的疑难问题提出解决方法。

一个好的案例需要有对已经作出的解决问题决策的评价。也就是说，一个好的案例不仅要提供问题及问题解决的方法，而且也有对这种解决问题方法的评价，以便为新的决策提供参照点。

一个好的案例要有一个从开始到结束的完整情节，要包括有一些戏剧性的冲突。

一个好的案例的叙述要具体、特殊，也就是案例不应是对事物大体如何的笼统描述，也不应是对事物所具有的总体特征所作的抽象化的、概括化的说明。

一个好的案例要把事件置于一个时空框架之中，也就是要说明事件发生的时间、地点等。

一个好的案例要能反映教师工作的复杂性，揭示出人物的内心世界，如态度、动机、需要等。

六、教育叙事研究法

教育叙事是以叙事、讲故事的形式记录在自己的教育实践、教育生活中发生的各种真实鲜活的教育事件和发人深省的动人故事，表述自己在实践过程中的亲身经历、内心体验和对教育的理解感悟。"叙"就是叙述，"事"就是故事。教育叙事其实是一种叙事化的教育反思。例：

小学计算类教学中计算器使用时机和策略研究；

初一新生过渡性教育研究；

课前 5 分钟预备时间做什么，等等。

教育叙事包括教学叙事、管理叙事或德育叙事。由于课堂教学是教师的最日常的教育生活，所以，教学叙事是重点。

教育叙事研究，即采用多种资料搜集方法对教育现象进行研究，通过运用或分析叙事资料，用故事的形式呈现研究结果，并对故事现象或意义建构获得解释性理解。凡是在教育背景中包含任何类型叙事资料的分析研究都可以称为教育叙事研究。叙述不仅仅是为了解释，而是要寻找故事背后的意义。

教育叙事的要点包括：

第一，教育叙事应有一个主题；

第二，教育叙事是一种"教育记叙文"，而不是"论文"；

第三，教育叙事以"叙事为主"，但是在自己反思基础上写的，"夹叙夹议"。

七、行动研究法

行动研究法是最受教育工作者欢迎，运用最为普遍的科研方法，是我们教育工作者要重点掌握的一个教育科学研究方法。例：

引导学生在自主阅读中学会积累的行动研究；

培养学生良好行为习惯的行动研究；

八年级课堂作文评改方式的研究；

小学数学高段新授课"5：3"的研究；

"孪生"题在高中化学习题课中时效性的研究；

小学高年级用线描的方法进行静物写生的研究，等等。

1. 行动研究法的概念和特点

简要介绍一下行动研究法是怎么来的。行动研究法产生于二十世纪中叶。当时，一般科研工作者认为"行动"与"研究"是不同的人从事不同性质活动的概念。而美国的著名社会心理学家科特·勒温和社会工作者约翰·考尔在各自的工作中发现：社会科学研究者仅凭个人兴趣，或只为了"出书"而搞研究；而实际工作者如果不去研究自己所处的环境和面临的实际问题，又得不到研究者的帮助，任凭个人的热情去工作，就无法做出"有条理有成效的行动"。对此，勒温认为：没有无行动的研究，也没有无研究的行动。因而，他阐述了行动与研究间的密切关系，并提出了一种社会科学研究的新思路、新方法，即强调研究选题应该来自实际工作者需求，研究须在实际工作中进行，研究应由实际工作者和研究者共同参与来完成。同时还强调，研究的成果应为实际工作者所理解所掌握，并加以实施。研究的最终目的，是为了解决实际问题以改善社会行为。他进而指出，这是一种将科学研究者与实际工作者的智慧和能力结合起来以解决某一事实的一种方法。由此，为"行动研究"正式定了名称。20世纪50年代，行动研究被介绍到教育界，随后广泛应用于教育行政管理、教育、教学及课堂的教育科学研究之中。

可见，教育行动研究是指有计划、有步骤地对教育实践中产生的问题，由教育实践工作者和教育研究者相结合，边研究边行动，以解决实际问题为目的的一种科学研究方法。

行动研究法之所以受到教育工作者欢迎，成为最为普遍运用的方法，是因为它有五大特点（优势）。

（1）行动研究的主要目的是针对实际问题，改进实际工作，提高行动质量。它解决了工作与研究，实践与理论，科学研究者与实际工作者的脱节，实现了实验研究和实践工作统一。

（2）行动研究使干部、教师真正成为教育科研的主体。从事行动研究和运用研究成果的人员就是实际工作的人员。第一线的干部、教师最知道教育中亟待研究的问题，也是最易于着手解决问题的人，更是最易取得成果的人。

（3）行动研究的环境是自然状况下的环境，是真实的动态工作环境。这样的工作变革是真实的工作改进、改革。

（4）行动研究选择的方法是有利于解决问题的各种方法的综合，也就是它可以综合、灵活地运用其他方法，如观察法、调查法、作品分析法、个案分析法等。这有利于教育方法改革，有利于教育创新。

（5）行动研究的价值评估重在研究的实际效果上，突出了教育科研的实效性。这有利于落实素质教育。

总之，行动研究法使教育实践工作和教育科研工作统一起来，是我们要重点掌握的一个教育科学研究方法。

2. 行动研究法的实施

行动研究的过程可归纳为以下五个步骤。

（1）确定问题。从学校实际工作出发，提出教育教学以及管理方面的亟待解决的问题和改变的初步设想。搜集有关资料，明确研究目的和意义。

（2）制订计划。首先要制订系统的总体计划，包括研究的目标内容、途径方法、管理评价等，还要制订具体的行动计划，安排好活动的先后顺序等。

（3）行动实施。要组织参与研究的人员进行学习和培训。要按计划按所制定的措施采取行动，组织活动。要注意活动资料的搜集和整理，注重实际效果和问题的解决。

（4）分析与评价。对研究所获得的数据和资料要进行系统的科学处理，及时对研究的成果进行分析和评价。

（5）提出报告。报告的内容应该包括研究背景、理论依据、目标内容、实践操作、效果结论及思考与建议等。

八、文献研究法

1. 什么是文献研究法

文献是指记录知识的一切载体，包括图书、报刊、会议资料、各种文件、学位论文、科技报告、专利文献、磁盘、光盘及各种音像视听资料、微缩胶卷、胶片等。

文献研究法是指根据一定的研究目的或课题需要，通过查阅文献来获得相关资料，全面地、正确地了解所要研究的问题，找出事物的本质属性，从中发现问题的一种研究方法。文献研究法是课题研究中最常用的方法，几乎所有的课题，都要先进行文献研究。例：

国外中小学创造性课堂教学研究综述；

学科教学生活化的理论与实践研究综述；

校友张万信其人其事；

古典诗词中的月文化，等等。

现代社会是信息化社会，信息呈几何级数涌现，许多问题别人已经注意，可能有人已经研究过或者正在进行研究。如果我们确定的课题是别人已经研究或正在研究的，那么，我们就是在做重复劳动，必然徒劳无功。在确定课题前，先就相关问题查阅大量资料，对该问题研究的历史、现状、前景，有一个全面的了解，从中发现存在的问题或不足，进而确定自己的研究课题。这样就等于站在了巨人的肩膀上，课题研究才会少走弯路。

在课题实施过程中,也随时需要用到文献研究。比如,"高中语文第一册课文精彩语段及点评"这个课题,我们在进行研究的过程中,就需要搜集与高中语文第一册课文相关的各种信息,然后进行研究,编撰"精彩语段及点评手册",如果不查资料,可能有许多语段自己没有发现它的精彩之处,或者自己发现了,分析却不够细致、全面。

2．文献类型

文献的内容多种多样,按照它的性质、内容、加工方式和用途大致可分为零次文献、一次文献、二次文献和三次文献。

零次文献是指经历过特别事件或行为的人撰写的目击描述或使用其他方式的实况纪录,是未经发表和有意识处理的最原始的资料。也称作第一手文献,包括未发表的书信、手稿、草稿和各种原始记录。

一次文献也称原始文献,一般指直接记录事件经过、研究成果、新知识、新技术的专著、论文、调查报告等文献。是发表过的资料。

二次文献又称检索性文献,是指对一次文献进行加工整理过的文献,包括文献特征、内容要点,并按照一定方法编排成系统的便于查找的资料。

三次文献又称参考性文献,是在利用二次文献的基础上,对一次文献进行系统的整理并概括论述的文献,这类文献具有主观综合的性质。

3．如何搜集文献资料

(1) 多种渠道。可以考虑从如下方面来搜集:一是采购,二是到学校图书馆借阅,三是向老师和专家求助,四是网上查阅。

(2) 关键词搜索。利用搜索引擎进行资料检索是我们最常用的方法,也是最简便有效的方法,常用的搜索引擎有百度,搜狐,Google等。

(3) 搜索方法。具体包括:

顺查法,即从课题相关内容的研究开始的时间为起点,逐步推进到当前新出版的文献。这样比较费时间,但可查全,有利于了解课题研究的全过程,多用于范围较广,所需文献系统全面、复杂的研究课题。

逆查法,从当前的文献逐年回溯过去的文献,直到满足需要为止,多用于新课题研究的文献搜集。

抽查法,选择某课题领域发展迅速、研究成果较多的时期进行重点检索,以节省时间。一般多用于时间紧张的小型项目研究,容易漏检。

追溯法,利用手头的文献所附的引文注释和参考文献目录作为线索,逐一追查原文,再从这些原文所附的参考文献目录逐一扩展,就像滚雪球一样扩展开来。

复制法,及时把所需资料复制、转录下来。报刊资料可以复印,电子文档直接用软盘拷贝,再及时放到自己电脑或学校提供的电脑空间里。

以上我们依次介绍了观察法、调查法、教育实验法、个案法、案例研究法、叙事研究法、课例研究法、行动研究法、文献法等教育科研中具体的研究方法,此外,还有为这些方法服务的辅助性的研究方法,即教育研究的技术,如教育统计法、测量法、图示法、列表法等。

第二节　教育科研方法存在的问题

目前在研究方法方面存在的问题有：

一、有行动无研究

从20世纪90年代初行动研究传入教育界以来，行动研究成为中小学教育科研中使用频率最高的一个词汇，几乎每个教师、每所学校进行的研究课题设计中，都会提到自己使用的研究方法之一是行动研究。确实，行动研究在一定程度上破除了中小学教师头脑中的科研神秘感，让大家注意到，科研并不是专家的专利，而是完全可以"下嫁"到中小学，成为中小学教师的专业发展手段。但另一方面，我们也会注意到，在一些学校、一些教师那里，行动研究成为只要行动不要研究的借口，研究正在为行动所取代，有行动无研究的现象日益明显。

有的课题设计，只有工作背景介绍、工作流程分析、工作覆盖范围，难觅研究踪影；有的课题实施，只有工作组织与协调、人员调配与管理、制度建设与落实，难觅研究角色；有的课题成果，只有工作成效分析、工作经验积累、工作状态改善，难觅研究价值。凡此种种，都体现出缺乏研究意识，仍然是用经验式的工作支配自己的行为。

作为研究，有三个要件，一是目标，二是过程，三是方法。中小学教育科研也概莫能外。如果没有明确的研究目标指向，没有研究实施的过程，没有使用得当的研究方法，也就不成其为研究了。行动与研究结合，研究与行动共进，是中小学教育科研应秉承的基本立场。在行动中持续不断地进行反思，并且把这些反思的过程、方法呈现出来，把反思与行为改进的成效彰显出来，行动才摆脱了其原有的习惯操作；在行动中有意识地将研究作为基础与前提，同时把研究的实施与行动的开展紧密结合起来，研究才摆脱了其原有的虚空状态。这样的研究才是中小学教育科研所应有的。

二、有研究无成果

如果从20世纪80年代初开始算起的话，中小学的教育科研迄今已经有了三十余年的历史。在这期间，学校教育科研担负着改进学校实践、解决学校问题、提升学校办学水平的重任，不少科研课题也确实起到了这样的作用。同时，也应注意到，学校科研课题的庞大数量与实际解决问题的质量，并不是非常相称。课题立项了，经费投入了，但成果并没有真正体现出来。有的学校的教育科研还处在"塑料花"的状态。

经济学研究给我们提供了三个重要的概念：成本、效益、风险。但如果用这三个概念来衡量评判学校教育科研，有的学校的教育科研是投入巨大，效益很小，风险绝无的。也就是说，教育科研投入了人力、财力、物力，但并没有真正解决学校存在的疑难问题，没有带来学校面貌的改进和教师行为的改变。

这里所讲的学校教育科研成果,并不是指是否出版了科研著作,编写了科研成果集。事实上,不少学校经过一段时间的研究之后,总是能够拿出像模像样的精致的由正规出版社出版的作品。但科研成果也可能仅限于此,物化的科研成果——书籍中的理念、反映的内容等并没有真正体现在学校日常生活中,只是以语言符号形式体现的成果而已。这样的学校科研,在科研立项的时候就是直接指向编写这样或那样的著作,并不见得真正想改变学校实践。

导致这种情况出现的原因是多方面的,有科研观念方面的原因,有科研组织的原因,有科研成果呈现方式方面的原因,也有现有科研评价机制方面的原因。

三、有成果无转化

中小学教育科研发展到今天,已经有了丰硕的成果,如果将各所学校科研成果汇集起来,将会是一个天文数字,真正称得上是汗牛充栋。与此形成鲜明对比的是,现有的科研成果缺乏转化,缺乏在教育教学实践中的运用。有的学校是一任校长一个重大课题,一个办学思路,一旦换了一位校长,就会改弦更张,重新选择新的课题作为自己在任期间的"政绩"研究项目,原有的科研成果也就只能是文字性的成果了。

学校科研成果转化难,现在成了不少学校面临的问题。倾心科研,也有所得,但却无法转化为实际的教育教学成果,科研也就失却了应有的意义和价值。

科研成果的转化,不应该仅仅是科研成果形成以后才考虑的事情,在科研课题立项之初,就需要有通盘的设计与安排。

一是在学校层面上要考虑,科研项目的组成成员对科研成果的转化有无帮助,科研成果的形态是否有助于后期的转化,科研的实施过程是否使更多的教师参与了解课题的相关情况等。

二是在区域组织层面上要考虑,各学校的科研课题成果哪些是可以在较大范围推广应用的,推广应用的前提是什么,借助于何种形式才能达到推广应用的目的。

三是在转化机制上要考虑,是否需要建立或扶持相应的中介机构来推进成果的转化,区域教研员需要与学校建立怎样的联系,才能使课题成果得到提炼与推广。

四、有方法论无具体方法

教育科学研究方法,总体上来看,属于舶来品。从 20 世纪一二十年代,国人才真正接触学校研究方法,这大概能在一定程度上解释中小学教育科学研究方法整体素质不高的原因。在众多的学校教育科研成果中,缺乏方法意识,没有明确的方法使用,或者方法运用不规范,并不是个别现象。在方案设计、成果表达中,我们称之为"研究方法"的那些内容,其实大多可归之于方法论的范畴，而不是真正的方法。

具体方法是什么，能操作、有规范是其基本特征。观察、问卷、访谈等属于此类。

有方法论无具体方法的教育科研的危害，就是研究结果的来源不清晰、研究成果的共享很难做到，研究数据的恰当性较难衡量，和其他同行的对话相当困难，研究信度、效度就难以得到保证。

五、有定性无定量

回顾中小学教育科研三十余年的发展历程，大体可以看到如下运行轨迹：20世纪80年代强调定量研究，各种各样的教育研究都冠之以"实验"的名称，一时之间，好像没有实验、没有统计测量，就不能称之为教育科研；20世纪90年代注重行动研究，各种各样的教育研究都举起了行动研究的大旗，研究的身份不再高贵，研究成为一种共享的行为，但研究也在此期间被单一化、狭窄化；进入21世纪，突出叙事研究，各种各样的教育研究都关注教育教学具体情景中的事件记叙，定性的方法取代了定量性的研究。

当前，中小学教育科研还处在专注定性研究的时期，并未跨入定性与定量两相融合的时期。毛泽东同志认为，方法就是达到目的的手段和工具，起到的是"桥"和"船"的作用。研究目的不同，研究对象不同，研究内容不同，也就需要选用不同的研究方法。要迎来定性与定量两相融合的时代，我们还有许多事情要做，还有很长一段路要走！

六、有叙事无提炼

教育叙事是近年来被大家广为关注的研究方法和文体表达形式，它在行动研究的旗帜下，将教育研究与中小学教师的关系更为密切化。不少中小学教师依托叙事反思自己的教育教学行为，将教育叙事作为自己专业成长与发展的重要手段。但是，十多年时间过去了，我们正越来越多地面临一个新的尴尬境况：叙事已达汗牛充栋的地步，但教育教学智慧并没有随之跃升，各种各样的教育叙事并没带来教育理性思考的升华，叙事仅仅是叙事。

翻检一下中小学教师撰写的教育叙事，不难发现，内容日益趋同，题材日益单一。叙事并没有带来预期的变化，无论对教师成长还是专业理论工作者来说，都没有能产生起初预期的促进作用。

叙事只是一种手段而已，而不是目的。借助于叙事，教师能梳理自己的实践行为，记叙自己的教育教学经历，提炼自己的教育智慧，从而形成符合当今时代要求与学生发展的新的角色转变；借助于叙事，专业研究者能更好地认识教育教学实践，从实践中不断汲取营养，使理论不再是空洞的说教和专业术语的堆砌，实现教育学理论形态的转变。

七、有课题无问题

先有问题，后在此基础上，经过对"事实""应该""可能""可行"的思考形成研究课题。这是所有课题形成的基本思维路线。

事实——学校发展或教育教学实际中的现象如何，事实状态是怎样的；

应该——从应然状态的角度分析学校实际，也正是从这一角度会发现学校所存在的这样或那样的问题；

可能——改进学校实际有哪些可供选择的路径，学校发展或具体教育教学问题按轻重缓急可做出怎样的分类，在不同的时序会有哪些不同形态；

可行——从学校实际资源来分析，哪些问题可以成为研究课题，研究已具备了哪些基础，还需要寻找哪方面的支持，哪些支持能够真正获得，等等。这样的分析，常常导致的是课题的产生与研究的开始。

素质教育的实施，课程改革的推进，都给中小学教育教学实践提出了许多挑战，也衍生出一系列需要解决的问题。中小学的教育科研应该自始至终围绕这些问题展开，要注意梳理问题、分析问题，进而从自身实际出发将其转化为研究课题。研究课题形成后，也并不意味着可以忽略即时性、突发性问题，研究者仍然可以关注这些问题，思考是否可以将这些问题纳入已有课题范围内，同时思考后续研究的方向和课题形成的可能。

八、有师本无校本

"校本"这个词语在中文中出现，还是20世纪90年代初的事情。二十余年过去了，校本确实已为广大中小学教师所认同。

校本的含义是：为了学校，在学校中，基于学校。三者缺一不可，相辅相成。关于校本的含义，我们还将在第六章中进一步讨论。能够称之为校本的活动，应该是着眼于改进学校实践、解决学校实际问题、提升学校教师教育教学水平的；能够称之为校本的活动，解决问题的主体应该是学校中的管理者与教师，解决问题的过程也主要是体现在学校场景之中；能够称之为校本的活动，应注意充分认识并挖掘学校中存在的各方面资源，将这些资源从潜在状态转化为显在状态，真正做到从学校的实际出发。如果以此来衡量现有的学校教育科研活动的话，有的学校的教育科研还仅限于师本的水平，而没达到校本的境地。

师本是以师为本，每个教师都是一个研究个体，每个教师也相应地都是研究主体，他们可以从自己的教育教学情境中发现问题，自行从事相关研究，而并不见得真正将自己的研究融入学校发展，扩展为学校共享的智慧或经验。在那些没有倡导校本教研或校本研究的学校，教师自发所进行的研究，大多表现为师本研究。即使是在倡导并实施校本教研或校本研究的学校，有的虽然有了校本的形貌，但真正从事研究的仍是教师个体，没有教师之间的合作，没有教师经由教育科研形成的智慧推及学校改革与发展变革层面，仍然不能称之为校本。

师本是校本的基础。在一所学校，师本研究涉及面广，教师参与研究人数多的话，从事校本研究也就便利了许多。作为学校管理者或教育科研的组织者，应充分认识所在学校师本研究的状况，要考虑如何将这些资源整合进校本研究中来，同时在推进校本时，也要注意保护和师本研究的积极性，毕竟离开了师本，校本也就难以为继。

九、有分析无元分析

元分析、元研究、元评价等，是以已有的分析、研究评价等为研究对象的，它处在超越具体分析、研究、评价的层面，俯瞰监控分析等的确当性、合理性，从而使得研究建立在更扎实的基础之上。中小学的教育科研已积累了大量的分析素材，涌现了大量的研究成果，但尚缺乏系统的元分析或元研究，导致的后果是许多课题仍然做重复性研究，在简单循环的水平上进行着所谓的研究活动，研究投入大，收效低。

元分析的视野，在每项研究实施之初，就应该具有。就如同教育教学的反思需要渗透教育教学全过程一样，元分析也需要体现在教育科研的各个方面。在课题选择时，要分析课题产生途径是否合理，课题表述是否恰当，关键词语的界定是否符合一般的逻辑规范；在方案设计时，要分析方案的结构是否完整，各组成部分的联系是否密切，方案实施的可能性如何等；在课题实施时，要分析获取的资料是否完整恰切，实施过程是否有欠缺或误差，研究人员在实施中的介入给研究造成的影响等；在课题成果出现时，要分析课题成果是否真正来源于课题，成果的信度效度如何，成果的形成过程是否符合课题研究的一般要求，分析工具的选择是否恰当等。在这样的分析中，课题才有可能进一步提高其研究水平。

学校教育科研发展至今，积累成果资料甚为丰富，对这些资料进行较为系统的元分析实属必要。遗憾的是，到目前为止，我们尚未形成有效的元分析工具，甚至连元分析的意识也很少，这是使得我们的学校教育科研质量不高的原因之一。要解决这一问题，既需要实践工作者的努力，更需要理论工作者的引领，因为元分析技术是相对说来较为困难的一套技术，没有专门的学习与研究，难以真正掌握并灵活运用。我们期待教育理论工作者像当初引入行动研究、叙事研究那样，饱含激情地将元分析技术引介到实际教育科研中去，让元分析成为学校教育科研的新工具，提升学校教育科研水平的新保障。

第三节 教育科研方法的合理选择与运用

一、各种研究方法的优势与不足

1. 观察法

优点：简便易行，适应性强，灵活性大，可随时随地进行，观察人员可多可少，观察时间可长可短，只要到达现场就能获得一定的感性知识；直接了解具体、现实情况。

不足：受时间、空间等客观条件的限制；表面性和偶然性，严密、精确度不足；获得的资料往往不利于进行定量研究。

2．调查法

优点：主要是简便易行。取样大，研究的被试具有广泛性与代表性；由于样组扩大，可以抵消一些中间变量的影响；研究结果的统计处理具有科学性等。

不足：不能确定现象之间的因果关系，可靠性往往依赖于被调查者的合作态度与实事求是精神；设计的问题问卷调查比较难，如问卷中题目的用语有时容易表露某种期待的答案；被试对问题的回答常有猜测，不易真实；统计处理较简单，难于进行质的分析。

3．教育实验法

优点：主试处于主动地位。结果客观可靠，能够精确的测定自变量（因）与因变量（果）之间的关系。这种方法既有良好的内在效度，又有较高的外在效度，因为它是由现实的人在现实的社会环境中表现出的行为；可以反复验证，即所得的结果比较切合实际，可以有效地应用于实践。

不足：实验情景不易控制，容易受无关变量的影响；样本的缺陷。实验结论所依据的那些实验现象与现实世界中的人们往往大不相同；研究工作要跟随事件发展的本来顺序进行，所以费时较长；实验人员的影响；伦理及法律上的限制。

4．个案法

优点：由于研究对象少，便于进行全面、系统及深入的研究，研究者通过研究一个个案，从中推出有关现象的一般性原则。

不足：个案研究缺乏代表性，在推论总体上要特别慎重；个案研究是非控制性观察，获得的资料粗略、多属于描述性的；主观偏见会降低个案研究的效度。

5．案例研究法

优点：方便易行；焦点突出，信息集中；便于理论与实践的联系；引发"点"式的反思与讨论。

不足：真实性无法验证，读者不能"感受"当时的实际气氛；将复杂的事件过程简单化，丢失了大量的相关信息，不利于整体把握事物；缺少多元表征和多角度的分析与讨论；在深层次的探讨方面难以展开；难以对案例进行再加工。大量的研究积累之后才更有意义。

6．教育叙事研究法

优点：易于理解；使读者有亲切感，具有人文气息；可帮助读者在多个侧面和纬度上认识教育实践；能创造性地再现事件场景和过程；更吸引读者，给读者带来一定的想象空间。

不足：容易遗漏事件中的一些重要信息；读者容易忽视对故事叙述重点问题的把握；结论常常不够清晰明确。

7．行动研究法

优点：适应性和灵活性强；评价的持续性和反馈及时性；较强的实践性与参与性；多种研究方法的综合使用。

不足：由于其非正规性而缺少科学的严密性，在实际研究中，不可能严密控制条件，其结果的准确性、可靠性不够。

8．文献研究法

优点：能全面了解前人的认识，使研究一开始就站在一个高起点上。

不足：缺乏现实感，不够具体；认识会受文献的丰富性的制约，有时可能无法得到研究所需要的完整资料；搜集到的只是历史状况而不是当前状况，可能与现实发展存在差距，因而可能导致研究结果的偏差。

二、如何选择适用的科研方法

"工欲善其事，必先利其器"，凡事若要做好，总需寻求必要的工具和方法。对问题的研究正是如此，研究不仅要有新颖的观点，提出好的假设，更关键的在于研究方法的选择。对每种方法的选取，必须要结合研究问题的需要。在实际的教育科学研究中，研究方法的选择并无固定成规，有时，一项研究可采用几种不同的方法；而往往一种方法又可运用于许多种研究。这里所说的"合适的方法"并不是从绝对意义上讲的。因为研究方法的选择取决于研究的内容和形式、研究者的自身素质和研究过程。在研究性课程的实施过程中，不存在绝对的"最优方法"。哪一种或哪几种方法对课题研究最有效，就选择哪一种或哪几种。某种研究方法相对于特定的课题目标而言，是好的方法，是最合适的方法，而相对于另外的课题目标而言，可能就是不好的方法、不合适的方法。这就存在一个研究方法的选择问题。那么，如何选择最合适的研究方法呢？一般地说，选择最合适的研究方法，应该考虑以下几个方面的因素：

1．根据课题研究内容选择

课题内容是影响方法选择的一个很重要的因素。一般来说，社会科学方面的课题与自然科学方面的课题在研究方法上应有很大的差别。由于学科内容不同，掌握这些知识技能的心理过程就有所不同，其研究方法也应不同。例如要进行"青少年违法犯罪"的研究，最合适的方法应选择调查研究法；而要进行"机动车尾气污染植物的影响"的研究，实验法才是最合适的研究方法。由此可知，方法服务于课题内容，必须根据课题内容来选择最合适的研究方法（当然，并不排斥和其他方法结合）。

2．根据研究对象的状况选择

要求研究对象数量不多的课题，可采用个案法（或集体性个案分析），在研究方式上基本是综合调查、观察、临床诊断等。要求研究对象数量多的课题，须采用成组研究。具体研究方式应根据内容性质的目的而定，但要注意某些研究方式本身对取样的要求。

3. 根据课题研究进度选择

选择最合适的研究方法还应考虑到课题研究的进度。一般来说，在课题的准备阶段，需要占有大量的资料，调查法是这一阶段采用最多的方法。而到课题实施阶段，由于研究方向已经确定，研究的目的是为了得出自己的结论或论证自己的观点，因此这一阶段采用的研究方法除调查法外，还有可能是文献法或实验法。

4. 从研究条件出发选择方法

从研究所需及客观能提供给研究的设备手段、研究时间、研究人员力量及经费来选择研究方法。研究时间充裕，可考虑实验、动态研究、长期观察等；研究时间紧，可考虑问卷、测量、模拟等。

任何研究方法都不是万能的，某种较好的方法在某课题很优越，在另外一些课题却可能行不通，所以切不可照搬。也有许多研究，凭单一的方法很难取得本质和规律的认识，就需要采取综合法。所谓选择适当的研究方法是相对而言的，指某方法对某课题比较优越（适合），能保证其科学性，同时又是可行的，在选择方法时，一般需全面考虑以上几方面，经权衡加以确定。

三、综合运用多种方法问题

研究方法之间不是互不关联和孤立的。在一项具体研究中，可综合地使用其中两种或几种方法，最重要的是根据不同的研究目的和不同的研究课题以及研究对象，选择适当的研究方法。当有两种以上方法可供选择时，要在准确把握每种研究方法的优点与不足的基础上，结合自身情况选取。不排除多种研究方法在同一研究过程中同时使用。多种方法的有机结合，可以促进研究的深入与质量的提升。注意防止方法选择上出现冲突（如一般意义上的实验研究与行动研究）。

案例四： 小学数学后进生转化的个案研究

1 绪论

1.1 研究目的及意义

每所学校、每个班级都存在一定数量的在数学学习方面有一定弱势的学生，我们称之为数学后进生。在数学学习方面的后进不仅会影响这部分学生本人的学习成绩、个人发展；还会影响到整个班级、整个学校的成长。因此，本文通过探索这部分学生的形成原因和转化对策，旨在为广大数学教师及家长提供一定的理论指导，更好地帮助他们进行数学后进生的转化工作。

1.2 研究现状

因为数学后进生的问题一直是个困扰广大数学教师的问题,因此,此课题的研究也一直在进行着,并获得了一些不错的研究成果。但是,通过对文献的搜集、整理发现,这部分的研究成果大多来自一线数学教师的个人经验总结,虽然也有不错的参考价值,但是一定程度上缺乏科学研究该有的严谨性,研究的视角也可能不够宽广、研究不够深入、论证不够严密。现有的研究在数学后进生形成原因上主要从学生个人出发和教师教学出发,个人方面主要包括学生的智力因素,如注意的缺陷、数学思维能力的不达标、数学记忆的障碍等,还有非智力因素,如自信心缺乏、学习态度不端正、学习动机不高等。教师教学方面的原因主要有教学的太过统一不注重因材施教、分层教学以及评价方式和标准的单一。在转化策略方面,现有研究也多从改变学生自己的学习态度、改进学习方法、增强学习兴趣、帮助学生提高数学思维能力、改进教师教学方法等方面入手。

1.3 研究方法

本文采用个案研究的方法,通过对个案的跟踪研究、观察了解、分析对比,寻找出其数学后进的原因,在此基础上进行针对性的转化辅导。此次个案研究的4个阶段及方法分别是,第一阶段:自然观察,初步了解;第二阶段:访谈调查,深入了解;第三阶段:个别辅导,深入了解;第四阶段:放手学习,继续观察。

2 问题的提出

所谓"后进生",一种表现为行为较差,一种表现为学习较差。本文研究的对象是学习差的后进生,而且专门是在数学学习方面的后进生。学习后进生是随着我国教育的普及和发展出现的一种必然现象,每个学校、每个班级都存在一定数量的后进生,这部分群体是我们提高教育质量必须要面对的一个问题。如何解决后进生群体的问题既关系到我国教育的质量和水平,又影响到每个后进生个体的发展。

3 个案综述

后进生的成因很多,有主观因素也有客观因素,有智力因素也有非智力因素。本研究试图充分、具体地揭示一个个体各方面的情况和特征,以更好地认识后进生群体。本研究中选择的个案B是某市一小学二年级的学生,年龄8周岁,从一年级开始就逐渐表现出对数学学习的困难恐惧,B对于数字的乘除、加减计算基本掌握,但速度较慢,而且数字的口算及心算速度则更慢,问题解决以及有关概念的理解是他学习的主要障碍。B语文也不怎么好,句子理解能力较差,词汇量不多。笔者从二年级下学期介入他的学习、生活,进行了一个半月的跟踪研究,详细记录了该生在数学学习过程中所暴露出来的种种问题,并对该生数学学习困难的原因进行了分析,同时采取适当的方法进行辅导。通过这段时间的努力,该生的数学学习有了一定的进步。

4 数学学习困难的原因分析

跟踪研究发现引起该生数学学习困难主要有智力与非智力两方面的因素。

4.1 智力因素

4.1.1 注意障碍

注意是心理活动对一定对象的指向和集中。注意障碍是指在注意的选择、广度、稳定性、分配和转移方面产生失调。通过观察研究,笔者发现该生在学习中注意存在以下欠缺:

(1)注意狭窄、选择有误,他在学习时能知觉到的对象很少,眼睛总是盯着那一个或几个目标，有了这个条件就忘了那个条件。而且在注意选择方面也时常出现偏差，上课时，他总是把注意力集中在老师授课的授课形式、同学的表现情况上，而不会认真注意老师讲授的课程内容。

（2）注意分散、不稳定。B不管是在课堂学习还是在课后作业过程中注意力都很难长期集中于某一事情，蚊虫叮咬引起的微小身体反应也会严重干扰他的学习；在辅导阶段，他多次在听讲时想趁机跟旁边的同学插话或者做些小动作、问一些不相关的问题。

（3）注意力不能及时转移。上课听讲时，一旦遇到某处没听懂，他就会产生恐慌，而一直纠结于没有搞懂的问题，不能随课堂节奏进行下去，当然也就会错过接下来的学习。

4.1.2 数学记忆能力不佳

记忆是认知过程中对信息的输入、编码、储存和提取，是人脑对过去经验的反映，包括识记、保持、再认和再现四个过程。该生记忆能力欠缺主要表现在识记困难，保持时间短、再认和回忆困难或错误等。例如这一周学习的内容到周五考试时有很多知识点就根本不记得，如厘米和毫米等关系的换算，刚开始学习时他好像会了，可是等过几天他又完全不记得各单位换算间的进率分别是多少了。分析原因主要是记忆对象没有经过同化或顺应纳入他自己的认知结构中，所以，他的再现功能就很差。又如读稍长一点的应用题，他要读好几遍才能记住要读的东西，说明他的识记及保持功能也较弱。

4.1.3 数学认知发展滞后

瑞士心理学家皮亚杰认为，人从出生到成人的认知发展不是一个数量不断增加的简单积累过程，而是伴随着认知结构的不断重构，使认知发展形成几个按不变顺序相继出现的时期或阶段，依次为：感知运动阶段、前运算阶段、具体运算阶段和形式运算阶段。学习的过程就是同化与顺应的过程，即把所学新知识纳入原有认知结构或改变原有认知结构以获得新知识的学习。因此，任何数学知识的学习都必须通过儿童自己的积极参与、主动将新知识和旧知识产生联系，形成科学、合理的认知结构。按皮亚杰的认知发展理论来说，8岁的儿童应该处于具体运算阶段，这个阶段的儿童认知结构中已经具有了抽象概念，不仅能够进行多维思维、可逆思维，还能进行具体逻辑推理。但从研究得知该生的认知发展水平还未达到具体运算阶段，最多是属于前运算阶段向具体运算阶段过渡，是属于认知发展落后的儿童，主要表现在：

（1）思维不够灵活，逆向思维发展还较弱。如在有余数的除法运算中，他知道一个数除以另一个数得多少还余多少，如13除以6得2还余1他会计算，可是反过来让他计算说一个数除以6得2还余1，这个数是多少时，他就显得手足无措、很难理解了。这就说明他在直接运用逆向思维进行理解时存在问题。又如，在有余数除法里，"余数要比除数小"这句话他记忆得很熟，也能理解，但在实际运用中却总是不太顺利，如，已知一个数除以6得9还有余数，那么这个数可能是多少？有哪些可能的情况？在解决这道题时，大部分同学都知道可以先从余数一定要小于除数入手，那么余数可能是1、2、3、4、5这五个数，再分别相应求出此时的被除数，但B就很难主动、连贯地运用这些知识去思考、解决问题。这说明他的思维还不够灵活、认知发展水平较低，还难以将所学的新知识新规则真正融入到自己的认知结构中以解决问题，他对一个概念、规则的理解还局限在很低的水平，稍微再提高一点逆向、推理的思维要求都无法实现。

（2）数学思维缺欠，空间想象能力不足。在二年级下学期学习八个方向东、西、南、北、东北、西北、东南、西南时，如果把参照标准放在中心位置要指出相应的八个方向很简单，但是如果让B直接指出在平面图内的两个物体各在对方的什么方向时，他就很难快速反应出来，这说明他的空间思维能力欠缺。又如，在学习"倍"的概念时，老师通过画图和直观教育举了很多例子来说明"倍"的含义，当时他似乎也理解了，但是在课后作业离开直观图形时，那么好不容易建立起来的联系又迅速消失。这说明他的学习是以表象为特征，他的思维无法凭借具体形象进行逻辑推理、抽象概括。所以他就抓不住"倍"的本质。如"小红有8个苹果，是小军的2倍，小红有几个？小军有8个苹果，小红是小军的2倍，小红有几个？"这两个问题他搞不懂这两者之间有什么区别。

4.1.4 数学问题解决能力不足

数学问题的解决涉及多方面的技能，梅厄认为，解数学题需要四方面的技能：一是问题转译，即需要有能力把问题的每一个句子转译为内在表征，在这个过程中你必须了解句子的意义。二是问题整合，即要将问题的每个句子整合成连贯一致的问题表征，在问题整合的过程中，需要认识到问题的类型。三是解题计划及监控，这需要用到启发式知识，比如将问题分成较小的次目标，同时监控自己正在做的事。四是解题执行，主要就是运用运算法则与技巧，正确的自动化的执行计算。只有这四方面的技能都具备，并且能相互协调运用时，学生才能很好地解决数学问题。经研究发现，B的这四种问题问题解决技能都存在一些欠缺，具体表现如下：

（1）数学阅读能力失衡，问题转译受阻。所谓阅读能力失衡是指不能流利地、有理解地阅读，即不能一下子用眼睛和思想把握句子的一部分或整个较短句子，然后使眼睛离开书本，念出所记住的东西，并且同时进行思考。该生在阅读时，语速很慢，断断续续，经常加字或删字，而且不会断句，不能清楚地理解题中省略的主语、宾语等。这些阅读上的障碍导致了他不能正常地思考，再加上问题解决需要把这些文字的东西转化为抽象的数学符合或列式，这对他来说就更难了。在问题解决的第一步问题转译他就存在障碍，必然影响整个问题的解决。

（2）缺乏对数学专有名词及符号的理解力，不能有效进行数学问题的整合。阅读应用题，不仅要认识文字，而且还必须具备对数学专有名词及符号的理解力。如"谁比谁多多少，谁比谁少多少，这些情况该用加法还是减法"还有像如"总计、一共、还剩、倍"等都属于数学专有名词，这些名词一般都会提示用什么方法去解决，加法、减法还是乘法，只有彻底了解这些数学名词的语义后，才能正确而迅速地解决问题。但B读应用题时，总是不能准确迅速地理解那些关键的数学专有名词和符号，以致影响问题的有效整合。

4.2 非智力因素

4.2.1 学习动机不足

所谓学习动机，是指引起和维持个体的学习活动，并使活动朝向某一目标的内在心理过程或内部动力。奥苏伯尔认为，学校情境中的成就动机主要由以下三个方面的内驱力组成，即认知内驱力、自我提高内驱力和附属内驱力。认知内驱力以求知作为目标，从知识的获得中得到满足，是学习的内部动机，这一动机最为稳定和持久。自我提高内驱力是指个体由自己的学业成就而获得相应地位和威望的需要，属于外部动机。附属内驱力是指个体为了获得长者（如教师、家长等）的赞许和同伴的接纳而表现出来的把学习搞好的一种需要，这种间接需要也属于外部学习动机。从学习动机的效果来看，虽然内部动机和外部动机都能引起和维持个体的活动，但内部动机的效果比外部动机的效果更加深入、持久。据观察研究，B的学习动机中，认知内驱力所占比重很小，即他的学习动机很少来自于学习本身，不能有效从知识获得中得到满足。B的动力更多来自于附属内驱力，但由于学习成绩一直不太理想，所以他从教师、家长、同伴身上获得的认可和接纳程度也不高，这就致使他的附属内驱力也越来越弱，逐渐形成了现在这种学习动机明显不足的状况。

4.2.2 缺乏自信心和学习意志力

从一年级开始，B的学习经历中就充满了辛苦、失败，其实刚开始他还是很愿意学习的，但是由于从一年级到现在这些长期不愉快的学习经历导致了他对数学学习的恐慌和不自信。时间一长，他就变得更加自卑，总认为自己就是比别的孩子笨，无论怎么努力都赶不上别人。一看到稍微难一点的题目，他甚至都不去思考就直接认为自己肯定不会做。由于这种自信心的缺乏压抑了他对学习的兴趣及求知欲。在作业量稍微有点儿多的时候他就更加磨蹭，总是很不高兴，担心说这么多作业要写到什么时候，而不会认真、仔细地去尽快完成作业，总是写一会儿又去玩一会儿，或者写一会儿又去找同学说话，缺少坚持学习的意志力。

4.2.3 学习习惯、方法和态度的问题

据观察，该生的学习习惯存在一些很明显的问题，例如在完成课后作业时，大部分同学都是利用空闲时间先把教师布置的作业写完再去做其他自己喜欢做的事情，但B经常是先去玩或者看课外书，直到时间很紧、作业必须上交时才匆匆忙忙去完成，有时甚至存有侥幸不被老师发现的心理，故意不写不交作业，这对于一个小学二年级的学生来说，学习习惯和态度存在很大的问题。又如在解决数学问题时，他总是一拿到题就想直接动笔列式计算，而不会花比较充足的时间去认真读题和分析题中的数量关系。这些错误的学习习惯、方法和态度导致其作业的错误率很高，学习基础越来越不牢固，学习成绩也就越来越不理想了。

5 转化过程与方法

在初步了解了B数学学习困难的原因之后，我进行了一些理论的学习，获得了一些适合的学习辅导方法，并对B进行了分阶段、有重点、有计划、有步骤的辅导，希望能在一定程度上转变其数学后进的状态。

5.1 培养注意力、提升记忆水平

由于B的注意和记忆品质很大程度上影响了B的学习效果，所以在辅导过程中，我将培养他的注意力、提高其记忆水平贯穿始终。在学习开始之前我就会提前提醒他在学习过程中一定要保持注意力的集中，否则就会导致落后，并在课程结束后及时把对其观察的表现结果反馈给他，让他明白自己的进步和不足之处。在平时课后辅导其作业时，我也会首先告诉他学习要求，并在过程中实施监控，这种提醒和监控也会逐渐内化成B自己的学习习惯，在最后的阶段，B的注意力集中、稳定水平有了明显的提高。在数学记忆能力方面，我经常帮助其组织对所学知识的复习，同时在其不理解的问题上反复讲解、强化，让他达到理解的基础上进行记忆，能够把所学知识完整地纳入其认知结构。如对于米、分米、厘米、毫米等易混淆的关系换算，我不断用直观形象告诉他一米大概多长，一分米又大概多长，一厘米、一毫米分别大概是多少，在对这些单位长度有了充分直观了解后再去记忆其换算进率就比直接机械记忆清楚、方便多了，而且不容易出错。

5.2 设置合理目标，给予及时、充分的反馈

在取得了B的信任和依赖后，我和他一起商定设立每个阶段的小目标，如这周测验要达

到多少分，下周测验应该提高多少分。这些阶段的子目标因为获得了 B 自己的接受，他就会真正内化为自己的学习动机，鼓励、督促自己完成。在每个阶段，我都会把自己对 B 的表现感受及时、明确反馈给他，如今天上课是否有认真听讲，这次作业有没有认真、专心完成，这次考试是否有进步，进步在哪，失误在哪，失误是因为知识点未理解还是因为不记得。这些具体、细微的反馈会帮助其更加清晰、全面地了解自己。

5.3 指导学习方法、改变学习态度和习惯，提升自信心

由于 B 的不良学习方法、习惯、态度等影响其学习成果，进而影响其自我效能感。为了让 B 增强自信心，提升自我效能感，必须增加其成功的体验，让他感受到自己的进步、成功。为此，我始终没有放弃帮助其改变学习方法、态度和习惯，尽管这并非一朝一夕就能实现的目标。在辅导的前一阶段，我每天都要提醒他在课后先把作业认真完成再去玩，而且在计算完成之后要学会检查，学会发现自己的错误，是因为在计算时忘记进位计算错了还是加减不熟练算错了。这些提醒和建议会慢慢帮助其形成良好的学习习惯。在辅导其解决数学问题时，我第一步就是要求其先认真读两遍题，再把文字转化成相应的数量关系表达出来，最后再列式计算。通过这种学习方法的长期训练，他在遇到数学应用题时也能逐渐形成正确的解题方法，提高其问题解决能力。

5.4 解决问题技能训练

首先，针对 B 阅读能力失衡的问题，我在第一阶段就对他进行了阅读能力训练。如，选一段简单的话让他读并说出这段话的含义，帮助他认识句子之间的各种逻辑关系，然后再过渡到数学应用题的阅读，特别在如何断句、句子的省略等方面予以指导。另外一个关键步骤就是加强其对数学专有名词的理解，提升其对关键字、词的敏感度。如在遇到求"一共、合计、总计"时要立马能反应出这是求总数的问题，应该用加法解决；在遇到"谁比谁多多少、谁比谁少多少"时能根据语境的具体情况灵活选用方法解决；在看到方向标时能立刻反应出这是一张平面图，能根据方向标准确标出东、西、南、北、东北、西北、东南、西南八个方向的位置。只有拥有了对数学语言和符合的基本理解和高度敏感，才能提高数学的问题解决能力。

5.5 数学思维训练

针对 B 数学认知发展滞后的问题，我帮助其进行了一些思维的训练。在初始的阶段，很多问题的讲解都尽量联系现实生活情境，唤起其心中已有的知识、生活经验，帮助其理解。在问题表征时也多运用画图、摆教具等直观方式增加其感性经验，为后续抽象思维的发展奠定基础。在辅导的后期阶段，因为其已经加深了对所学知识的理解，这时就可以适当减少直观教学的运用，而引导其更多地进行抽象逻辑思考。如在解决"倍数"问题时，不用再通过画图来表征，而是直接可以在思维里进行理解。在练习位置方向的作业时，逐渐让其摆脱对方向板的依赖，而逐渐习惯直接在脑袋里面形成一个位置方向图以完成作业。首先通过对其提供大量、丰富多样的具体素材，然后在此基础上逐渐进行抽象与概括训练。通过这些刻意的强化、训练，他学习进步明显，数学作业基本上能独立完成，而且解题速度也更快了。

6 研究结论与反思

6.1 研究结论

研究表明导致 B 数学学习后进的原因主要来自于智力方面的因素，当然，非智力因素在影响学习成绩方面也有很大作用。经过一个半月的跟踪辅导，B 的成绩有了明显进步，这证

明数学后进生是可以被转化的,而且低年级的学生转化起来相对容易、迅速,因为低年级学生所学知识还较少较简单,通过一定方法的辅导或更多努力的付出一般都能达到掌握的程度。而且,低年级的学生认知水平处在迅猛发展的阶段,随着年龄的增长,他们的思维水平会随之有很大的提高,认知结构也会不断完善。如果及早帮助这些后进学生形成良好的学习习惯,培养合理的学习方法与态度,再经过一些思维方面的专门训练,大部分学生都能获得更多成功的体验,从而增强学习自信心,学习成绩也会逐步提高。但是研究也表明,转化后进生,不管是从智力因素方面还是非智力因素方面转化,都是一个需要长期坚持、容易反复、缓慢发展的过程,需要付出持之以恒的努力并且学会等待。

6.2 一点反思

据观察得知,一个班总有那么几个学生在数学学习方面会存在一定程度的后进,而且随着年级的递增,数学后进生的比例也在递增,越到高年级,转化工作所需时间、精力就更多,而且效果不一定很好。所以,对于后进生的关注应该早发现,早转化,在开始之初就应该引起足够的重视。减少学生的挫败感,防止学生形成自卑的心态。尽量减少因基础知识掌握不牢固而引起的知识负积累也能降低后进生转化工作的难度。同时,后进生问题是一个需要长期关注,大量付出的工作,所以在转化过程中一定要有足够的耐心和信心,只有坚持不懈地将转化工作有计划、有步骤地实施下去了你才能收获最后的成功。

案例五: "错题大搜捕"行动——一堂另类的科学复习课

还有一个星期就要期末考试了,复习课已经上了两节,无非是把所学知识概括归纳,使之网络化、系统化。但课堂气氛平静得有些压抑,以后的复习就这样上下去吗?一种新型的化学复习课的碎片凌乱的在我脑海里跳跃,烦扰着我,又使我兴奋……

又是一堂复习课,这一次我满怀激情,拿着写满新点子的备课夹,踏着铃声走进了教室,看着同学们没精打采的样子,想象着下课时他们的神采飞扬……上课后,我首先把刚批完的学生练习卷发下去,然后我说明了本节复习方案:"今天我荣升为'警察局长',请同学们以'警察'的身份,全员行动对自己卷子上的'犯罪分子'即'错题'进行搜捕行动,在行动过程中,要秉公执法、绝不能姑息。把捕获的错题立即在错题本上,前后桌四名同学为一破案小组,逐一对立案进行分析,小组内进行破案,对组内不能解决的大案、要案,上交由全体集思广益进行破解,本节课力争把所立案件全部破解,从而使我们的第一次行动大获全胜。最后我们要评出破案先进小组和个人。"学生们异常兴奋地听完我的方案,对此表现出极大的兴趣。刚刚还没精打采的学生们像打了兴奋剂一般活跃起来,开始找错题、记错题、小组讨论,每一个学生都积极地参与,看着这不安静、甚至有些闹哄哄的教室,我的心里泛起一股成功的喜悦和幸福感。由于卷子上的题有A、B、C及拓展提高四个梯度,各个小组解决的程度各异。我不断地巡视、观察,很快二十多分钟过去了,组内自行"破案"已经完成,很多小组都向我上交了所谓的大案、要案。我向学生宣布了各组上交的题数、题号,让学生在卷子上作出记号,然后由小组内合作学习转向课堂的全体性学习。我划出的问题从梯度的由高到低逐一解决,梯度较低的题,组间就可以解决,举手要求解决问题的学生较多,这时我会尽量给学生机会:一是保护学生学习的积极性;二是发现更多的解题思路和方法，使不会的学生选择适合自己的方法，同时我也会适时的把我的方法讲出来供学生参考。随着难度的加深，能解决问题的学生越来越少，而最后一道题没有人能完整地解决。我先没有急于给学生讲解，而是提示、点拨，最终由学生们共同解决了。这时，下课铃声响了，正兴奋着的同学们都很遗憾地叹了口气，抱怨铃声来得太快，这足以证明本节课给学生带来了无穷乐趣。最后我说："请课代表利用自习时间组织大家选出本次'错题大搜捕'行动的先进小组和个人。"下课后同学们仍沉浸于刚才的气氛中，围着我说个不停。

这堂复习课打破了以往复习课沉闷的局面，充分调动了全体学生学习的积极性，发挥了学生的主体性、主动性，实现了教师在新课程中教学行为的转变，教师不仅尊重、赞赏学生，而且更加强调了教师在学生学习过程中的参与者、协助者、引导者和促进者的角色。

本节课在生生、师生的互动中顺利地完成，从学生回答问题的情况看，不同层次的学生都有一定的收获。如果教师预先把普遍存在的问题，从多角度变换，再结合多媒体实物投影进行拓展，效果会更好。

本节课是在前几节课的影响下，经过事先的备课形成的。课堂更多地体现了新课程理念，充分调动了学生的积极性和参与欲望，收到了预期的教学效果。反思这堂课：教师讲得少了，学生的活动多了；师生单向的交流少了，学生之间、师生之间的互动和合作多了；简单机械的重复劳动少了，学生探索规律、讨论方法的时间多了。学生真正成为学习的主人，学生不仅积极地参与每一个教学环节，情绪高昂，切身感受了学习的快乐，品尝了成功的喜悦，而且不同的学生得到了不同的发展，满足了学生求知、参与、合作、表达、交流的需要。

我想新课程新理念意义上的"备课"应该是：更加注重让学生了解他们的兴趣，关注他们的所需，课的设计要能引起学生全员参与、主动探究、积极表达；准备应付课堂可能事件——根据教学设计和学生情况预想课堂可能发生的事件并做出相应的对策，以更灵活地进行课堂调控。

我们应该告别平静得像一潭死水的课堂，应允许学生讨论、交流、表达甚至争论、辩论，从而焕发课堂的生命活力。切忌不能不顾学生的感受，完全按照自己事先写好的教案"一帆风顺"的完成教学任务，这样的课对教师和学生都将毫无收获。

通过这样一节复习课我认真地审视自己平时的教学：每节课前要精心备课，进行教学设计，力求设计新颖，尤其复习课更要经常变换教学方式，不断出新点子、新模式，使学生始终处于学习的兴奋状态，如对较简单的基础知识可以进行"希望杯"知识竞赛，并评选"希望之星"，并适当给予精神或物质奖励。还可以走进实验室进行以实验为主的复习课增强复习课的趣味性。面对新课程、新教材，教师只有在实践中不断思索、改进、创新，才能使课堂教学焕发生命活力。

第五章 教育科研成果的表述、评价与推广应用

第一节 教育科研成果表述的通行规范

对于各种研究报告或论文来说,既有相对独立的表述格式,又有相对统一的规范要求。理解与掌握通行规范,对于宏观把握研究成果的表述很有帮助。

一、标题

论文标题又称题目或题名,要求能明确地反映研究的主要内容,要简练、具体、醒目且有一定的新意。一般不要用新闻报道式的标题,不要用文学表述式的标题,要以论题式的标题为最佳。如:《关于县域教育投资评价的几个问题》就是典型的论题式标题,该文研究的内容是有关县域教育投资评价的若干问题;再如《从学校批评看学校不能承受之重》,该文也是极佳的科研论文标题,研究的内容主要是挖掘隐藏在学校受批评的背后社会深层次的原因。

研究报告的题目要尽量做到确切、简练、醒目。一般来说,学术性强、理论价值较大、准备发表于专业研究杂志或学报上的研究报告或论文,更强调标题的精确严谨和逻辑性。实践性很强的、准备发表于普及性报刊上的研究报告,则强调标题的具体明确,能引起读者对报告的兴趣和注意。一般来说,标题的要求主要有:

第一,准确得体,要能反映论文的主要内容。别人一看就知道要研究什么,甚至研究方法、背景。

第二,规范、正确用词。词语、句型要规范、科学,似是而非的词不能用,口号式、结论式的句型不要用。

第三,简短精练,不要太冗长。能不要的字就尽量不要,一般不超过20个字,外文题目最好不要超过10个单词;副标题应在前面加一个破折号;字数多时,可以转行,但要考虑一行里词或词组的完整性,长短搭配,美观。

第四,有吸引力和冲出力、新颖,让人产生情不自禁想看下去的冲动,"雷人"但合理。

第五,客观含蓄地描述研究结果。

第六,切忌标题过于庞大、含义不清或文不对题。

第七,论标题目应该丰富多样,不要千篇一律,一般有以下几种命题法:①方法命题,②结论命题,③探讨命题,④商榷命题,⑤用"观察"或"研究"命题。

第八,标题中尽可能不用标点符号。英文缩略语在标题中一般不用,但已普遍熟知的可以使用。中文名词也以写全称为宜。

第九,尽可能少用副标题。能用一个题目简明地说明问题比使用正副标题的形式要好,有的副标题完全可以容纳到正标题中去,作为一个完整的题目写出。如非用副标题不可,可用破折号分开,或用括号括起来。

第十,初学者宜用小题目,慎用大题目。有时可用副标题以引申主题,也可为系列文章分题发表提供方便。

二、署名

在标题下方标明作者及工作单位全称,同时,标明所在省、城市及邮政编码。作者若有两个或两个以上,名字与名字之间应用逗号隔开。

1. 署名的内容

姓名、所在单位、所在地区、邮政编码等。一般姓名在标题下一行居中,所在单位、所在地区、邮政编码用小括号括起来,在姓名下一行居中,如(达州××技术学院,四川达州63××××)。

2. 署名的形式

(1) 在标题之下,独占一行位置居中。这是一般形式。
(2) 标题下署名,文末标注作者单位。
(3) 标题下署名,在摘要、关键词后面进行作者简介,包括姓名、性别、出生年月、毕业学校专业、单位、职称、主要研究方向。
(4) 标题下署名,首页页脚标注作者简介。

3. 署名的原则

如果是单个人的研究,署名就极为简单。如果是多个人的共同研究,就牵涉到署名的先后问题,一般来说,排列第一的作者将得到较多的注意,拥有较大的权利,当然也负有较大的义务和责任。

为了减少纠纷,明确责任,署名应由所涉及的人员协商决定,协商所应遵循的基本原则是:按贡献大小排名次。谁对该研究负有主要责任,谁就是第一作者。主要责任的界定标准主要有三个,即谁提出了研究设想,设承担了主要工作,谁解决了关键问题。

4. 署名的意义

(1) 署名是拥有著作权的声明。《中华人民共和国著作权法》中规定:"著作权属于作者。"著作权包括"署名权,即表明作者身份,在作品上署名的权利"。论文署名是国家赋予作者的一种权利,当然受到国家法律的保护;同时,署名是作者通过辛勤劳动所应得的一种荣誉。

(2)署名表示文责自负的承诺。所谓文责自负,就是论文一经发表,署名者即应对论文负法律责任,负政治上、科学上的责任。如果论文中存在剽窃,抄袭的内容,或者政治上、科学上、技术上存在错误,那么署名者就应完全负责,署名即表示作者愿意承担这些责任。

(3)署名便于读者同作者联系。署名也是为了建立作者与读者的联系。读者阅读文章后,若需要同作者商榷,或者要询问、质疑或请教,以及求取帮助,可以直接与作者联系。署名即表示作者有同读者联系的意向,署名也为读者同作者联系提供了可能。

5. 不规范的署名

(1)随便挂名。不管对论文有无贡献,只要是一个实验室的,一个研究集体的成员,每个成员几乎在每篇论文上都署名。这样可以增加每个人员发表论文的数量。

(2)领导挂名。有时候有些研究人员为了"巴结"某些领导或掌握资源的官员,在某些论文上署上领导的大名。也有些时候是相关领导暗示或主动要求挂名。

(3)名人被借"光"挂名。有时候有些学者为了论文审稿或发表顺利,没有征得当事人的同意,就自行将一些学问高的学者(如院士等)的名字挂上(有些可能是自己的导师等)。

(4)为了职称晋升而挂名。有些人为了评职称急需,而在没有任何贡献的论文上挂名。

(5)强求挂名。有些项目负责人或实验室领导强求在实验室的所有论文上署上自己的名字。

(6)为了某种目的而收买挂名。如学校评估、博士点申请等急需高质量的论文,利用金钱收买,在论文上署名。

(7)为了毕业和学位而挂名。有些学生为了满足单位对获得学位的要求,急于毕业获得学位,在自己没有贡献的文章上挂名。

三、摘要

摘要又称提要,放在一篇文章的前面。一般来说,应在全文写完以后再撰写摘要。用来说明该文的主要内容,如研究目的、方法、结果等。

摘要有助于图书管理人员进行书刊索引和文摘工作,能将文章不失原意地介绍给读者,也有利于科研工作者查阅的方便,对于计算机检索而言,摘要起着导向的作用。许多读者都是先看摘要然后决定是否读全文。用心写好摘要,有助于提高文章的阅读率和引用率,而引用率是衡量一路文章价值的重要指标。摘要的基本要求主要有:

第一,简短扼要、清晰、易读,控制在200字以内,一般不超过300字(不同杂志社有不同的字数要求)。

第二,内容全面,重点突出(能概括论文的中心论点、研究角度、研究方法,还可以对研究成果作简单的价值评估)。摘要一般应包括目的、方法、结果和结论四方面要素。

第三，采用第三人称表达方式。
第四，国际发行的学术刊物，要写英文摘要。
第五，不应出现图表、公式和其他一些非常见的符号和缩略语。

四、关键词

学术论文一般要标注关键词。关键词可以看作一组以词语形式表达的论文摘要，它比摘要更简明。所摘出来的关键词必须能起到关键作用。一般是论文中反复出现的，起到点明和强调论文题旨作用的关键概念、术语等。关键词一般和摘要一起出现，写在摘要下面。

关键词的基本要求：

第一，规范性的词或术语，具有专业流通性（一般在论文中反复出现、起到点明和强调论文题旨的关键概念、术语等）。

第二，便于在资料文献的计算机储存和检索。

第三，一篇论文的关键词应控制在三到五个，用分号隔开。

五、绪论

绪论或前言、绪言、引言、序言、导语、问题的提出等，是论文的开场白，在正文之前，用于说明写作的目的、意图及研究方法，是提出问题的部分。绪论要简要说明研究工作的目的、范围，相关领域的前人工作和知识空白，理论基础和分析、研究设想、研究方法和实验设计，预期结果和意义等。

不同类型研究报告或论文的绪论有不同，但主要不外乎这么几个问题：一是研究的问题是什么（概念），二是为什么要研究这个问题（目的意义），三是如何研究这个问题（方法），四是这个问题以前如何，以后又将如何（历史、现状与趋势）。

绪论的写法主要有以下几种：一是开门见山，提出论点；二是提出问题，点明宗旨；三是说明背景，指出原委；四是引起注意，启发思考；五是摆出现象，以待结论；六是人物解释，以示旨意。

绪论要求主要有：

第一，阐述论文写作的目的，作者的论题及基本观点。

第二，条理清楚，文字简洁明了、图表规范，据理分析。

第三，具有一定的启发性，能开阔读者的思路。

第四，简练、生动，能引导读者阅读的愿望。

第五，避免吹嘘，贬低别人，空泛，含糊其辞。

第六，在整篇文章中所占的比例要小，避免将绪论写成论文的内容提要。

六、正文

正文是学术论文的主体部分,包括论点、论据、论证,是作者研究成果的表现,因此在整个论文中占极重要地位。各种类型的研究报告和学术论文正文各有侧重:

调查研究报告的正文部分着重叙述所调查问题的现状和实质,产生问题的原因及其发展规律;

经验总结报告主要指出所总结的具体经验是什么,并对经验进行分析、归纳、提升,指出经验意义;

实验研究报告的正文部分应包括实验对象、实验假设、实验经过、实验结果、结果分析和讨论等;

自然科学研究论文,主要讨论取得成果所用的研究方法以及严谨的研究过程,以事实资料和数据资料说明研究结果的准确性和可靠性;

社会科学研究论文,更着重于讨论取得研究成果所用的论证手段及所建构的理论观点或体系,观点与资料相结合,通过由表及里、由此及彼的推理论证,显示研究结论的正确性。

无论哪种类型的论文,都要注意事实资料的可靠以及理论的运用和逻辑推理,论据要丰富充实,论证要遵循一定逻辑思维的要求,注意主次,抓住本质,分出层次,条理清楚,以体现研究的力量。

正文部分需要阐述、论证自己的观点。其主要方式有两种:议论与推理、证明与反驳。

1. 议论与推理

议论要做的是阐明道理和评论是非。一个完整的议论应包括论点、论据和论证三个部分。

论点和论据在选题和取材的研究阶段获得,论证则在成果设计和写作阶段完成。

任何论证都离不开推理。论证是用论据证明论点的推理过程。论证由三个部分组成:

前提、结论和推理形式。前提是推理所依据的已知判断;结论是通过前提推导得出的未知判断;推理形式则是由前提导出结论的方式。例如:

一切教育都关注人的生命的发展。初等教育是教育的一个组成部分。所以,初等教育也应关注人的生命的发展。

上面的例子是所谓的三段论推理,其中第一句是大前提,第二句是小前提,第三句是结论。

2. 证明与反驳

撰写研究成果,总要表明作者赞成什么,反对什么。作者要论证某一观点的正确或错误,就要进行证明或反驳。

证明就是根据已知真实性的判断来判定另一判断真实性的论证方法,也是论证一个已知的判断正确性的推理过程。反驳则是借助已知真实性的判断来确定另一判断虚假性的论证方法,也是论证一个已知的判断错误的推理过程。证明和反驳是相辅相成的。

①研究成果写作中常用的证明方法。主要有:

举例证明。举出事实为例证(论据)来论证某一论点的正确性。运用这种方法进行论证,要特别注意事例的典型性,数据的准确性。

引证证明。引用经典性言论、科学公理和定理、有关的文献资料、生活中的常识作为论据进行论证。采用引证证明,要特别注意所引用的言论的真实性,不能断章取义;引语要简洁,同时应当注明出处。

比较证明。根据一定的标准把彼此有某种联系的事物加以比较,确定其相同点或相异点,从而证明论点。

②研究成果写作中的几种反驳方式。证明是用可靠的资料来表明或判断真实性;反驳则是说出自己的理由,来否定与自己不同的理由和意见。要证明自己论点的真实性,就要驳倒与自己论点相反的论点,相反的论点而一经驳倒,自己论点的真实性也就得到了一定程度的证明。因此,反驳是一种"特殊的证明"。一般来说,有以下反驳方式:

反驳论点。设法证明对方的论点是错误的,从而达到反驳对方的目的。这是常用的反驳方式。其中最常见的是用事实证明对方的论点是错误的。

反驳论据。以揭露对方论据的虚伪性为主,从而达到驳倒对方的目的。有时,被反驳的论点表面上似有一定的道理,但用来说明论点的论据却明显不能成立,这就需要引用科学理论或确凿事实来直接揭露对方论据的虚伪性。一旦论据被推翻,论点就站不住脚了。

反驳论证。通过揭露对方推理形式不合逻辑之处,来达到驳倒对方论点的目的。

七、结论

结论是论文正文经过论证后得出的结语与概括,是全文的精华部分。有的论文在本部分还有讨论的内容,即对研究结果进行分析、评价,并提出建议。

结论的得出是论证的结果,揭示出研究所得到的事物的规律,因此一定要逻辑严密、遣词严谨,结论应精练、鲜明,以免显得条理不清。

讨论对研究结果产生的原因进行分析,指出本研究的价值及不足,尚需进一步研究的可能性,以使对课题取得更完善的结果。

结论要求主要有:

第一,应该准确、完整、明确、精练。

第二,避免草率收兵、画蛇添足、空泛笼统。

第三,不对复杂的、没有把握的问题作出绝对肯定或否定的结论。

第四,不撇开相互影响的因素或条件,作出表面的或片面的结论。

第五,不能不顾可能影响自圆其说的各种因素,而勉强作出结论。

第六,如有遗留问题没有解决,也可在最后提出来,请人们注意,以便留给人去研究。

八、过渡与照应

过渡是指段与段之间的衔接。一篇文章总是由一层一层的意思、一段一段的内容构成的。如果过渡得好，全文各层次、各段落之间就会浑然一体，反之，就会显得松散，直接影响研究成果的发表与交流。

照应是指前后内容上的呼应。前面提到的问题，后面要有着落；后面说到的内容，前面可以有交代或暗示。

1．过渡

研究成果段与段之间的过渡，主要以逻辑上的衔接为主，一般有以下几种方法：

（1）用序码过渡。放在段首的用"首先、其次、再次"、"一、二、三"，或用"第一、第二、第三"等，相当于序码的词句过渡。放在段尾的用"此其一、此其二"等过渡。

（2）用关键词语过渡。把表示各种过渡关系的词语放在段的开头表示过渡。因果关系常使用、其原因何在、其结果是……之类的词语衔接。

一般与特殊的关系常使用"一般说来""总的来看""具体来说""个别来看"之类的词语连接。

总分关系常使用"分述如下""有如下几个方面""综上所述""总之"之类的词语连接。

递进关系常使用"还应着重指出""进一步来看""特别值得注意的是"等连接。

转折关系常使用"但是""反过来说""从另一方面来看"之类的词语连接。

补充关系常使用"还要加以说明的是""还有"之类的词语连接。

（3）用句子过渡。在层次或段落之间，安排一个承上启下作用的句子，叫过渡句。过渡句一般放在前一段的结尾或后一段的开头。

（4）用段落过渡。有时，段与段之间要通过一个特殊的段落把它们衔接起来，这个段落叫做过渡段。

2．照应

常见的照应方式有三种：开头与结尾的照应，前伏与后垫的照应，内容与标题的照应。

①开头与结尾照应。开头与结尾相互照应，可以首尾圆合，突出基本论点。这是写作中比较常见的照应方式。

②前伏与后垫照应。行文中，对于前面的伏笔，后面一定要有衬垫。

③内容与标题照应。内容要明确反映标题，与标题高度一致。

九、致谢

对指导、参与、帮助了研究工作的人员，对那些为研究工作提过有益建议或提供了便利条件的人员或机构，可以在文章的后面以简短的文字表示感谢。这既是学术道德，也有文明礼貌。致谢一般在全文之后，参考文献之前，另起一行，加括号。

十、注释

注释有狭义与广义之分。

狭义的注释专指对正文内容中的术语、概念以及提到的事实、观点和材料进行进一步的解释、辨析或评论的文字，亦称说明性注释；广义的注释还包括对直接或间接引用或参考的文献说明其来源，即引文性注释。注释不但可以注明材料出处，也可以对所用材料加以解释和说明，还可以对正文的某个观点作进一步阐述。

1. 注释的种类

①说明性注释。说明性注释是对所用材料加以解释和说明，或对正文的某个观点作进一步阐述的注释。解释和阐述应言简意赅，不宜在注释中展开过多的论述。著作中经常采用夹注或脚注形式，在论文中使用较少。如：

他是雷诺尔（也就是那个传说中的三王子），曾经在三年前的战场上建立功绩。

②引文性注释。即引文注释，是对论文的引文标明出处，包括作者与书名（文章名）、出版社及版本、页码等方面。主要作用是注明材料出处。

论文中的引文注释一般采用参考文献格式，用方括号标注，序号用"［1］、［2］、［3］"标识。

著作中的引文注释可用夹注、脚注和尾注的形式，脚注序号用"①，②，③"标识，尾注序号用"（1），（2），（3）"标识。

引文注释的格式按照国家 CB714-87《文后参考文献著录规则》。

引文注释的种类：一是直接引用，二是间接引用。

引文注释要求不要太长、不可太多，要忠实原文。

2. 注释的形式

①夹注，即夹在正文中间的注解，要在注释的字词后面加上括号，在括号内写明注文。

譬如，原句是这样的：那个蓬头垢面的克索醉醺醺地走进酒吧，冲着老板要些啤酒。

作者想要解释"克索"是马札语里面"流浪汉"的意思，如何作夹注？

答案：那个蓬头垢面的克索（在马札语里是流浪汉的意思）醉醺醺地走进酒吧，冲着老板要些啤酒。

这样也行：那个蓬头垢面的克索——在马札语里是流浪汉的意思——醉醺醺地走进酒吧，冲着老板要些啤酒。

古人刻书竖排，夹注多双行并夹于正文中间，称为"双行夹注"。夹注字形比正文细小。

②脚注，也叫页下注，用"①、②、③"等序号标于需注释文字最后一字或标点的右上角。注释的内容置于本页下端，脚注序号与正文中的序号相对应，每页单独排序。

③尾注，用"（1）、（2）、（3）"等序号标于需注释文字最后一字或标点的右上角。把注释的内容置于全书或书中某一章的末尾。序号与正文中的序号相对应。论文一般很少使用尾注形式。

十一、参考文献

参考文献是作者在撰写科研论文时所参考的文献书目，一般集中列表于文末，标上"参考文献"（左顶格），参考文献的序号用"［1］、［2］、［3］"等序号标识。

引文注释类参考文献序号需与注释文字最后一字或标点的右上角的序号标识一致。

不属于引文注释类的参考文献不一定要标注页码，在正文中也不一定标注序号。

注释是一一对应关系，一经引用，非注不可；参考文献则是一个相对模糊的概念，不一定要求一一对应。但是，许多重要期刊都要求一一对应地给出参考文献。

根据GB3469－83《文献类型与文献载体代码》规定，各类常用文献以单字母标识：

M——专著（含古籍中的史、志论著）

C——论文集

N——报纸文章

J——期刊文章

D——学位论文

R——研究报告

S——标准

P——专利

A——专著、论文集中的析出文献

Z——其他未说明的文献类型

电子文献类型以双字母作为标识：

DB——数据库

CP——计算机程序

EB——电子公告

非纸张型载体电子文献，在参考文献标识中同时标明其载体类型：

DB/OL——联机网上的数据库

DB/MT——磁带数据库

M/CD——光盘图书

CP/DK——磁盘软件

J/OL——网上期刊

EB/OL——网上电子公告

常见参考文献格式举例如下：

1. 专著类

【格式】

［序号］作者. 书名［M］. 出版地：出版社，出版年份：起止页码.

【举例】

［1］葛家澍，林志军. 现代西方财务会计理论［M］. 厦门：厦门大学出版社，2001：42.

[2] Gill, R. Mastering English Literature [M]. London: Macmillan, 1985: 42 - 45.

2．期刊类

【格式】

［序号］作者. 篇名 [J]. 刊名，出版年份，卷号（期号）：起止页码.

【举例】

[3] 王海粟. 浅议会计信息披露模式 [J]. 财政研究，2004，21（1）：56 - 58.

[4] 夏鲁惠. 高等学校毕业论文教学情况调研报告 [J]. 高等理科教育，2004（1）：46 - 52.

[5] Heider, E. R. & D. C. Oliver. The structure of color space in naming and memory of two languages [J]. Foreign Language Teaching and Research，1999（3）：62 - 67.

3．报纸类

【格式】［序号］作者. 篇名 [N]. 报纸名，出版日期（版次）.

【举例】

[6] 李大伦. 经济全球化的重要性 [N]. 光明日报，1998 - 12 - 27（3）.

[7] French, W. Between Silences: A Voice from China [N]. Atlantic Weekly，1987 - 8 - 15（33）.

其他如关于写作规范，尤其是对图表、参考文献等的具体要求，最好是按照所投稿刊物的最新"征稿启事"或"敬告作者"。

第二节 教育科研成果的评价

一、教育科研成果的评价

1．教育科研成果评价的内涵

科研成果评价是指对科研成果的工作质量、学术水平、实际应用和成熟程度等予以客观的、具体的、恰当的评价。

①教育科研成果应具备的基本条件。教育科研成果是指对某一教育问题，有计划地通过资料积累、实证研究和逻辑思维活动等所取得的具有一定社会价值和学术价值的创造性的成果。这一成果是以知识产品的形式表现出来的。根据这一定义，教育科研成果应具备下列基本条件：

研究的对象必须是教育问题；

研究的成果必须是通过有目的有计划的研究而获得的；

对教育改革和发展具有一定的社会价值；

对我国教育科学的发展有一定的学术意义。

教育科研成果可以划分基础理论成果、应用研究成果和开发研究成果三种类型。其形式有论文、研究报告、应用模型、咨询报告、建议、方案、规划等。

教育科研成果评价是依据一定的价值标准,通过规定的程序对教育科研成果进行价值评判和估价的过程。它包括如下几方面的内容:

第一,教育科研成果评价本身就是人们的一种认识过程。

教育科研是一项创造性活动。教育科研成果则是这一活动的"结果",对这一"结果"进行评判和估价,必然要求评价主体(即评估组织者、实施者)应掌握必要的教育科研知识,具有教育实践及教育科研的经验。否则,就无法对教育科研成果的质量进行准确判断。

第二,教育科研成果评价必须要根据社会公认的价值标准进行。

价值标准是衡量教育科研成果质量的总尺度,离开这一衡量尺度,教育科研成果的评价是无法进行的。就一般情况看,衡量教育科研成果的尺度主要有二:一是学术价值,二是社会价值。教育科研成果评价的实践表明,缺乏价值标准的评估,是一种不科学的评估。因此,就不可能对教育科研乃至整个教育事业的发展产生促进作用。

第三,教育科研成果评价必须设置规定的程序。

教育科研成果评价一方面要经过若干环节,哪些环节在先,哪些环节在后,都要有明确的程序规定。在成果的价值判断过程中,评价者之间对价值标准的理解、对成果的一些具体的判断不可能没有差异,而这种差异也必须迈过设置规定的评价程序、制定相应的制约措施才能予以消除。换句话说,必须按照规定程序进行评价,评价的结果才能趋于公正。

②教育科研成果的评价应包括以下三个方面。一是取得科研成果后进行的成果鉴定或评审,主要目的是评价成果的科学价值,向提供资助的部门汇报,并获得学术界的认可。二是在阅读和查阅文献过程中,需要对他人取得的成果进行判断评价,以确定资料的取舍。三是对某一课题领域内已取得的大量成果进行整体评价,以提高研究的理论层次。

2. 教育科研成果评价的作用

重视教育科学发展的国家,一般都比较重视对教育科研成果的评价工作。在我国,教育的改革与发展,教育科研及其成果评价将日益受到重视。

教育科研成果评价,是教育科学管理中的一个关键环节,是完善、推广教育科研成果,改进教育科研工作,推动教育科学和教育实践发展的一项重要工作。其作用主要表现在:

①帮助我们正确地认识成果评价的必要途径。准确地评价可以帮助我们对成果进行价值上的判断,也利于教育科研成果为学术界和社会了解和承认,从而促进教育科学知识的普及和教育科研成果的应用推广,充分发挥教育科研成果的作用。

②沟通教育科研信息、促进成果交流的重要渠道。教育科研取得成果之后,组织鉴定、评价并予公布,可以及时沟通学术信息,避免他人进行重复劳动,从而减少人力、物力的浪费,把有限的科研力量和经费用到尚未解决的问题和尚未研究的领域中去。

③有利于提高教育科研管理的有效性。教育科研成果评价本身,就是教育科研管理过程中的一个重要环节。评价通过指标体系的构建和成果价值的判断,可以为各类学校的教育科研管理的进一步优化提供明确的方向,可以促进学校或教师根据评价的指标体系来调整教育

科研计划,改进工作,提高教育科研的质量和水平。

④有利于校长、教师素质的提高。校长、教师自身素质的提高,是当前深化教育改革的关键。教育科研成果评价,正是通过对教育科研成果和形式的评判和估价,来促进校长、教师由单纯的经验型向研究型、学者型转化。

3. 教育科研成果评价的原则

为了保证评价鉴定工作的科学性和公正性,进行评价的组织和人员应遵循以下基本原则:

①教育性原则。任何教育科研活动都有明确的目标,都要把教育人、培养人、塑造人作为根本的出发点和归宿。社会主义学校的教育必须服从并服务于社会主义教育方针和培养目标。评价中小学教育科研成果,首先要看其是否有利于社会主义办学方向,是否有利于培养德、智、体各方面发展的社会主义建设者和接班人,是否有利于全面贯彻教育方针、有利于全面提高教育质量,促进学生素质的全面提高。

②综合评价原则。综合评价,就是对教育科研成果的各项价值指标进行全面的评价,既要看其学术价值,又要看其社会价值;既要看其成果的价值性,又要看其研究过程的科学性及其管理的规范性。当然,教育科研类别、层次和性质不同,其侧重点也不同。对中小学教育科研成果,要在全面评价的基础上,着重看其社会价值、实用价值。

③实践性原则。实践是检验真理的唯一标准。这一原则同样适用于教育科研成果的评价。教育科研成果必须在教育实践中接受检验,也只能在教育实践中接受检验。一项教育科研成果的评价,一定的实验、一定规模的实践是必不可少的。例如,评价一种新科学方法的效果,只有经过试验,推广应用于教育实践,才能得出正确的结论。由于教育的周期长,且效益具有滞后性,因而,教育科研成果接受实践检验往往需要较长的时间,所以,不要轻易对一项教育科研成果下绝对肯定或否定的结论。

④实事求是原则。学校教育科研成果的评价,要坚持从实际出发、实事求是的原则。对科研成果的价值、现实意义、研究广度和深度、应用的可能性和适应范围等,都要有恰如其分的评价。不拔高,不贬低,切忌主观片面性和随意性。要"认成果不认人",杜绝拉关系、讲人情的不正之风。评价成果,要坚持双百方针和良好的学风,允许不同学派的人阐述不同的观点,不堵塞言路。

4. 教育科研成果评价的标准

任何一项教育科研成果,都是教育工作者几年乃至十几年辛勤探索的结晶,凝结着他们的心血。因此,对教育科研成果的评价一定要慎重。否则,就会挫伤研究者的科研热情。

中小学教育科研所涉及的范围十分广泛,成果的形式各不一样,或文字,或音像,或模型,没有固定的形式。即便同是文字形态的成果,也有各种形式,如专著、研究报告、论文等。但是,不论什么形式的科研成果,都必须符合三条评价标准:

①政治标准。教育作为一种有目的、有计划、有组织的培养人的社会活动,归根到底,反映了一定的社会政治、经济要求,是为一定的社会制度服务的,因而具有鲜明的政治性。教育的本质属性,决定了教育科研的政治性、思想性。因此,评价教育科研成果,首先就要从政治标准着眼。政治标准包括两个方面:

一是政治方向，即要坚持社会主义的政治方向。我国是社会主义国家，实行社会主义制度，走社会主义道路，培养的是社会主义接班人。因此，教育科研应该体现社会主义教育的特性。

二是思想性，即教育科研成果必须体现正确的思想观点和立场、原则。党和国家规定了我们的教育方针和培养目标。教育科研成果就应该符合并体现党和国家的教育方针和培养目标。反之，就表明思想不健康。

总之，教育科研成果应该坚持四项基本原则，符合党和国家的方针政策，有利于中小学教育事业的发展。否则，就不符合政治标准，不能应用、推广于教育实践。

②学术标准。衡量一项教育科研成果的水平高低，除政治标准外，还有学术标准。学术标准是指：

第一是创新性。教育科研贵在创新，因此，衡量科研成果的学术标准之一就是创新性。创新性包括选题是否新颖，研究角度是否有新意，研究方法是否另辟蹊径，是否提出了新的见解观点，是否创建了新理论，整个研究是否体现了中小学教育改革与发展的趋势、新动向，等等。创新性包含着独创与新颖两个方面。创新的程度越高，一般说来，该成果的学术价值也越高。但也必须强调，创新必须符合政治标准，符合教育规律。如果为了追求"新"，而不顾思想性、学术性、教育性，那么，不管有多"新"，都是毫无价值的。即便能炫耀一时，也经不起教育实践的检验，结果，将是昙花一现。"文化大革命"时期在教育领域中出现的许多事实，已足以证明此点。

第二是科学性。教育科研作为科学研究，其结果必须经得起科学检验。就一项教育科研成果的评价而言，科学性包括：课题设计是否周密，研究方法是否恰当，研究过程是否严密，数据是否可信，资料是否客观、全面，概念运用是否确切，判断、推理是否合乎逻辑，结论是否准确等等。教育科研成果是经科学研究后所得出的结论，因此，必须十分重视科学性，尽可能用严谨的语言，恰如其分地表述研究过程及其结果，使科研成果经得起实践的检验。

第三是逻辑性。教育科研成果必须经得起实践检验和逻辑证明。实践检验可以通过重复实验或实践应用来检验；逻辑证明则要运用形式逻辑和辩证逻辑的知识来推演。逻辑证明的内容包括：成果的逻辑起点是否恰当，逻辑前提能否成立，逻辑结构是否严密，逻辑思想是否清晰，逻辑推理是否合理等等。总之，逻辑性要求成果所反映的研究内容、研究过程、研究方法以及语言表述等各方面都没有逻辑矛盾。

第四是规范性。教育科研成果还应具备相应的学术规范性。一般来说，教育科研成果的规范性包括三个方面：一是格式的规范性。不同形式的教育科研成果，有不同格式的要求，如调查报告、实验报告、观察报告、论文等都有一定的表述格式。在撰写时，要遵循这种为学术界认可的基本格式。二是语言表述的规范性。科研成果的表述不能像写小说、报告文学那样任意发挥想象，而应按背景、缘由、过程、结果等逻辑顺序进行表述。三是语言的规范性。教育科研成果要运用教育学、心理学等学科专业语言进行表述，以保证成果的严肃性和表述的准确性。

上述四条学术标准，反映了一项教育科研成果的学术价值、学术信度、学术理性和学术规范。在进行成果评价时，必须综合考虑四个方面，不能有所偏废，否则，就难以保证成果的学术水平。

③社会效益。开展教育科研的目的，是为了解决教育实践中面临的问题，因此，评价一项教育科研成果时，除了政治标准和学术标准之外，还要看它的社会效益如何。社会效益包括三个方面：

一是该成果能否对领导的决策起参考、咨询作用，是否有助于推动中小学教育的改革和发展；

二是该成果能否为广大中小学实际教育工作者认可、接受，并应用于教育实践，提高教育质量；

三是该成果是否为在中小学教育理论及有关学科建设上有所创新或突破，有助于中小学教育理论的丰富、完善和发展。

社会效益是衡量教育科研成果价值大小的一个非常重要的标准。一项成果，尽管在学术规范上有所欠缺，但如果产生了较好的社会效益，仍然应该给予充分肯定。尤其是对工作在中小学教育实践第一线的广大教师，评价他们的科研成果时，更应强调社会效益，强调对教育实践的实际应用价值。只有这样，才能使更多的中小学教师积极投入到教育科研中来。

5．成果评价的形式

评价教育科研成果的形式很多，根据评价者的身份分类，可以分成专家评价、社会评价、自我评价；根据评价的区域范围分类，可以分成校内评价、县级评价、省级评价，等等。目前，我国教育科研成果的评价形式，主要有以下四种：

①鉴定。鉴定是指由具备一定学术水平的专家、学者以及经验丰富的教育工作者组成评审小组，对成果的价值进行评议审定。鉴定一般由课题的立项单位组织进行。根据主持单位的级别，鉴定可以分为校级鉴定、市级鉴定、省级鉴定以及国家级鉴定等多种。一般来说，鉴定的级别越高，对成果的评价标准也就越高。

②评比。目前我国的各级教育行政部门、教育科研机构、教育学会以及所属的各专业委员会、各种学会、教研会、协会等群众性学术团体，都在定期或不定期地组织优秀教育科研成果的评比活动。将自己的研究成果送去参加评选，实际上也是去接受评价。一般来说，获奖的等级越高，就说明他人对该成果的评价越高。当然，由于评比受获奖名额、范围等因素的限制，有时不一定能完全反映成果的实际水平。评比也和鉴定一样，根据组织单位的级别，可分校级评比、县（区）级评比、市级评比、省级评比等多种。评比的级别越高，对成果的评比标准也就越高。

③交流。将自己的研究成果送交有关的研究会、专业学术会议去参加交流，听取同行的意见，也可以获得评价。由于研究会、学术会议等具有较强的专业性，因此，这种评价往往更能反映成果的水平。

④社会评价。严格地说，参加评比、交流，也是接受社会评价。除此之外，还可以将自己的研究成果送交同行、师长以及有关部门，征求他们的意见。由于这种评价形式面广，获得的评价信息广泛，因此对成果的修改和完善大有裨益。

6．成果评价的程序

①提出鉴定申请。成果鉴定一般由有关的教育行政领导部门或教育科研机构组织进行，下发成果征集通知，接受课题研究者的鉴定申请。

成果研究者按要求提出成果鉴定申请，并填好有关的表格。如《四川省教育科学成果鉴定表》的主要内容包括研究目的、研究过程、成果形式、新观点、发表采用的情况、自我评价以及参加研究申请的人员等栏目组成。

一般说来，成果鉴定要向该课题立项单位申请。如某小学承担了一项市级教育科研课题，完成后就可向市教育科研所申请鉴定，但也可以由学校邀请有关专家鉴定。

为了让鉴定组成员能全面了解该科研成果，必须准备好有关的鉴定资料。鉴定资料一般包括：

研究报告。以文字形式说明该课题成果的研究背景、思路、要点、价值等。

与课题有关的资料。如原始数据、统计表格、音像制品等能反映课题研究情况的资料。

背景资料。与课题有关的他人研究情况，该课题内容涉及的动态、资料等。

应用及评价的情况。该成果在教育实践中的应用情况以及社会、有关部门、同行对该成果的评价。

鉴定资料包括文字、实物，资料越完善，就越容易使鉴定组成员了解该成果，从而做出客观、公正的鉴定。

②成立鉴定组。鉴定成员一般由具有副高级以上职称、有一定知名度、并熟悉鉴定内容所涉及专业的优秀专家、学者组成。其成员的资格必须经过严格的审查，代表该领域高层次的学术水平和权威性。其成员的人数，根据成果的涉及面来确定，但至少要有5～7人，要学科兼顾。否则，容易失去代表性。鉴定组成员选定后，必须经鉴定主持单位认可。

③实施鉴定。鉴定的具体实施方式有两种：

一是通信鉴定。将准备的鉴定资料，分别寄送给鉴定组的各个成员，然后将鉴定意见汇总，整理出鉴定报告。通信鉴定的优点是省时、省力、省钱。不足之处在于，许多好的意见往往难以从文字上完全反映出来。另外，鉴定组成员仅仅根据鉴定资料做出判断，听不到成果研究者的解释和说明，难免会有不全面之处。

二是会议鉴定。将准备好的鉴定资料，先分别送交鉴定组的每个成员审阅。然后召开鉴定会，由鉴定组成员听取成果研究者的说明。鉴定组成员提出个人意见。最后，以无记名投票，或举手表决，或采用协商的方式，确定该成果的鉴定意见。会议鉴定需要花费较大的人力、物力和财力，但能够直接听到专家的具体意见，并能进行必要的说明。因此，如果条件许可，采用会议鉴定的形式较好。也可以采用通信鉴定和会议鉴定相结合的形式。

不论哪种形式的鉴定，一般都有如下几个环节：

一是鉴定组成员分别写出个人的书面鉴定意见；

二是鉴定组组长汇总归纳后，写出小组综合意见；

三是征求各方面反馈意见。

四是做出鉴定结论。

④成果修改。鉴定结束后，成果研究者还应吸取鉴定组专家的意见和建议，对成果作进一步修改，使之更完善。成果修改是十分必要的。因为教育科研的目的，是为了指导教育实践、推动教育改革和发展，如果仅仅为鉴定而鉴定，就失去了科研的意义。因此，鉴定结束后，一定要继续对成果进行修改和补充，使之更加完善。

有必要说明，以上所介绍的程序，只是成果评价的一般程序。在实际进行时，可以根据情况，适当选择评价的形式，灵活安排评价的程序。

二、教育科研成果评价的职能

1．鉴定合格的职能

区分为合格与不合格。例如，通过对承担重点研究课题的评价，对研究条件合格、实验进程良好、实验人员尽责，便可列为合格，指导其按方案继续研究（实验）下去。相反，对不具备研究条件，实验人员不稳定或实验题目重复，便可视为不合格，通过领导小组终止其研究或实验。

2．评比先进的职能

目的是要扶植一批科研型教师和示范研究基地。可以评出先进研究单位、先进课题、先进实验人员（包括理论指导者、实验工作人员）等。评比可以分为综合评比、水平评比和效益评比等。

3．估计成就的职能

主要是指研究（实验）成果的效能。一般分三个层次：验收性估价、发展性估价、推广性估价。

三、教育科研成果评价的分析

1．评价结果的分析方法

①信度分析。信度即可靠程度。影响评价结果信度大小的主要因素是测量的标准是否准确和评价者掌握标准是否一致。前者属于客观原因，后者属于主观原因。而后者对评价结果的影响是比较大的。这主要是因为：

第一，评价者的个人经历、水平、兴奋点不同，对问题的看法就不尽一致；

第二，即使是同一位评价者对不同的评价对象，由于受各种外界环境和个人心理情绪的影响，更难以前后一致。

故应侧重对影响评价结果较大的评价者的信度进行分析。必要时也应对指标的信度进行分析。

②效度分析。效度标志着评价结果的准确性与稳定性。若评价对象所获得的评价结果恰好符合自己的实际情况，即好的得高分，差的得低分，那么证明评价结果的效度好。影响效度的主要因素是指标体系和权数。如果确定的指标能代表评价对象的本质和特点，或者主要指标的权数分配不当，都将得出与事实相悖的评价结果。效度分析是一个十分复杂的问题。目前还没有简便公式可用。一般说，若评价结果较多难以接受，就应该从指标的内容、结构

及权数分配上适当调整，以符合客观实际的结果。

2．评价结果分析的标准

评价结果分析的标准，是对评价结果的得出、解释和反馈的检验尺度，是分析评价结果的依据。评价结果分析的标准主要有：

①精确标准。评价的结果不仅是客观的，而且是准确的，既符合评价对象的实际情况，又达到了评价目的的要求，这是评价结果分析中最重要的标准。

②接受标准。评价结果对所有的评价对象都是可以接受的，即每个评价对象所得到的评价结果真实地反映了各自的属性和特点，是可以信赖的，评价对象是心服的。

③效用标准。评价结果的解释和反馈，使该诊断的问题，客观地诊断出来；该选拔的对象准确地选拔出来，保证评价结果的有用性，为教育发展和改革服务。

④效益标准。评价者考虑了经济效益，使评价结果在尽量少投入人力、财力、物力的前提下获得，在比较短的时间内得出结果。

第三节　教育科研成果的推广应用

取得科研成果，并不是开展教育科研的最终目的，还要将成果应用到教育实践中去，并加以推广，以指导教育实践，使教育科研能充分发挥作用。

教育科研成果必须通过推广应用环节，在实践中"消化"，才能转化为教学生产力，其科学、实用价值才能被社会承认。教育科研成果的推广应用是实现教育科研转化为教学生产力的主要手段，也是实现教育科研价值的重要途径。但长期以来，不少地方的教育科研仍是"重科研、轻推广，重成果、轻应用"，一些教育科研课题"一结题，即束之高阁"，成果不能得到及时的总结推广应用，教育科研无效、低效甚至负效的现象仍旧普遍存在。这种现象导致教育资源的极大浪费，严重影响了教育科研第一生产力作用的发挥，也严重影响了教育科研自身的可持续性发展。

一、教育科研成果推广应用的含义

"推广"是指"扩大事物使用范围或起作用的范围"，"应用"是指"使用"。依据推广应用的字面含义和教育科研成果作用于中小学教育的实际情况，我们认为，教育科研推广应用应该有着广义和狭义之分。

1．广义教育科研成果推广应用

这是指包括传播、学习在内的一切扩大教育科研成果使用范围或起作用范围的活动。其活动类型有三：教育科研成果传播交流、教育科研成果的自发运用、教育科研成果有组织的推广及应用。

2. 狭义教育科研成果推广应用

这是指有组织、有计划、有步骤地将科研成果的思想、内容及方法在一定范围内应用，试图使之转化为形象性教育效益的过程。狭义的成果推广应用也可分为三种不同类型："操作型"成果的推广与应用、"教改型"成果的推广与应用、"课题型"成果的推广与应用。

实践告诉我们，广义教育科研成果推广与应用更多地有助于一个地区、一所学校整体科研意识的提高，有助于尊重科学、吸纳科研成果良好氛围的形成。狭义科研成果推广应用，由于推广应用的目标、内容、要求等方面明确，所以，教育科研成果对教育实践所产生的积极作用也较为确定。需要指出的是，教育科研成果的推广与应用对于接受者来说，也是一个十分复杂的"内化"过程。成果只有"内化"为接受者自身的精神理念、价值追求和自觉行动才能发挥成果的作用。

因此，科研成果的推广与应用不能限于一般的号召，而要在"内化"上下工夫。

二、教育科研成果推广应用的主要内容

教育科研成果是社会科学类的成果，它与自然科学类成果的推广应用有较大的差异。据教育科研成果的基本属性，其推广应用的内容可侧重下列方面。

1. 教育科研成果中的先进思想

大凡在评价中得到肯定的教育科研成果，大都会在某一方面体现出研究者对教育的较为科学的先进的认识。故此，在推广应用成果时，首先要让成果中先进的教育观念得以广泛传播，力求使更多的人予以接受，也只有当成果中先进的教育思想得到传播和社会认可后，成果才有被推广应用的"市场"。

2. 教育科研成果中新近揭示、总结的科学规律和原则

人们对教育规律的揭示和办学中应遵循的各方面原则的总结有一个不断深入的过程。新近揭示和总结出来的各方面规律和原则，迫切需要人们去学习、把握或遵循，以促进教育事业的健康发展。

3. 教育科研成果中所提供的新方法和技术

教育教学方法的改进和先进技术的推广应用，是广大一线教育工作者极为关注的事。这主要是因为他们在办学实践中常会遇到一些疑难问题，都要面临一个在原有基础上提高工作质量和效益的问题。所以应该将成果中提供的新方法和新技术作为重点，及时地加以推广应用。

4. 教育科研成果中所体现的科学的思维方式

育人是一种创造性的实践活动。广大教育工作者应该像研究人员那样，紧跟时代要求，

不断改进自己的思维方式,力求用新的视角研究分析新情况、新问题。为此,借助科研成果来改变人们陈旧的思维方式不容忽视。

三、教育科研成果推广应用的主要途径

1. 再实验

教育对象是在不断变化的,一批学生毕业了,另一批新生又进校了。因此,将已经获得的研究成果,在新的教育对象中进行再实验,实际上也是一种推广应用。再实验可以由成果研究者进行,也可以由其他人进行。通过再实验,不仅可以推广成果,而且可以使已有的成果得到进一步完善和发展。

2. 教育行政部门采用

教育科研成果被各级行政部门采用,或作为教育决策的参考,转化为有关教育方针、政策中的内容,或由教育行政部门形成指导性意见,下发给所属学校,要求所属学校采纳使用。无论哪一种形式,都可视为是成果的推广应用。

由于教育行政部门是代表一级政府对学校进行管理的,因此,科研成果一经被它采用,往往就会在较大的范围内得到推广应用,形成较大的社会效益。所以,这是目前教育科研成果推广应用的最佳途径。

3. 交流

交流是成果研究者接受他人评价的一种形式,也是研究者推广自己成果的一条途径。通过交流,研究者将自己的成果提供给他人,供别人学习、借鉴和参考,可以扩大应用的范围。交流可以通过各种形式进行,例如:

①专题报告会。通过举行专题报告会,介绍科研成果的思想、操作方法和程序、应用中需注意的问题以及提供有关的信息资料等。由于专题报告会主题明确,介绍详尽,成果研究者现身说法,还可以当场答疑,因此,这是推广科研成果的有效途径,常被采用。

②经验交流会和学术研讨会。与会者介绍自己的科研成果后,相互切磋商讨,互相借鉴,既可以使科研成果得到推广,同时也可使自己在与他人的交流中吸取有效的意见,进一步修改和完善自己的科研成果。由于这类会议大都具有专业特点,与会者都是同行,因此更具有推广意义。

③现场观摩。这是一种直观、具体的成果推广,大都以听示范课、优秀课的方式进行。通过现场观摩,可以具体地介绍操作的方法、过程和效果。观摩结束后,再组织讲评,进一步介绍指导思想、理论依据、总体思路等,使观摩者从感性认识上升到理性认识,对成果有一个完整的了解。现场观摩具体、生动、形象,也是推广科研成果的一条有效途径。

④报刊和音像制品传播。通过会议交流推广科研成果,总要受到一定的限制。如杭州市举行成果交流活动,不可能让全国各省市的小学教师都来参加。因此为了在更大范围内推广科研成果,还可以通过各种传播媒介,将成果整理成文字资料,在报刊上发表;或制成录音

带、录像带输送出去；有些大的成果，还可汇编成专著，出版发行。由于传播媒介的覆盖面较大，成果的推广范围也就相应的扩大了。

不论是成果研究者个人的继续应用，还是推广到更大范围中去应用，关键都在于成果的质量。只有真正符合教育规律的成果，才会被广大教师所接受和应用。否则，即便采用行政命令强行推广，也难以被别人认可，最终只会流于形式。因此，有志于教育科研的教育工作者，一定要严谨求实，对已有的成果反复验证、实践，不断提高质量，切忌闭门造车，浅尝辄止，急于求成。

四、教育科研成果的推广应用的方法

教育科研成果推广应用的制约因素是多方面的，推广应用的方法也要从不同的角度加以分析。

第一，就组织系统看，行政、科研、基层三结合的队伍，是成果推广应用取得成效的组织保证。

第二，从策略角度看，一是要创造条件，使成果的传播渠道畅通，有目的、有重点地传播成果的价值、效果、操作方法、评价等方面的信息，以便引起广大教育工作者对成果的注意，产生接纳的愿望。二是要帮助广大教育工作者排除因循守旧、传统思想定势，破除文人相轻、门户之见，以及不思进取、比条件、不服气、不平衡等方面的心理障碍，并在推广应用中，设法较早地让成果接受者尝到"甜头"，以充分调动接受者的积极性。

第二，就程序角度看，成果的推广应用大致分七个阶段：

确定推广应用的成果；

制定推广应用的计划；

学习成果及相关的理论，落实推广应用的措施；

组织培训，现场示范指导；

推广应用的具体操作；

反馈调整，进一步完善；

交流研讨，总结经验，并对原成果进行再度评价。

五、教育科研成果推广应用应注意的问题

1. 反复验证

制约教育的因素很多，如教育质量的提高就涉及教学内容、教学方法、教学时间、教师水平乃至家庭教育等等。面对复杂的制约因素，在研究过程中难免会出现考虑不周的情况，导致科研成果存在某些缺陷或偏差。因此，推广科研成果时，首先就要对成果进行反复验证。验证，包含着两层意思：

从研究的角度而言，通过反复验证，对成果不断修改，使之更趋完善；

从应用的角度而言，验证实际上是将已有成果再应用于教育实践，或是在更广泛的范围推广应用。

因此，应该把验证作为推广应用的一条途径。通过验证，将成果应用于教育实践；通过应用，对已有成果继续进行验证。应用与验证相结合，及时搜集反馈信息，不断对成果进行修改和补充，以排除偶然的因素，抽取出带有共性的、普遍性的因素。

2. 因地因人制宜

教育的发展是不平衡的。地区与地区之间发展不平衡，学校与学校之间发展不平衡，教师与教师之间的教学水平和能力也不平衡。因此，在将教育科研成果应用于教育实践时，必须根据本地区、本校及教师个人的实际情况，做到因地制宜、因校制宜、因人制宜。例如，近年来许多学校开展了综合整体改革实验。尽管实验的指导思想和目的都是一致的，但具体的实验因素、侧重点则各有不同。有的从课程改革入手，有的则从校园文化建设突破。如果不从实际出发，盲目照搬他人的经验，就难以取得大的成果。

3. 不断修正

就一项具体的教育科研课题而言，研究是有阶段性的。在一定时间内开展研究，一旦获得成果，便意味着该课题研究告一段落了。但就教育科研的总体而言，则是一个不断往复、不断加深、不断完善的连续发展过程。也就是说，这是一个"开展研究－取得成果－应用验证（再研究）－发展完善"不断循环的长期过程。因此，在应用与推广教育科研成果时，不能简单的看成仅仅是推广应用，而应看做是一轮新的研究的起点。

把应用与推广教育科研成果，作为新的研究来对待，包含着两层意思：

一是在推广应用中，应根据教育对象、时空条件的变化，对原来的成果进行新的实践探索，并加以补充和完善，使之具有更大的普遍意义；

二是研究应用与推广成果的方式途径，可为教育科研成果迅速应用于教育实践，提供可资借鉴的模式。

4. 逐步推广

一项教育科研成果的取得，花费了研究者大量的心血。但这并不意味着一旦成果出来后，便可以无条件地大面积推广应用，因为教育科研成果具有有限性的特点。

①不论是中小学教育的整体发展，还是一项具体的教学活动，都不能用任何单一的社会、教育、心理因素做出解释，因为影响教育的因素是多样的、复杂的。

②任何一组因素的组合，都不足以全面解释教育活动。例如学校教育和家庭教育这一组因素的组合，并不能完全说明学生的学业水平，因为影响学生学习的因素还有社会大环境、先天遗传的智力水平，甚至文化背景等。鉴于上述两点，可以说，任何教育科研成果的结论都具有相对局限性。更何况，教育科学的自身成熟程度还不高，对一些教育变量只能进行含有主观成分的间接测量，这就更使得教育科研成果结论的解释力不是很强。

既然教育科研成果具有局限性，成果的扩大应用就应该是逐步展开的。通过反复验证，不断完善，在此基础上，逐步扩大成果的应用范围。

教育科研成果的取得来之不易。同样，成果的推广应用也是一项十分艰巨的工作。正因为如此，我们更要正视上述一些应注意的问题，以求把教育科研成果的应用与推广工作做得更好，从而推动中小学教育科研的不断深入开展。

案例六：

教育科研报告范例

中小学教师的心理健康问题对学生的影响及改进措施

冯江平　叶存春　潘　婕

（云南师范大学教育科学与管理学院，云南　昆明　650092）

摘要：作者认为，教师心理健康是教师心理素质的一个重要反映，中小学教师的心理健康问题不仅影响自己更直接影响学生的身心发展。作者研究分析了中小学教师心理不健康的各种主要表现，探讨了造成中小学教师心理不健康的因素，研究分析了中小学教师心理不健康的种种表现对学生产生的不良影响。同时，论述了教师的心理健康的重要意义，并提出了维护和促进中小学教师心理健康的一些方法和措施。

关键词：中小学教师；心理健康；学生心理

中图分类号：G443 **文献标识码**：A

文章编号：1006—723x（2004）02—0055—05

教师作为传道、授业、解惑者，其心理健康问题在学校教育中显得越来越重要。理论与实践均证明，教师对学生的影响是深刻的、长期的、潜移默化的。教师心理健康作为教师心理素质的一个重要指标，对学生健康人格的形成，对学生的良好发展，起着决定性的作用。教师的心理健康对于教师的职业生涯发展、自身的身体健康、生活幸福，造福于他人和社会，都是十分重要的。

因此，重视教师心理健康，对于提高教师的心理素质和提高教学质量，都具有非常重要的意义。

一、中小学教师心理不健康的状况及其表现形式

国内学者关于我国中小学教师心理健康问题的调查研究，结论不尽一致，但也有一些相似或相近的发现。高峰等人（1995）[1]，对上海市97所小学3 055名教师，运用精神卫生界临床常用的SCL—90症状自评量表进行测试，其结果表明：48%的小学教师有心理健康问题，其中有明显心理问题的检出率为12%，有严重心理问题者占2%左右；而躯体化、强迫症状、焦虑和恐怖是小学教师群体中最明显的心理健康问题。不同层面小学教师心理健康问题的情况是：郊区小学教师的心理健康状况明显地差于市区的小学教师；小学女教师除个别因子外，心理健康问题远比男教师严重，老年女教师的问题更加突出。担任语文、数学、外语的教师心理健康问题要比音乐、体育、美术教师严重；班主任教师比非班主任教师的心理问题要突出。自在等人（1993）的研究也获得了类似的结果[2]。

贾林祥等人（1999）运用同样的测量工具和方法，对陕西省铜川市9所中小学的320名专任教师进行调查，结果发现[3]，经济欠发达地区中小学教师的心理健康状况比全国普通人群好；小学教师的心理健康状况比中学教师好；女教师的心理健康状况在整体上不如男教

师；不同学历的教师中，中师学历教师的心理健康状况比大学、大专学历的教师低，大专学历的教师除了在敌意、恐怖、偏执及精神病性这四个因子上好于大学学历的教师外，其余各因子的得分都不如大学学历的教师；担任班主任的教师，其心理健康水平在整体上比没有担任过班主任的教师差；青年教师和46岁以上年龄的教师心理健康情况不如中间年龄组的好。

王有智（2000）对陕西省榆林、延安、商洛、汉中、渭南等地区的158名农村中小学教师进行心理健康状况测验的结果发现[4]，在SCL-90量表的10个有关心理健康的因子中，农村中小学教师的平均分值都高于国内常模，即心理健康状况差于国内其他人群；问题表现突出的是强迫、人际关系敏感、抑郁和偏执；女性和年龄较大教师的心理健康状况较优于男性和年龄较小的教师。

中小学教师心理不健康的状况，通常会表现在以下方面：

1. 生理与心理症状

（1）抑郁。通常表现为情绪的衰竭、长期的精神不振或疲乏，对外界事物失去兴趣，对学生漠然等。

（2）焦虑。主要有三种表现：①持续的忧虑和高度的警觉。如过分担心自己的人身安全问题；②弥散性的焦虑，如说不出原因的不安感、无法入睡等；③预期焦虑，如不关心现在发生的事，而担心以后可能发生的事。

（3）抑郁和焦虑的交叉变动症状，引起失眠，食欲不振，恶心，头痛等。这时教师若不能及时疏导或宣泄自己的不良情绪或情绪归因不当，则很可能产生更深层次的心理行为问题，如有的教师开始失去自信心和自控，成就动机下降，开始内疚并自责；有些教师则将自己的不满与失败归于学生、家长、领导、同事，变得易怒，对外界抱以敌视。通常这些心理行为问题都是交叠在一起的，而且不断地发生变化。

2. 职业倦怠

职业倦怠是一种与职业有关的综合表现。它源于个体对付出和回报之间显著不平衡的知觉，这种知觉受个体、组织和社会因素的影响。职业倦怠的主要特点是对工作对象的退缩和不负责任，情感和身体的衰竭，以及各种各样的心理症状，如易激怒、焦虑、悲伤和自尊心降低。这种状态在根本上由一种不平衡感引起，即觉得帮助别人的种种努力已经无效，任务永远不会结束，总是不能从工作得到回报等。

3. 人际关系问题

教师心理不健康的症状不仅仅限于个人的主观体验，而且会渗透到教师的人际关系网络中，影响到家人、朋友、学生的关系。一个人在工作中产生不良情绪后，在沉重的心理压力和失调的情绪状态下往往会发生认知偏差，这时，个体倾向于对他人的意图做出消极判断，并产生消极的行为反应。教师由于职业的特殊性，每天打交道的都是人，一旦产生不满情绪就更容易焦虑、愤怒、抑郁。特别是在工作、生活中扮演着多重角色的教师，如既是父母、子女，又是丈夫（妻子）等不同的角色，他们几乎没有时间和精力去做出各种心理调节，自然容易在人际关系中表现出适应不良。

4. 职业行为问题

教师心理健康可以使学生受益，若教师出现种种心理行为问题，受害最大的自然是学生。教师不健康心理在职业活动中的表现有：（1）对学生失去耐心和爱心，疏远学生；备课不认真，上课马虎对付，教学形式死板；粗暴惩罚学生，时常小题大做，抓住学生的小错不放，打击伤害学生的自尊心。（2）在教学过程中拒绝别人的意见，甚至是领导的建议。对教学过程中出现的问题听之任之。（3）对学生的期望值降低，认为学生是"烂泥糊不上墙"，从而不再关心学生。（4）对教师职业失去兴趣，每天都想着另觅高职，因而自然会将消极情绪带到工作和生活中去。

二、教师心理不健康的成因分析

教师心理不健康的状况，往往是在外界压力和自身心理素质的互动下形成的。

1. 社会与学校因素

①教师工作繁重，每天都处于紧张状态中。据辽宁省调查[5]，教师常年日均加班50分钟以上，是商业人员的6.3倍，工人的5倍，许多教师日均工作时间达10小时。然而，教师的待遇却没有得到相应的提高，这就会引发教师的不满情绪，并降低职业的成就感。遇到难以调教的学生，会使有的教师失去自我控制，进而导致违反教育原则，采用不妥当的教学方法，使师生关系处于紧张状态。这种恶性循环最终将造成教师的问题心理。

②现代科技和信息技术的发展。随着知识、信息的普及化程度大大提高，教师不是学生唯一的信息源，教师的权威意识日渐失落，教师的社会地位和社会作用受到了严峻的挑战。

③社会对教师的职责要求高。教师既要是智者，又要是朋友，还要是行为的模范。社会的高要求使教师背负了更多的压力。

2. 职业因素

①教师职业的特殊要求。教师角色的过度负荷，让许多教师有苦难言。

②不良人际关系的刺激。长期处于不良人际关系中的教师，往往会产生对立、消沉等不良情绪，并引发出自卑、妒忌、埋怨、畏怯等心理，有的甚至会自暴自弃，形成人格障碍。

③与其他劳动者相比。教师属于一个比较孤立和封闭的群体，与社会联系较少。他们与朋友交流的时间也少。因此，教师的合群需要和获得支持的需要经常得不到满足。

3. 个人因素

在相同的外界压力下，有些教师会出现心理问题，而有些则能维持健康的心理状态，造成这种差别的主要是个人因素，如：①人格因素。不能客观认识自我和现实，目标不切实际，理想和现实差距太大的教师，或有过于强烈的自我实现和自尊需要的教师，对自己过于苛刻的教师，容易产生心理健康问题。②个人生活的变化。如结婚或离婚、升迁或降职等，处理不好，也会带来心理问题。

三、教师心理不健康对学生的影响

1. 挫伤学生的自尊心，使他们产生无助感

教师对一些犯小错误的学生过分责罚，甚至体罚，会使学生产生极大的挫折感或自卑感。教师对学生的歧视、嘲笑、讥讽和不公正或不正确的评价等，也会对学生产生极强的不良暗示力，损害他们的自我形象，使学生感到自己的世界里有太多的不可能，对生活和学习总是感到没有把握，进而放弃努力，一蹶不振；学生对教师的惩罚产生的焦虑、紧张、压抑、畏惧的心理，也可能导致逃学、出走、自杀等严重事件。

2. 使学生产生厌学情绪

虽然厌学有多方面的原因影响，但教师方面的不当行为或不良行为是造成厌学的重要影响因素。一些教师在对待学生的性格、能力，以及成绩方面不能客观评价，对好生和差生不是一视同仁，甚至打击学生的学习积极性，会使得学生不愿上课，害怕学习，产生厌学

情绪。

3. 导致学生的逆反心理，甚至做出过激行为

教师在施教过程中，不尊重学生，不顾及他们的心理感受与体验，当他们出现问题时，一味强调教师的权威，导致他们因对教育者本身的排斥，进而对教师的教育产生逆反心理，产生许多问题儿童或问题青少年。

4. 使学生的人生观和价值观受到不良影响

教师是世界上受到"最严厉监督"的人。他的一言一行，一举一动都会给学生以深刻的印象，甚至影响一生。教师出现的教育教学中的不良行为，或见利忘义，见钱眼开，权钱交易等，都可能使学生的心灵受到腐蚀，使其人生观和价值观受到扭曲。

5. 造成学生心理障碍

教师不健康的心理和行为，对学生心理的正常发展会有不同程度的影响，尤其教师那些严重的不良行为，可能会使学生的神经系统受到伤害，个性发展受到压抑，情绪发展失常，或者导致儿童成年后对社会环境适应不良，个别受害者甚至会发生神经疾患或心理变态。这种对学生心灵的虐待，虽然从外表看不出痕迹，但其危害并不亚于肉体上的摧残。所以有人说，教师一言可以兴才，一言亦可丧才。

6. 导致师生关系紧张、恶化，使教育效果下降

由于教师不健康的心理和行为可能直接伤害学生的心灵，造成学生对教师的抵触或厌恶情绪，就会使教师威信下降，教育不产生效力。而当这些教师发现学生不听话、不服从自己时，就有可能采用更多、更严厉的措施以制服学生，于是形成师生关系的恶性循环。这样，一方面可能使学生遭受更多、更大的心灵伤害，另一方面，教师也会因此而累得精疲力尽却毫无教育效果可言，产生更多的情绪问题，最终又损害到自身的身心健康。

四、教师心理健康的维护和促进

对教师心理健康的维护与促进，不应只是个人的所思所为，而应是教育界乃至整个社会共同关注的问题，也是百年树人的根本所在。

1. 引导教师重视心理健康问题

长期以来，学生的学习成绩和录取率是教师们关注的主要问题。所以，教师们重视个人专业素质的提高，重视与教学有关的诸多问题，但对心理健康的有关问题考虑较少，甚至知之甚少，或无暇顾及。因此，使教师转变观念，重视自己的心理健康状况是十分重要的一步。领导要根据教师的特点，从学校的实际出发，采取校内与校外、分散与集中相结合的办法，多渠道、多形式、有计划地普及心理健康知识，使教师意识到心理健康的重要性，能发现自己可能存在的心理问题，并及时进行调整，最终达到提高心理健康水平的目的。

2. 社会和政府的重视

社会和政府可以通过各种政策的制定，来提高教师的社会地位、促进教师群体职业化的进程，形成尊师重教的社会风气。如政府应加大执法力度，维护教师的合法权益，增加教育投入，改善教师的工资收入、住房、医疗等物质待遇；深化教育改革，减轻教师的升学压力和心理负荷，减少教师为追求升学率而做出的许多违背教育教学规律的行为；促进教师的职业化进程，在教师的筛选、培训和资格认定方面形成一整套科学的标准。

3. 发挥教育行政的作用

中小学教师心理问题的成因很复杂，但问题的直接原因往往是学校情境和教学活动。因

此，要切实而有效地帮助教师提高心理健康水平，还必须改善教育行政机构的作用，促进学校环境的结构性改变。

（1）降低学生和教师数的比率，缩短工作时间，提高行政管理人员对教师的压力源及其他问题的敏感性，给予教师更多的工作灵活度和自主权，提供更多职前和职中培训等。

（2）采取措施减轻教师的心理压力。中小学教师面临着许多严峻的挑战，形成了一定的心理压力。生活中，他们对家庭有着不可推卸的责任和义务；在学校，教师是学生的榜样，他们的言行举止直接或间接地对学生产生影响，他们需要付出一定的心理能量来履行自己的义务；社会上，要求教师是一个高素质的模范公民，教师偶尔的行为闪失会遭到周围舆论的强烈谴责。另外，教师强烈的成就动机，也可能因受阻而导致挫折感并引起一定的心理压力。因此，学校领导要采取一定的措施，营造宽松的心理环境，减轻教师的心理压力。

（3）改善教师的工作条件，创造教师"自我实现"的机会。罗杰斯曾说过，人类有一种天生的"自我实现"的潜能，人的本性是积极的，向上的，富有理性的，具有建设性的，可以通过自我教育不断地自我完善，达到自我实现。比如，鼓励教师参加各种竞赛，让他们在获奖中产生自信；组织校内各种评优活动，提供更多的成功机会；帮助教师提炼自己的教学特色，让每位教师都看到自己的闪光点；为教师提供进修、提高、科研的机会和时间，帮助教师更新观念，丰富经验，为个人的进一步发展打下基础，等等，使教师感受到工作的乐趣，在成功中获得自信。

（4）校长及管理人员的领导作风，影响着学校群体中的人际关系。教师在民主、友善的领导气氛中，容易发挥积极性。反之则容易产生心情压抑、郁闷等消极情绪。

4. 及时帮助有心理健康问题的教师

①帮助教师建立良好的自我意象。自我意象是个人心理上和精神上的观念，即有关自我的"图像"，是左右个性的真正关键。正如美国学者M·马尔兹所说："改变你的自我意象，就能改变你的个性；发展自我意象，可伸展你人生的深层空间，使你富有新的能量，新的才华和新的生命活力。"[6]教师若有良好的自我意象，则会自尊、自信、情绪稳定，使其潜能得到充分发挥；反之，则自卑、焦虑、敌对、偏执、难以和人相处，使自我发展受到限制。帮助教师建立良好的自我意象，关键在于要求个体接受真实的自我，坦然面对自己的一切，深信自己的价值和不可替代的独特性，即使有无法弥补的缺陷也能泰然处之，对自己有恰如其分的评价；不为外界对教师的评价左右，不为教师的经济、政治地位而动。教师对自己所从事职业的认同程度，会影响个体对自我的评价，从而影响个体的自我意象。

②帮助其营造良好的人际关系。在良好的人际关系中，个体会得到更多的肯定性评价，在遭受挫折时，会得到朋友心理上的支持，进而克服由于挫折带来的消极情绪。人际关系紧张，个体就会缺乏心理上的安全感和归属感，并处于经常性的应激状态，容易导致焦虑的发生，影响个体的心理健康。营造良好的人际关系，首先就是要帮助他们改善上下级关系和与同事之间的关系，从而形成一种良好的人际互动，增强教师的自信心和自我价值感。

③帮助其确立合理的信念。由于教师工作和服务的对象是人，因此情绪困扰对于教师尤为明显。心理学家艾利斯（A. Ellis）认为，情绪困扰是由于人们所持有的不合理信念造成的。这种不合理信念具有三个特征，即绝对化、过分概括化和糟糕至极。绝对化是指人们以自己的意愿为出发点，对某一事物怀有认为其必定发生或不会发生的信念；过分概括化是一种以偏概全，以一概十的不合理思维；糟糕至极是一种认为如果一件不好的事发生将是非常

可怕、非常糟糕、是一场灾难的想法。显然，要使教师的情绪趋于合理，关键在于帮助他们以合理的思维代替不合理的思维，以合理的信念代替不合理的信念，最终减少或消除其情绪困扰，使之成为情绪健康的人。教师在教育活动和日常生活中真实地感受情绪并恰如其分地控制情绪很重要。一是保持乐观积极的心态；二是不将生活中不愉快的情绪带入课堂，不迁怒于学生；三是能冷静地处理课堂情境中的不良事件；四是克制偏爱情绪，一视同仁地对待学生；五是不将工作中的不良情绪带入家庭。

5．提高教师应对压力的技术

①放松训练。这是降低教师心理压力的最常用方法，它既指一种心理治疗技术，也包括通过各种身体的锻炼、户外活动、培养业余爱好等来舒缓紧张的神经，使身心得到调节。

②时间管理技巧。为使生活、工作更有效率，避免过度负荷，应当对时间进行组织和预算，将目标按优先次序进行区分，限定目标，建立一个现实可行的时间表，每天留出一定的时间给自己。

③认知重建策略。教师要对压力源的认识和态度做出自我心理调整，如学会避免某些自挫性的认知（如"我必须让每个学生都成功"）；制定现实可行的、具有灵活性的课堂目标并为取得的部分成功经常表扬自己等。

④反思。它是指通过对教学经验的反思来提高教学能力，调整自己的情绪和教学行为，从而促进教师心理健康的过程。这种反思不仅仅指简单的反省，还指一种思考教育问题的方式。国外学者提出，教师成长的公式应当是：成长＝经验＋反思。如果一个教师仅满足于获得经验而不对经验进行深入的反思，那么，他将永远停留在新手型教师的水平。反思的倾向是心理健康水平较高的专家型教师的核心。反思训练包括每天记录自己在教学工作中获得的经验、心得，并与有经验的教师共同分析；与专家型教师相互观摩彼此的课，并与对方交换看法；对课堂上遇到的问题进行调查研究等。

⑤树立职业信念和职业理想。喜欢教师职业，有高度的事业心，愿意教书育人、诲人不倦，有了这种心情与心境，那么教师就具有了心理健康的基本条件。这也是教师在压力下维持心理健康的重要保证，是对职业倦怠的最好解毒剂。

正确的教育观念和积极的对于教师职业的信念和理想，对学生无私的支持性的爱与宽容精神，对提高教师心理健康水平是至关重要的。

6．建立社会支持系统

社会支持（Social Support）的概念是20世纪70年代初被引入精神病治疗领域的。社会支持系统是个体应对压力的重要外部资源，系统中的个体能进行各种信息的交流，这些交流使个体相信自己是被关心的，被爱的，被尊重的，有价值的，归属于一个互惠的、能互相交流的社会网络。大量的研究表明，在压力情景下，那些受到来自伴侣、朋友、家庭成员较多心理支持的人，比受到较少支持的人身心健康。教师的社会支持系统与其他群体相比有自己的特殊性。长期以来，人们把教师视为蜡烛，然而，教师也是社会中的人，也需要社会各方面的关心。特别是在他们有心理问题时，社会支持就更为重要。对教师的社会支持是多方面的。教师与教师之间可进行丰富的信息交流和思想交流。来自同事的信息支持（如提供某些必要的知识）、实践支持（如帮助完成工作任务）以及情感支持，都能增强教师对工作情境的控制感，降低压力水平和人格解体水平，提高个人成就感和工作表现，具有激发创造力、催人上进的功能。

7. 专家协助

学校可以请专家开设各种讲座、课程,培训教师具有新的教育观念、方法。尤其对于学校领导能力范围之外的某些教师的较为严重的不健康心理和行为,专家的协助是不可或缺的。教师的心理健康既关系到教师自身的生活、工作质量,也关系到学生的身心发展。因此,各个方面都应高度重视教师的心理健康问题,以保证他们有较高的心理健康水平,从而培养出具有良好心理素质的学生。

参考文献

[1] 高峰. 上海市小学教师心理健康现状调查 [J]. 上海教育科研, 1995, (2).
[2] 自在, 等. 基层中小学教师SCL-90评定结果的分析 [J]. 中国心理卫生杂志, 1993, (2).
[3] 贾林祥. 中小学教师心理健康调查研究 [J]. 上海教育科研, 1999, (6).
[4] 王有智. 农村中小学青年教师心理健康状况调查 [J]. 青年研究, 2000, (9).
[5] 陈安福. 学校管理心理学 [M]. 北京:高等教育出版社, 2001.
[6] [美] 马科斯威尔·马尔兹. 你的潜能 [M]. 晏樵, 译. 上海:上海人民出版社, 1998.

案例七: 教育科研论文范例

国外中小学生校车安全系统治理研究

丁芝华

(山东交通学院文法学院, 山东 济南 250357)

摘要:在国外许多国家,中小学生校车的良性发展和安全运行得益于政府对校车安全的高度重视、常抓不懈和系统治理,以及教育、工程技术、法制、紧急救援等多方面、多层次、多方式的措施得到成功应用。借鉴国外中小学校车安全系统治理经验,我国应进一步提高对校车及其发展和安全的重视,大力加强对校车安全的系统治理,建立切实可行的校车安全管理制度。

关键词:中小学生;校车安全;4E策略;系统治理

基金项目:教育部人文社会科学研究青年基金项目 (12YJCZH029)

中图分类号:C913 文献标识码:A

文章编号:1004—6917 (2013) 11—0140—05

国外许多国家都有专门服务于中小学生等上下学交通的校车。与中国的校车相比,美国等一些国家的校车有着较早的发展历史、极高的安全系数、成熟的运营机制和良好的管理秩序。鉴于当前国内校车的发展及其安全状况,系统、深入研究国外在校车安全治理方面的成功做法和经验,对于我们加强校车安全管理、实现校车良性发展等具有重要作用。

一、国外中小学生校车运营与管理的状况

国外许多国家非常重视和认真解决中小学生等的上下学交通问题。为充分保障中小学生上下学的交通安全，政府配备了校车专门接送中小学生上下学。由于国情不同，各国在校车运营与管理上各有特色。在北美，美国有着世界上最庞大的、最安全的专用校车运营系统。据统计，全美校车总量现已超过48万辆，运送的孩子总数为2600万人，占该国所有幼儿园学童、中小学生的一半以上，年总运量高达100亿人次[1]。美国校车基本上都是按照特定技术标准专门设计和制造的专用车辆。它们的安全性极高，每亿英里的事故率仅为0.01，远低于其他客运车辆的0.96，比火车的0.04和民航的0.06也低很多[2]。这些专用校车由各地的学区购置，或由专业的校车服务公司提供。在运营上，主要有学区自营和承包运营两种方式。校车服务所需要的经费主要由学区所在地的地方政府承担，州政府也会适当提供一些专项或非专项补贴，因为根据美国宪法规定，学前教育和中小学教育是应由地方负责的事务，而校车服务属于其组成部分。此外，校车运营享受免燃油税等优惠政策。联邦政府和各州政府都非常重视校车管理，在多年的实践中已经建立起一整套非常完善的、运行顺畅的管理制度[3]，美国校车的极高安全性也得益于此。加拿大也有着非常完善的专用校车服务系统。但由于无论是在运营上还是管理上，该国基本上都移植了美国模式，因此在此不再赘述。

在欧洲，英、法、德等国家尽管都具有发达的公共交通和较高的私人汽车普及率，但为中小学生提供便利、安全、舒适的校车服务也是其较高的社会福利的重要组成部分。与北美国家不同，这些国家大多不使用专用校车，而是把校车服务承包给公交公司或其他公司，直接使用一般的公交车辆或其他客运车辆提供校车服务。在这些国家中，提供校车服务所需的大笔费用多由地方政府负担，大多数中小学生免费享受这项服务[4]。因而，本辖区内各地区校车的配备和路线由地方政府来决定[5]。有时，它们也会委托公交公司确定。例如，英国各中小学在每年夏季开学前夕对学生进行调查，统计需乘坐校车人数以及住址，然后提供给公交公司，由这些公司确定校车数量、种类和路线[6]。校车的实际运行则由公交公司或其他公司具体负责，值得一提的是，近年来英国部分地区开始效仿北美，试行专用校车。尽管在英、法、德等国家多未使用专用校车，但它们的校车安全状况也非常不错，这得益于严格完善的校车安全管理。英、法、德等国家都高度重视该项工作，通过交通法、教育法等法律及各地区颁行的法律法规，建立了健全的校车安全管理制度。

在亚洲，日本、韩国等国家也有校车运营。在日本，由于城镇化程度高且实行就近入学的政策，校车的应用并不普遍，只有一些地广人稀或交通极为不便的农村地区的中小学校、位置较偏的私立学校、幼儿园等才使用校车。这些校车也非专用校车，主要有学校或政府自营、委托专业公交公司运营两种方式。在费用方面，公立学校的校车配备和运行费用由地方政府承担，私立学校的主要由学校自行解决。在管理上，校车安全得到了各级政府的高度重视，相关法律制度完备，各环节的管理流程化、规范化[7]。在韩国，部分小学和幼儿园也使用校车接送孩子。这些校车基本上都是由商务车或者一般客运车辆改造而来，并非专门设计和制造的，由学校或幼儿园出资购买或租赁，也多由它们自己运营。韩国非常重视校车安全管理工作，在《道路交通法》中对校车的运营和管理进行了全面、具体的规范，在实践中运营和通行管理非常严格，涉及校车的交通事故呈逐年减少的趋势[8]。

二、国外中小学生校车安全系统治理的策略

中小学生校车安全主要属于交通安全问题。交通安全是一个非常复杂的问题，涉及驾驶人、车辆、道路、环境等诸多因素。对于它的治理，需要针对这些因素系统采取多方面、多层次、多方式的措施。在长期的交通安全治理实践中，西方发达国家逐渐总结出一种比较有效的、系统治理交通安全的策略——4E策略[9]。4E策略系教育（Education）、工程技术（Engineering）、法制（Enforcement）与紧急救援（Emergency response）等4种策略的总称。该策略也被普遍应用于中小学生校车安全的治理上。因而，国外中小学生校车安全治理的措施基本上都可归入教育、工程技术、法制与紧急救援等四大方面。

（一）教育

针对校车驾驶员的安全教育是许多国家进行校车安全治理的关键措施。校车驾驶员是保证校车运行安全的首要因素，加强对校车驾驶员的安全教育对于保证校车的运行安全尤为关键。在美国，各州都把校车驾驶员作为校车安全教育的重点对象，普遍对他们进行岗前培训和在岗培训。这些培训内容包括校车运行、学生管理、道路交通法规、紧急事件处理、残障学生护理等，形式既包括理论培训，也包括实践培训，时间从数小时到数十小时不等[10]。此外，许多州都编制了内容非常详尽的校车安全运行指南，专供校车驾驶员使用。在英国，2009年的《校车（安全）法》规定校车驾驶员在上岗前须接受专门培训。在法国，也定期组织对校车驾驶员的在岗培训，培训重点在于驾驶员责任心的提高、安全法律法规的普及、危险的预防和紧急事故的处理等[11]。在葡萄牙，自2006年起，校车驾驶员必须接受为期3天的专门培训，以充分提高他们对校车安全重要性和紧迫性的认识，防止他们实施交通安全违法行为，从多方面提高他们的驾驶技能[12]。

对中小学生开展校车安全教育，提高他们的安全意识和安全防范技能，也是许多国家进行校车安全治理的重要措施。在美国，各州普遍专门针对中小学生进行必要的安全教育。在内容上，涉及校车安全管理规章制度、校车重点危险区域、学生等待校车、学生如何安全上校车、学生在校车行驶中的注意事项、学生如何安全下校车和穿越马路、校车发生事故时的紧急处理程序等。在形式上，课堂教学、现场教学、实际演练等都得到广泛应用，向学生散发各种宣传资料、举办海报展览、知识竞赛、演讲比赛等活动也比较常见。在法国，每个中小学校都要定期对其学生进行道路交通安全教育，向他们传授道路交通安全知识，提高他们对道路交通危险因素的识别和自救技能，从1993年起，所有13岁至15岁的学生还必须通过规定考试；自2004年3月起，不通过该考试的将来不能申请驾驶执照[13]。在德国，也专门对乘坐校车的学生进行安全培训，培训的内容涉及熟悉校车、正确等待校车、正确上下校车、正确乘坐校车等[14]。

除对校车驾驶员和中小学生外，一些国家还对校车上的陪护老师、政府相关部门和学校的校车安全管理人员、学生家长、一般公众等进行校车安全教育。

（二）工程技术

采用安全性能极高的专用校车是美国、加拿大等国家在工程技术方面保证校车运行安全的主要措施。在美国，为统一全国校车的标准，最大可能地提高校车的安全性，1974年的《机动车与校车安全修正案》授权联邦的交通部专门为校车制定统一的最低技术标准。迄今为止，联邦共有36项适用于校车的安全技术标准，其中有关紧急出口、翻滚保护、车身连接部分强度、乘员座椅和碰撞保护、燃料系统完整性等的标准最为重要。基于这些标准设计和制造的专用校车融合主被动安全技术应用，被誉为"武装到了牙齿"，具有类似卡车的高底盘，结构坚固，车体沉重，可与装甲车媲美，防碰撞能力非常强，在安全性上要远高于一般客运车辆。加拿大的专用校车在绝大多数方面都与美国的基本相同。在这些国家中，专用校车的使用为学生上下学交通提供了坚实的安全保障。

在韩国等国，尽管使用非专用校车，但也针对儿童人身保护的特殊需要对校车本身作了不同一般客运车辆的要求。例如，韩国的校车采用可自由升降活动式的下车口脚踏板，第一级台阶不高于30厘米，第二级台阶不高于20厘米；其门窗应为开放型等；接送未满6岁的儿童应使用专用的儿童座椅等。除校车本身外，为校车设置细致醒目的安全标志、安装必要的安全装置也是许多国家在工程技术方面保证校车运行安全的重要措施。在美国，根据联邦政府的有关规定，校车车身外观颜色统一为铬黄色，前后顶部需标有规定大小的"School Bus"字样，需安装涂覆反射材料的黑色保险杠、符合规定的停车信号臂、信号灯和后视镜装置，在车身后部至少安装一个安全门（发动机后置时为紧急出口窗），接送儿童的校车还须安装专门的儿童座椅系统。自2011年10月21日起，联邦政府要求所有A型校车都须安装三点式安全带，对于其他类型的校车，只有一些州才要求配置安全带；尽管多数州的法律法规无规定，一些学区的校车上还是安装了GPS、行驶记录仪、停车信号臂监控系统等安全装置。英国《校车（安全）法》要求校车车身外观颜色须明亮、显眼，校车须安装停车信号臂，所有座椅皆须安装三点式安全带。在德国，专门接送学生的巴士必须在车前、车后设置符合规定要求的校车标志，或者在车前设置校车标志并标有"Schoolbus"字样。在法国、希腊、瑞典、西班牙等国，所有接送学生的车辆都必须配置安全带。

为校车选择安全的运行线路和设置安全的站点等也是保证校车运行安全的工程技术措施。在美国，安全性是选择运行线路和设置站点的重要考虑因素，各州法律法规都对这两项工作进行了规范，各学区也会在遵照相关规定的基础上作出具体要求。与此同时，学区还负责检查确定的运行线路上存在的危险因素，并指示校车司机注意。在瑞典，由地方政府负责校车站点选址和设计的安全，学校所在地的校车站点须设置在能让学生直接进入学校的地方，若无此地方，且学生需要穿越交通流量大的道路才能进入学校时，则要考虑修建地下通道、过街天桥，或专设一个设置交通信号的路口；如果公交站点位于交通流量特别大的道路上，则要对站点进行特殊设计，或专为学生设置一个站点[15]。

（三）法制

由于校车安全涉及的权利义务主体较多，管理难度较大，许多国家都高度重视校车安全法制建设，通过完善的立法和严格的执法等建立了完善的校车安全管理体制机制，实现了校车安全管理的规范化和制度化。

在北美，美国的联邦政府自20世纪60年代开始加强有关校车安全的立法。其中比较重要的有1966年的《国家交通与机动车安全法》、1974年的《机动车与校车安全法修正案》《公路安全方案第17号标准》与1977年的《联邦机动车安全标准》。最近的一次立法是在2008年，主要设定了校车配置安全带的规则。相比于前述联邦政府的立法，其地方政府的立法才是主体，且历史久远，最早可追溯至1869年马萨诸塞州关于提供免费校车的立法（到1919年，各地基本上都有了有关免费校车提供的立法），因为后者享有校车安全管理的绝大多数权力。多数州都在机动车管理法典、行政法典或综合法典中对校车安全问题进行详细规定，少数州进行了专门立法。两套立法涵盖了校车安全管理的方方面面，从管理原则、管理体制、经费提供、校车管理（含校车的类型、设计和制造技术标准、安全标志与装置、交易、退出等）、营运管理，直到通行管理等，建立了一整套非常完善的校车安全管理制度，充分保障了校车运行的极高安全性。同样作为联邦制国家,加拿大也通过联邦政府的《机动车安全法》《机动车安全条例》等和地方政府的许多立法建立起了完善的校车安全法律体系。

在欧洲,许多国家都有完善的校车安全法律制度。在英国,很长一段时间内有关校车安全的立法分散在1945年的《教育法》、1985年的《交通运输法》、1991年的《道路交通法》、2004年的《学校交通法》及有关公共卫生与安全的立法中。近年来,英国为进一步加强对校车的安全管理,2009年制定了专门的《校车(安全)法》。在法国,有关校车安全的立法主要分布在《教育法》《交通法》《公路法》《政府采购法》《劳动法》及1982年7月2日颁布的关于旅客运输的法令等法律法令中。其中,《教育法》规定校车运营系统属于公交系统的一部分,由各地方政府的相关部门负责建设和管理,并设定了校车服务的准入条件和相关要求等;1982年7月2日颁布的关于旅客运输的法令设定了校车制造、运行、维护和管理等方面的具体规则。由于校车服务主要由地方政府负责,埃罗省、夏朗德省、洛特-加龙省等也就其进行了专门立法。在德国,联邦政府的《道路交通法》《道路交通许可条例》《驾驶执照条例》《旅客运输法》《旅客运输车辆运行条例》《社会安全法》等法律法规中的有关规定构成了该国校车安全法律体系的基础。与此同时,许多州政府也就校车服务及其安全进行了不少立法。此外,瑞典、西班牙等也就校车安全问题进行了一些立法。与此同时,欧盟的立法中也有一些涉及校车安全问题,如有关安全带使用与儿童座椅配置的2003/20/EC指令。

在亚洲,韩国也通过《道路交通法》《交通事故处理特例法》《小学和初中教育法》等法律法规建立起了校车安全法律制度。其中,《道路交通法》最重要,该国于2006年专门针对校车安全问题对其进行了全面修正,对校车申请、更换、性能、标记、保险、通行规则、司机的义务与责任等进行了具体规定,进一步完善了校车安全的管理制度。

(四)紧急救援

在校车安全的治理中,许多国家也非常重视紧急救援方面的措施。在校车运行中偶尔会遇到车辆故障、恶劣天气、火灾、交通事故等一些突发事件,通过采取具有补救性的紧急救援措施,可以妥善地处理这些事件,有效地防止学生人身伤害的发生或扩大化。其一,校车需要配带一些用于突发事件处理的应急装备。在美国,堪萨斯州的法律规定,每辆校车至少应配备一个2A-10BC灭火器、一个方便使用的急救包、一套方便使用的体液清理工具和三个反光性三角形警示标志,且应妥善保管。在欧洲,许多国家都要求校车等客运车辆必须配备一个灭火器。其二,需要按照规定程序处理突发事件。在美国,除联邦政府和地方有关各类突发事件处理的一般规定外,主要是由各学区负责具体规定校车突发事件的处理程序,特别是校车驾驶员需要执行的程序。例如,特拉华州米尔福德市学区规定,在校车遇到交通事故或其他突发事件时,驾驶员应保持冷静,立即拨打电话911,立即联络校车运营管理负责人,对需要救护的学生和其他人员采取必要的措施,为事故救援人员或突发事件处理人员提供协助,采取必要措施防止事故扩大等。其三,把突发事件处理作为校车驾驶员培训的重要内容。在美国,由于校车驾驶员在突发事件处理中具有的重要地位和作用,各州无一例外地皆把突发事件处理程序作为对其培训的重要内容之一。在德国,设在慕尼黑的该国规模最大的汽车俱乐部ADAC专门为校车驾驶员和管理人员设计了一个培训项目,其主要内容就是校车突发事件的处理[16]。其四,定期对学生进行紧急疏散演练。在遇到交通事故等突发事件时,有序的疏散是学生应当具备的重要逃生技能。在美国,各州都规定了学校须定期针对校车突发事件组织学生的紧急疏散演练,可由学校管理人员组织,也可由校车驾驶员组织,一年两次以上不等,具体演练的方法和步骤在许多州也有详细规定。在欧洲,一些国家也对学生进行紧急疏散演练,但法律法规无强制性规定,多由校车服务协议规定。其五,学校或学区需要制订应急预案。在美国,根据国家安全委员会的要求,各学区或学校须专门制订一个针对校车突发事件的应急预案;该委员会交通分委员会的学校交通部还就预案制订的内容提出建议,如要包括突发事件的分类、已发生地点、发生可能性、备用通信手段、应急处理机构及其协作、学生心理干预方案等;一些州也编写了应急预案制定指南,以供参考。

三、国外中小学生校车安全系统治理的启示

在我国,校车安全治理当前还面临很多难题,从根本上实现校车的良性发展和安全形势的改善依然任重而道远。为此,应借鉴国外校车安全系统治理的成功经验。

(一)进一步提高对校车及其发展和安全的重视

在许多国家,校车及其发展和安全都得到了高度重视。无论是采用专用校车,还是采用非专用校车,经费的充分保障与安全管理的无微不至和精益求精都充分证明了这一点。然而,在我国,校车总体上还算是一种新生事物,人们对它的认识非常有限。单从政府层面上看,作为首部有关校车安全的专门立法《校车安全管理条例》的颁行虽然显示出政府对校车及其发展和安全的高度重视,但是,其确立的"通过保障就近入学和发展公共交通减少校车使用,特定条件下国家支持发展农村校车"的校车发展思路和策略及其中规定的财政负担校车服务所需资金的办法迟迟不出台等问题也影响到校车的发展。当前,标准校车推广困难较大,现有校车的运营安全依然存在很多隐患,许多地区的校车发展受到抑制。面对这种现状,政府须充分认识到校车的必要性和特殊性、校车发展的不可逆转性,真正重视校车及其发展和安全问题,切实承担起发展校车和提高其运营安全的重责。

(二)大力加强对校车安全的系统治理

校车安全涉及多层次、多方面的因素和问题,其治理是一项巨大的系统工程,仅仅针对其中一些因素和问题的治理是远远不够的。国外许多国家校车运营的高安全性充分证明了校车安全系统治理的必要性、可行性和有效性。在我国,由于我国长期处于机动化较低的阶段,道路交通安全治理在很大程度上仍处于第一阶段[17],无论是公众还是政府,重点仍放在驾驶人的交通安全违法行为的防治上,对其他因素和问题的考虑还明显不够。这也对校车安全治理产生了较大影响,使其与国外相比还存在较大差距。为了真正实现校车运营安全性的提升,亟须应用系统的校车安全治理策略,大力加强对校车安全的系统治理。

(三)建立切实可行的校车安全管理制度

制度建设在国外校车安全的系统治理中占有非常重要的地位。集中式的或临时性的整治措施固然能起到一定作用,但成效的无法持久和社会成本高昂的弊端也很明显。许多国家通过立法、政策等建立起了一整套完善的校车安全管理制度,从根本上实现了校车安全的长治久安。当前,我国通过《校车安全管理条例》及相关规章、地方性立法等初步建立了校车安全管理制度,但由于校车经费提供制度的临时缺失、校车安全管理体制的欠合理性等原因,校车准入制度、校车运营准入制度、校车运营监管制度、校车通行制度等在实践中的推行步履艰难。制度的建立固然重要,而制度的切实可行性更重要。真正认识到影响我国校车发展和安全的关键问题,对现有的部分制度进行完善,保证它们的切实可行性,再适时建立其他

必要的制度，已成了今后校车安全治理中不得不解决的重要问题。

参考文献

[1] [2] School Transportation News. School Bus Safety Data[EB/OL J. (2012-02-18)f2013-05-01]. http：//stnonline.corn/resources/safety/school-bus-safety-data.

[3] 丁芝华. 美国的校车安全立法研究［J］. 道路交通与安全，2010，(1)：61-64.

[4] [14] 方圆圆. 德国：校车运营交给社会［N］. 南方都市报，2011-12-28.

[5] [11] 瑜玲. 法国：安全教育从娃娃抓起［N］. 南方都市报，2011-12-21.

[6] 张越南，郭瑞. 英国：循序渐进推广"黄色校车"［N］. 经济参考报，2011-11-29.

[7] 君慧. 日本：卖萌校车安全第一［N］. 南方都市报，2011-12-30.

[8] 李水山. 韩国校车能否让儿童安全到家［N］. 中国教育报，2007-11-06.

[9] 郑安文，戴继平，郭健忠，等. 道路交通安全与管理：事故成因分析和预防策略［M］. 北京：机械工业出版社. 2008：127.

[10] 丁芝华. 美国校车驾驶员立法研究［J］. 交通企业管理，2009，(4)：74-75.

[12] [13] [15] [16] TIS. Road Safety in School Transport—Final Report［R］. Brussels：DG Energy and Transport，EC，2004：40；43；22；40.

[17] 交通运输部公路科学研究院. 2010年中国道路交通安全蓝皮书［M］. 北京：人民交通出版社，2010：47-48.

第六章 教育科研应以校为本

第一节 校本科研概述

一、校本科研的含义

所谓校本,就是"以校为本",主要有三层含义:

一是为了学校。以改进学校工作,解决学校所面临的问题为指向,学校是校本科研的主阵地。

二是在学校中。学校自身的问题,要由学校里的人员即校长、教师、学生共同探讨、分析来解决,教师是研究主体。

三是基于学校。从学校实际出发,各项工作都应该充分考虑学校的实际,挖掘学校潜力,利用学校资源,释放学校的生命活力。

"校本"关注的是学校管理者及教师日常遇到和亟待解决的实践问题,主动吸纳和利用各种有利于解决学校实际问题并提高学校质量的经验、知识、方法、技术和理论,强调从具体、特殊到一般和普遍,强调已有的决策和理论体现在从抽象到具体的过程中,强调已有的决策和理论都须受学校实践的检验、修正、补充甚至是证伪。

校本科研是以学校发展过程中所遇到的各种具体问题为研究对象,以教师为研究主体,以行动研究为主要方式,以校本发展为根本目的所开展的教育科研。

校本科研的根本特征在于校本,即研究的问题产生于学校内部,研究的主体是学校教师,研究的过程与学校实际工作结合,研究的目的在于解决学校的实际问题、总结办学经验、探索办学规律、促进学校发展。

校本科研可针对学校教育教学工作中的各种问题展开,如校本教学研究、校本管理研究、校本德育研究、校本文化研究、校本学生活动研究、校本教师培训研究等。

五、校本科研的意义

当前,中小学凭借新课程改革的东风,大力开展和推进校本科研,具有积极的意义。

1. 校本科研可以从根本上克服我国教育科研中长期存在的理论与实践严重脱离的现象

传统的教育科研掌握在专家手里,有些专家视基础教育科研为"小儿科",不屑于深入中小学实际,宁愿待在书斋里,弄几个深奥的名词和术语,凭空想几个论点,阐述和论证一番,还美其名曰理论研究;或者正像有人指出的,有些研究人员表面上是在学校里指导科研,而实际上只是将一线的教师看作自己开展某项课题研究的工具,是按着研究人员设计的框架和图纸进行观察调查和实验,当所需资料齐全之时,便人去楼空,回家去写自己的论文或著作。在这种状况下,专家的研究过程和理论成果是脱离实际的,对实际没有任何指导作用,造成了理论和实际的脱节。校本科研理念的确立,使科研的主体发生了变化,科研的主体不再是专家,而是广大教师;科研不再是专家的专利,而是为广大教师所拥有。由于科研掌握在广大教师手里,因此,校本科研便有利于促进理论和实践的结合,有利于理论和实践双方的互动与发展。

2. 校本科研是整合校本管理、校本培训、校本课程等活动的纽带

校本科研是校本的最重要的体现。"教学是学校的中心工作"这一教育规律决定了校本科研的地位和作用。校本主要落实、体现在四个方面:校本研究、校本培训、校本课程和校本管理。它们的关系是:校本研究是起点,校本培训是中介,校本课程开发是落脚点,校本管理则贯穿渗透在它们中间,起着组织、协调的作用。由此可见,基于学校教育教学问题的研究即校本科研是开展校本活动的起点和基础,是整合校本培训、校本管理和校本课程的中心和纽带。没有校本科研,就谈不上校本培训、校本管理和校本课程。

3. 校本科研有利于促进教师专业化的发展

20世纪60年代以后,研究型教师的理念在西方教育界逐渐形成,随着"教师即研究者""反思的实践者""反思性教学"等概念的出现,教师这个长期以来消极被动的"教书匠"形象便彻底改变,取而代之的是积极、主动的新形象。教师新形象、新角色的展现,全赖于教师参与校本科研,否则,将无从实现这种角色的转换。近年来,中小学教师专业化的问题成为我国教育界所关注的热点课题。实现教师的专业化,无疑有很多方式和途径,但笔者认为,教师的校本科研是促进教师专业化的重要途径,因为教师校本科研不但可以提高教师的科研意识和科研能力,同时也可以促进教师教育教学能力的提高。一个课题就像是一个培训班,它在创造可持续发展成果的同时,通过有目的、有组织、有计划的科研与培训活动,培养了一批教育科研骨干,涌现出一批学科带头人,进而带动了教育教学质量的提高。

4. 校本科研有利于促进学校全面可持续发展

校本科研以教育教学中的具体问题为研究对象,以学校的发展为根本目的,因此,它能

更好地调动起教师的积极性、主动性，更能发挥教师的主人翁精神，更能使教师正视学校的问题，关注学校的问题，解决学校的问题，从而为学校的发展注入了不竭的动力，这就有利于学校的不断发展。

学校的校本科研活动，很容易吸引家长及社区的共同参与。有了家长及社区的共同参与就确立了学校、家长、社区共同体的科研结构，使学校教育走向人性的社会，构成教育共同体。学校的政务、教科研主题向家长、社会公开，尊重家长的参与权、建议权、监督权，学校的课堂及各种综合活动向家长公开，让家长参与帮助教师共同组织教学。课堂不仅仅是学生互相学习和成长的地方，教师的互相学习和成长的地方，也是家长和市民互相学习和成长的地方。

总之，校本科研是一种教育的实践，也是一种教育的文化，它的实践与行动，促进了教学的改革与发展，影响着人的发展，推动教育管理与文化的人性化发展的实现。

第二节　校本科研的开展

一、怎样开展校本科研

1. 校本科研要立足于校本教研

①校本科研必须以本校教学为基础。学科教学是教育科研的动力和认识来源。教学活动中的问题是教育科研的基本素材，也是促使教育科研深入发展的唯一动力。校本科研必须植根于教学活动，以教学活动为前提。学科教学活动是学校的中心工作和重点。教师的主要任务是教学，离开教学活动去搞教育科研，必然会脱离实际，甚至走入误区。

②校本科研必须坚持为本校教育教学服务。校本科研要善于移植先进的教育教学方法，不断提高教育教学效果。教师要在校本科研中不断总结经验，在提高教育理论水平的同时，还应将这些理论用于指导教学实践。

③校本科研要立足提高教师的教学水平。要以校本科研提高教师的教育教学水平，要通过校本科研造就知名教师。

一是促使教师更好地学习教育教学理论，提高教师的理论水平，通过对教学中实际问题的研究促使教师去学习和探讨；

二是校本科研要以课堂教学研究为主，源于课堂又服务于课堂，通过校本教研解决教学难题。

三是提高教师的科研素质，促使教师由"教书匠"向"研究者"转变。

④校本科研要建立良好的校本环境。学校教科研一方面要靠教师的自觉行为，另一方面也离不开制度的保障。要从实际出发，使教育科研制度化，因校制宜地制定教育科研规划和奖惩制度，建立良好的校本环境。

2. 做好课题研究工作

①要有"科研意识"——能意识到"问题"的研究价值。具体包括：

一要树立科学的教育科研观。中小学校本科研不是真理知识的发现积累，而是教师情感意识的深度"唤醒"；不是对教育规律的求证和确认，而是对教育生活和教育意义的深刻体验和理解。教师不是要在研究中获得"那是什么"的科学知识，而是要获得"如何做"的实践智能；研究的终结成果不是成果的学术化，而是问题的解决和行动的完善与改进。中小学教育科研是以课堂为现场、以教学为中心、以学生为主体的，是教师充满思想的行动，是教师通过反思的方式，在实践中以正确的、良好的，或恰当的方式从事教育活动。教师在科研中最大、最有价值的收获是教育智慧和教育机智的增长。

二要提高对教育教学实践中"问题"价值的敏感性。要提高自己对"问题"价值的敏感性，就必须养成"反思—研究"的习惯，使自己常常在一种"反思—研究"的状态下工作。

三要适时阅读并掌握一些教育理论。要阅读并掌握一些教育经典理论，如三大学习观：行为主义学习观、认知主义学习观和建构主义学习观；要学习并掌握教育新理论，如"多元智能"与"建构主义"等。

四要养成随时记下点滴教育感悟，随时搜集并撰写典型教育案例的习惯。

②要有"科研方法"——将"问题"提升并具化为"课题"。确定课题题目要求做到：简明化、针对性强、凝练、有新意。

选题不仅要有针对性、价值性、实用性、创造性、科学性、可行性，还要做到小、实、真。

课题内容要"具体化"，能用凝练的语言准确地表达，能变教育科研活动为常规教研活动，使教育科研常规化。

制定研究方案应包括课题研究的意义、名词和术语的界定、课题的表述和假说、研究的目的与内容、研究的对象、研究的方法、实施程序与研究进度表、预期结果等内容。

③让校本科研与常规教研同行：常规教研课题化，课题研究常规化。主要做法有：

一是变常规教研工作计划为课题研究方案，变常规性的教研活动为有针对性的课题研究；

二是变期末罗列式的工作总结为课题研究专题式的研究报告；

三是变简单的课堂观摩为带有问题意识的行动研究、个体研究、群体研究、沙龙式研究。

④让校本科研与特色建设同步——将课题研究深化为特色建设。一是将课题研究的基本思想深化为特色建设思想；二是寻找课题研究的"生长点"，使课题研究走向特色建设的途径。

二、加强校本科研指导

校本科研提倡以学校、教师和学生为本，针对教育教学的实际，进行有针对性的实效研究，并要求淡化形式，简化研究周期与程序，以推动教育发展、提高教育教学水平为最终目的。校本科研要求全体教师共同参与，迫切需要学校的领导者和管理者树立正确的、科学的科研指导观，积极投身于本校科研的研究和指导中去，对全体教师加以及时、准确、科学的指导。

1. 要充分调动教师参与校本科研的热情

在进行科研的过程中，要关注教师参与校本科研的心理状态，激活教师参与校本科研的热情，逐步帮助教师树立崇高的科研理念，克服研究中出现的困难，树立参与科研的成就感和自信心。同时，营造科研的环境与氛围，形成一定的科研竞争力，使教师产生对校本科研的迫切感和追求自身发展的理想。

科研指导者要把教师这种科研欲望转化为实际行为，帮助他们克服研究中的困难和问题，从最基础、最简单的研究起步，争取尽早形成阶段性成果，尽快使教师尝到成功的喜悦，发挥科研成绩的强烈的正反馈效应，进而消除教师对科研的"神秘感"和"恐惧感"。鼓励教师"要当教育家，不当教书匠"，通过"以点带面"的方式，通过先驱效应，逐步形成普及校本科研的态势，建立竞争机制、奖励机制和考评机制，把教师内心深处的不甘示弱、渴望上进的力量激发出来，勉励广大教师不断地从合格型教师转变为研究型、特长型、学者型教师。

2. 要帮助教师寻找校本科研中教育理论与教育实践的结合点

校本科研的原则就是要求在方法上注重行动研究，在研究的过程中更注重理论指导下的实践反思。

校本科研指导的首要问题是帮助教师选准课题，形成研究思路，其实质就是寻找教育理论和教育教学实践的结合点，在教育教学实践中去寻找课题。帮助教师把适合学校和个人发展的课题作为学校形成办学特色、个人形成教学风格的切入点。课题的选择要与发挥学校、教师的长处和解决学校突出矛盾、个人教育教学症结作为切入点。

3. 要充分挖掘教师自主研究的潜能

校本科研的研究和指导要激发教师参与群众性校本科研的主动性、积极性，指导教师从不会研究到学会研究，提高创新能力。其中科研指导者要充分发挥三个作用：

一是人格作用，尊重和相信教师，消除教师各种顾虑，鼓励教师不畏艰难；

二是组织作用，要善于组织教研、科研活动，把握指导时机，最大限度地发挥教师的潜能；

三是促进作用，要善于发现火花，捕捉问题，引导方向，在提高研究实效的同时，让教师在研究过程中学会研究。

同时，在科研指导过程中，要给教师充分的思考时间，适时指导。

一是要能积极肯定教师正确的东西，善于发现教师教育教学实践中有价值的材料，进行理论的提炼；

二是要能当场诊断教师在科研过程中存在的主要问题，并且能帮助教师解决问题；

三是要能对易忽略的细节加以追问，敏锐地发现其蕴含的价值。

只有这样，才能充分地挖掘教师的科研潜能。

4. 要针对不同教师进行教育科研的分层指导

根据各个学校的教育科研发展水平的不平衡现状，对于不同研究水平和处于不同环境下的教师群体，指导内容和要求应有所不同。要克服两种倾向：

一是超越学校和教师的可能和条件，使研究目标难以实现；

二是过低估计学校和教师的可能和条件，也会影响校本科研的发展过程。

在校本科研的过程中，指导者要指导教师选择适合自己学校发展水平和教师实际水平的课题，针对不同的学校和教师应有不同的思路。对于科研发展基础和教师研究能力比较好的学校可以争取高层次级别的课题，反之，应立足校本课题，在研究内容上切入口小一些，先选择单项突破的小课题，使不同研究基础的学校和教师在不同的层次上都能获得成功，提高其科研的积极性。由此，对不同研究水平和处于不同环境下的教师，指导内容必须各有侧重和不同。对于有一定独创性、有较高教学能力的教师，可以在理论上多加指导；对于一些教学经验不足的教师，则应在实践操作上多加指导。也可以根据研究起步的时间、阶段的不同，先进行操作性强的指导，然后逐步加强理论指导，达到分层指导的目的。

三、校本科研氛围的营造

目前，多数中小学并没有建立起有利于促进校本科研的行之有效的参与机制和激励机制，相当一部分教师认为，在学校搞科研比较艰难，要么缺少理论学习和相互交流的机会；要么缺乏科研的气氛；要么得不到公正的评价；更有甚者，一些学校会把热心科研的教师当作另类——不务正业，故弄玄虚；凡此种种，都严重阻碍了校本科研的发展。因而，建立积极的参与机制和激励机制，对推进校本科研实属急需。

1. 要建立起以校长为第一责任人的校本科研制度

校长要把科研当作分内事，牢固树立科研兴校的理念，只有这样，才能有力地促进校本科研风气的形成。

2. 要建立科研平等对话、合作切磋、经验交流的平台

能够让教师经常进行研讨，交流信息，分享经验，共同提高。形成民主、宽容、自由、合作的学校文化氛围，要尊重和保护教师从事科研的积极性、创造性，增强教师的科研自信心。

3. 要确定教师从事教育科研的主体地位

教师全员参与课题研究，形成以课题目标、内容为主，把教育、教学、班主任工作、家庭教育工作有机结合起来，确定教师从事教育科研的主体地位。这样，教师的主体能力、主体素质、主体价值就会得到凸现、培养、提升和展示。

4. 要创设校本科研的学习氛围

学校组织教师认真学习科研基础知识、科研理论、科研方法,并把学习、实践、研究结合起来,不断反思。教师通过课题研究、问题探究、策略研究、专题讨论等方式体验教育科研所揭示的教育规律,自觉将研究成果运用于教育实践,在研究中边学、边实践、边提高、边规范,以此提高教育科研能力。

5. 要提供科研课题展示的舞台

学校教师要通过"上课""说课""评课""献课""论坛""论文交流""科研表彰"等形式展示课题研究成果,推动课题研究的发展。

6. 要构建校本科研的激励机制

其一,将校本科研作为教师必须开展的工作,纳入每月、每学期和每学年教师考核的内容中,增强教师的科研意识;

其二,将教师开展校本科研作为校本培训的主要方式,并计入教师继续教育学时;

其三,学校每学期划拨专款作为校本科研的专项经费,加大科研资料和设备的投入,并为教师提供或创造相应的校外培训、业务学习与交流的机会;

其四,学校不仅大力奖励推广集体和个人的优秀科研成果,并且把教师中一些切入点较好的选题,通过校内单独立项,给予特别的经费支持,并优先推荐到上一级教育科研主管部门立项。

第三节 校本科研与校本教研的整合

一、什么是校本教研

关于校本教研的概念,我们有必要将之放在与教育科研和校本科研的比较中进行认识。前面讲过,所谓教育科研,是指人们运用科学的方法探求教育事物的真相和性质,摸索和总结教育规律,并取得科学结论的研究活动过程。从专业研究意义上说:研究的内容不仅包括学校教学问题还包括很多教育社会问题,如学生健康问题、学生价值观问题、学校暴力问题、教育平等问题、均衡发展问题等;研究主体很大一部分是由科研机构或大学的教育专家发起的。而校本科研则是以学校发展过程中所遇到的各种具体问题为研究对象,以教师为研究主体,以行动研究为主要方式,以校本发展为根本目的所开展的教育科研。

什么是校本教研呢?校本教研是以学校发展与特色建设等问题为选题范围,以一线教师作为研究的主体,是"以校为本"通过一定的研究程序进行的自主自觉的行动研究,并将取得的研究成果直接用于学校教育教学工作实践中。

校本教研包含三层含义:

第一层含义,"必须以学校发展为本"。强调从学校实际出发,围绕学校工作中的重要问题,有针对性地开展教研工作,通过解决现实问题为学校发展服务。

第二层含义,"必须以教师发展为本"。必须确立教师在教育科研工作中的主体地位。让教师成为教研的主人,通过科研来培养教师、提高教师素质,为教师的自我发展、价值实现服务。

第三层含义,"必须以学生发展为本"。教育是培养人、发展人的事业,教育科研要研究学生,遵循学生身心发展规律,尤其要解决学生发展过程中存在的疑难问题,要有针对性,讲求实效性,反对形式主义。

校本教研要旗帜鲜明地强调三个基本理念:

第一,学校是基地。校本教研的过程就是在学校中发现问题、分析问题、解决问题的过程。

第二,教师是主体。要通过校本教研不断提高教师专业发展能力,这也是教育创新的活力所在。

第三,发展是目的。要通过校本教研改善学校办学实践、提高教学质量、促进师生共同发展。

二、校本科研与校本教研的关系

1. 校本科研与校本教研的区别

(1) 校本科研与校本教研内涵的区别。校本科研与校本教研都依据于本校校情,但内涵区别很大。

校本科研是研究规律的,校本教研是解决教学中的现实问题的。校本科研属于教育科研的范围,教育科研是研究、探索教育教学规律的,教育教学规律涉及的方面很多,比如教育与经济发展之间的关系,教育与社会发展之间的关系,教育与当地民族文化、地理环境、宗教信仰之间的关系等,这都是教育规律方面的问题。教学规律就是大家已学过的、在教育学教科书中的教学原则,还有各学科的教学法和不同年龄段的青少年的心理特征、思维特征。教师要根据不同年龄段学生的心理特征、思维特征、原有的知识储备、学科知识特点来选择适当的教学方法,这就是遵循教学规律组织教学。所以,我们把教学原则、学科教学法、学生的心理特征三个方面的理论概括起来叫做教学规律方面的理论。

校本教研是解决教学中的现实问题的。如:新课程提出的合作学习在不同的年级、不同的学科课堂教学中该怎样落实;是不是每一节课都要有合作学习的安排;探究性学习该怎样组织教学;哪些教学内容适合探究性学习;哪些教学内容不需要进行探究性等等,这都是在实施新课程中所遇到的现实问题。这些问题要通过教研组的集体备课,要通过学校组织的示范课、公开课、研讨课等教研活动来解决。

通过以上说明,校本教研课题和校本科研课题研究的范围是不同的,校本科研课题涉及面较广,校本教研课题所涉及的面较窄。

(2) 校本科研与校本教研立项的区别。校本科研的研究人员或研究单位,要按立项的审批手续，将所选定的课题向有关科研规划部门申报。其一般程序是：确定选题、填报研究项目申请书、本单位审批、主管单位审批。

而校本教研，是一种松散的研究，可以申报为校级校本教研专题，但更多的是一种自主的专题研究。

（3）校本科研与校本教研研究过程的区别。校本科研的研究过程较为复杂，一般要经过准备起步阶段、实施发展阶段、总结验收阶段。课题研究经历课题开题、中期检查评估、结题总结，等等。

校本教研过程较为简单，不要求有那么严格的过程。由于课题研究与校本教研的过程不同，所以课题研究的时间一般要三至五年或二至三年，而校本教研专题的研究，没有明确的时限，长则半年，短则一两个星期。

（4）校本科研与校本教研研究方法的区别。校本科研所用的研究方法较为多样，有观察法、调查法、实验法、总结法、文献法、行动研究法等。

校本教研的研究方法比较少，一般以行动研究法为主，以调查法、观察法等研究方法为辅。

（5）校本科研与校本教研研究成果不同。校本科研根据不同的研究方法形成不同的研究成果，有教育观察报告、教育调查报告、教育实验报告、经验总结报告、教育论文或论著等。

校本教研的研究成果是解决了教学中遇到的现实问题，提高了教师的教学能力、教学效果和学生的学习成绩。主要包括研究过程中形成的行动研究方案或论文、经验等，有时不需要展示研究成果，但在一定条件下，教师可互相交流，借鉴提高，体现出问题的解决和教师的成长轨迹及规律。

校本科研的研究成果推广性较强，研究的目的就是推广研究成果，推广研究成果的范围广泛。

校本教研的研究成果推广性较差，推广的范围有限，形成的成果主要是运用到自己的教育教学工作中，目的是改变教师的教育教学行为，提高自身素质。

（6）校本科研与校本教研的课题来源不同。校本科研课题的来源是至上而下形成的，是各级科研管理部门下发课题选题指南，各学校结合选题指南和学校的实际情况，选择课题进行立项、设计、实施、总结，最后形成研究报告，申请上级科研管理部门鉴定验收，取得研究成果予以推广。

校本教研的专题是自下而上形成的，是从教师的实际教育教学工作的具体问题中产生出来，以教师为研究主体，研究和解决教学实际问题，总结和提升教学经验，提高自身的专业素质。

2. 校本科研与校本教研的相同之处

尽管校本科研与校本教研有许多不同之处，但也有许多相同之处。
①都要面向实际，离开实践，不管是校本科研或校本教研都成了无源之水；
②都要注重观察、调查、研究，从中探求事物发展的内在规律；
③都要为更好地开展教育教学工作而服务，为了实现学校、教师、学生三者的最大发展而服务。

3. 校本科研与校本教研的联系

校本科研是用科研方法来研究教学中的问题，改善教师的教学行为，是教研活动的科研化，属于教育科研范畴；而校本教研是专题性、计划性、操作性和个性化很强的校本化的教育科研，旨在解决教师自身的教学问题。一个青年教师遇到的教学问题，在老教师看来，可能不是什么问题；一个文科教师遇到的问题，在理科教师看来，可能也不是什么问题，校本教研是有个性化的教育科研。因此，要改革教学研究活动，就需要开展以科研为手段，以本校教学实际为研究对象，以教师的行为为研究内容的校本研究，使教学研究科研化。

另外，校本科研与校本教研还存在着一种互补的关系。我们可以把立项的校本科研课题分解成不同层面的校本教研专题，即所谓的"子课题"。而这些校本教研专题极大丰富和充实了校本科研的研究范围和内容；而在校本科研课题研究的框架下，这些校本教研专题的研究更具有方向性和目标性，更有利于经验的总结和理论的提升。

三、为什么要整合校本科研与校本教研

校本科研与校本教研的整合早已不是新话题了，早在20世纪90年代，教育科研部门就主张校本科研引领教研，教研面向科研；主张用行动研究法；主张科研专业人员与教学一线教师合作；主张理论联系实际；主张用自己的研究成果解决自己的问题。因此，校本科研与校本教研的整合便成为当今教育科研领域的大势所趋。

校本科研与校本教研之所以需要整合，我们不妨从以下几个方面去分析：

1. 从研究的内容与目的的角度需要整合

二者的相同点是：无论是校本科研还是校本教研，都是为了发现学校教育教学实践中、新课程改革进程中所遇到的问题和困惑，而研究的目的也都是为了解决这些问题和困惑。

二者的不同点是：校本科研的过程程序严谨，从选题立项到提出假设，再到变量的识别，研究路径的确定，研究成果的应用，研究结论的总结等都要有一个严谨的过程。而校本教研比较简捷明快，教师在研究过程中只要写出反思、感悟、体验、教育随笔、教学叙事等就可以了。

2. 从研究的人员与时间的角度需要整合

二者的相同点是：研究人员都是教学管理人员或教学人员，研究需要的时间都是教学管理时间或教学时间。

二者的不同点是：参与校本科研的人数比较精干，但时间比较紧张。他们大部分人没有时间去研究，经常听到这样的反映，校长们听课都没有时间，有的校长听了一节课接了五个电话，后来不得不撤出来，索性不听了。听课都没有时间，能有时间研究问题吗？副校长也是如此，各项工作的安排部署，各种材料的撰写，各项工作的检查应接不暇，哪有时间去进行教育科研的研究呢？其他的主任、教研组长又何尝不是在每天的忙碌中度过的呢？而校本教研则是全员参与，时间充分，但缺点是由于是全员参与，不同素质的教师做出的反应是不

同的，这就需要提高教师的业务素质，确保通过研究能够产出更好的研究成果。另外，从研究的人员看，由于教育科研参与的人数少，只是学校领导和个别的教研骨干参与，其他教师却没有更多的机会参与，即便是研究出了教育规律也不能代表普遍规律，其结论也有失偏颇。如果不与校本教研加以整合，研究的成果就没有普遍意义。

3. 从研究的实效性与前瞻性角度需要整合

二者的相同点是：都注重实效，而且日趋小课题化。

二者的不同点是：校本科研的研究成果影响较大，至少有两个层面的产出，一是理论系统的应用，二是操作系统的应用。而校本教研注重实效性，绝大部分老师的科研可以是日记的形式，随笔的形式。陶行知、苏霍姆林斯基这些大教育家的主要作品都是教育随笔。

常规的校本教研被习惯性地认为具有教育活动的"三要素"与"四课"。所谓教育教学活动"三要素"——专业引领、同伴互助与自我反思，所谓"四课"——说课、上课、听课、评课。这些固然是校本教研的主体部分内容，但不是校本教研的全部。把教育科研与主题教研进行整合，是当前教育科研与校本教研相结合的最科学、最有效的研究方法。

四、校本科研与校本教研的整合

1. 整合的基本原则

①方向性原则。这两者的整合要按照党和国家的教育方针和素质教育的要求，以学生为本，促进学生综合素质的提高，促进教师专业水平的提高。

②整体性原则。要按照教研和科研工作的规范要求和工作程序，进行工作上的整合，教研和科研工作都是校本研究的工作方式，把教研和科研工作形成有机联系，形成一个有机的整体。

③科学性原则。要遵循教研和科研工作的基本规则，在遵循各自的工作方式和特点的基础上，找出其工作的结合点和切入点，最大限度发挥其工作效益。

④实效性原则。检验整合的效果，是以工作是否取得实效为检验标准。具体说，就是是否促进学校、教师和学生的发展，是否促进新课程的实施，是否促进工作质量的提高，是否促进教育教学工作的优化。

⑤高效性原则。高效首先是形式的简化，然后才是功能的最大化。有效的形式是必要的，但内容是更重要的。整合是为了更好的解决问题，是努力使工作效益最大化，是要使教师的主观能动性得到最大发挥。

2. 整合的基本要求

①要树立四个理念。要树立校长既是校本教研的第一责任人也是校本科研的第一责任人的基本理念。要树立教研员既是校本教研的引领者也是校本科研的指导和参与者的基本理念。要树立教师既是课堂教学的组织者和实施者也是教学研究和课题研究的参与者的基本理念。要树立校本科研既能提高教师的专业化水平也能形成学校办学特色的基本理念。

②要明确课题研究是校本科研的一个重要手段的基本定位。要明确校本科研是教师自己提出问题自己解决问题的基本定位。要明确校本科研是对传统的教科研继承和批判，即"扬弃"的基本定位。要明确课题研究组和教研组都是学习型组织的基本定位。

③要深入思考新课程标准的精髓，提炼出其精神实质。要深入思考国内实施新课程的有关经验和成果，提炼出可以借鉴的科学的内容。要深入思考和提炼本校形成的基本教学研究经验和课题研究成果。要深入思考本校校本科研的基本操作实践，总结出经验和教训。

④要在抓工作实效上下大气力。要切实把校本科研和校本教研整合到构建校园文化建设，形成教师主动研究、主动探索的氛围上来。要保证必要的研究时间，在专题研究上下功夫，在解决问题并形成理性思考上下功夫，要改变研究和实践脱离的现状。

3. 整合的基本内容和形式

①要把教导处与科研室的业务工作整合起来。计划可以分头制定，内容可以进行相关融合，把相关的业务学习、教研与科研活动、教学反思、经验总结和成果提炼、成果推广、观摩课活动等适当予以结合。要根据教师实际，提出相应的工作要求，尽量减少不必要的工作负荷。在工作内容整合上多加考虑，形成简明高效的工作秩序。

②要把课题研究组和教研组（学科组或年级组）整合起来。

把每个校本科研课题研究工作任务落实到教研组（学科组或年部组）。骨干教师要参与校本科研的课题研究，教师既是教研工作的主体也是校本科研课题研究的主体，组长要参与和过问课题研究，把校本科研作为教研工作的一项任务。教师的校本科研成果要通过课堂教学体现出来，课堂教学水平也要体现在校本科研成果中。教师既能上好每一节课，也能成为研究者，在教学实践中不断形成理性思考，形成具有科学性的教学风格。

③要把校本教研与校本科研整合起来。教研员要参与学校相关校本科研课题的研究，要参加到其中的一项课题研究中来。切实把教研工作与校本科研工作结合在一起，把校本科研作为培养和选拔骨干教师的一项手段，把校本科研当成校本教研的一个途径，在教研工作目标中体现校本科研的内容和成果。促进教研员的研究水平的提高，从而提高教学研究的水平。登高望远，使教研工作能力和水平再上一个新的台阶。

④要把校本教研活动与校本科研活动整合起来。具体包括：

一是把稳定的校本科研课题设计和动态的校本教研活动结合起来。这就是说，课题研究方案是固定的，要把校本科研活动结合到校本教研活动中来。

二是从动态的校本教研活动中提炼校本科研课题研究成果。这就是说，每个教师都要参加校本教科研活动，承担校本科研课题研究的教师在其中要提炼相应的符合本课题研究的研究成果。

三是研究课、引路课、观摩课和评优课要成为展示研究成果的平台。这就是说，不论参加哪种校本科研课题，在其中形成的教学方法、教学模式、教学过程以及形成的理性的思考，都可以在这其中得以展示。

四是校本科研要以专题研究来支撑。这就是说，要把零散的问题形成研究专题来开展研究，每个校本科研活动都要体现其专题性，其核心是围绕问题展开研究，形成理性思考。

五是要牢牢把握校本科研寻求规律的工作属性。这就是说，校本科研是在探索教育教学规律，把各学科零散的解决问题的方法统一到规律上来认识，统一到以人为本的科学发展观上。

⑤要把校本教研和校本科研成果与课堂教学整合起来。课堂教学是校本教研的实践形式,也是校本科研的实践形式,这两者是统一的。在课堂教学中不仅要体现校本教研的基本结论,也要体现校本科研的基本内容。这两者的结合,有助于教师教学特色的形成,有助于骨干教师的成长。在课堂教学中要看到教师驾驭课堂教学能力的提高。

⑥要把校本教研成果和校本科研成果提炼整合起来。这两者都是学校的工作成果,都是形成学校办学特色的基本依据和基本特征,两者是形成办学特色的基本途径,是形成校园文化的基本手段。

综上所述,校本科研与校本教研需要整合,而整合的目的是为了把一些大而空的课题落到实处。

案例八: 立足校本教育科研 推进学校改革发展

四川省成都市龙泉驿区第一中学校(原成都市龙泉中学)创办于1944年,是一所全日制四川省国家级普通高(完)中示范学校。在近70年的发展历程中,学校秉承"三育并重,文武合一"的办学思想("三"即是多,三育并重即是多育并举,文武合一则是体脑结合、知行统一,知识的获取与适用并重,更强调科学精神、科学态度与实践能力的有机统一),充分发挥教育科研的引领作用,不断深化学校教育教学和管理改革,提升学校的办学实力和办学品位,凸显学校办学特色。近年来我们把"创建全国一流示范名校"作为奋斗目标,在科研兴校、科研强校的实践中,走出了一条自主创新,改革发展之路。

一、立足校本,以教育科研推进学校发展

教育科研是推动学校自主创新、可持续发展的动力源泉。教育科研应把握教育教学的发展趋势,聚焦热点,立足校本需求,引领学校发展与创新。在学校近年的发展中,我们立足学校发展的现实与未来需要,结合教育发展趋势,选择不同时期的主导性课题,以此推动学校的改革与发展。

在2003年我校剥离出初中部(现龙泉七中),将高中部搬迁至现在的新校区伊始,针对如何更好地践行"三育并重,文武合一"的办学思想,提出了实施以德育为首的"全面质量观"的人才培养战略,为此学校申报并承担了全国教育发展"十五"规划重点课题"学校德育创新教育实效研究"着手构建生态育人机制,多育并举,把道德认知、道德行为、道德意识、道德情感、道德交往有效地整合起来,落实到每一位学生,每一个过程,力求"润物细无声",实施了具有学校特色的"看得见的德育"工程,形成了龙泉一中的"素质教育"观:知识的丰富和技能的培养是"素质"的表现之一,但要衡量一个人素质高下最核心的要素不在于此,而在于"他在没有任何外来管理、约束和监控的状态下表现出来的自然行为"。这才是"真正的素质",也才是国家提倡素质教育的本质之所在。为此龙泉一中提出了自己的四字校风——"博学、善行",尤其强调"善行"就是要能把口号变为行动,做人是根本,善行是归宿。也就是说,除了要善于动手、善于实践以外,更重要的就是要让德育的效果在学生们身上得到自然显现,我们认为:人的素质绝不是"说"的怎么样,而是"做"的怎么样。配合这一校风的,是一系列的德育创新实践课程,以及诸多内容广泛、形式多样的"看得见的德育工程"。

针对如何充分利用新校区先进、完善的各种教育设施和资源，实现龙泉一中的办学理念：构建生态办学机制，努力实现教育资源的"零浪费"。学校申报并承担了国家重点课题"信息化进程中的教育技术发展研究"子课题"信息技术条件下，实现教育资源零浪费的实践与研究"。其意义为：一是通过教育，把人口负担转化为人力资源，实现人力资源的"零浪费"；二是学生最主要的成长时期是在学校度过的，因此学校要对每一个家庭负责，对每一个孩子负责。孩子的前途和未来是不容浪费的，要实现学生成才的"零浪费"；三是通过设施设备的合理运用，师生主观能动性的充分发挥，做到物尽其用、人尽其才，实现人与物的"零浪费"；四是要善于捕捉校园内外的诸多信息，并将其恰当及时地转化为有针对性的"教育素材"，实现无形教育资源的"零浪费"。为此开始了利用现代信息技术，建设教师队伍，有效开发课程资源，实现课程资源的全面整合，促进教育理念、教育资源、教育手段、课堂教学、校园文化的开放，以实现信息技术下教育资源的零浪费的目标构想。从而形成了"开放的钢琴角"等众多靓丽的校园风景。

为了学校的可持续发展，必须造就一支思想素质好、人文素养高、业务素能强的教职工队伍，我们承担了中国教育学会"十一五"科研规划重点课题"区域推进校本研修促进教师专业发展的研究"一级子课题"普通高中校本研修促进教师专业化发展的研究"。提出了龙泉一中教师发展的"太阳理论"——教师经常会被比喻成蜡烛，用"春蚕到死丝方尽，蜡炬成灰泪始干"来形容教师的无私奉献精神，可龙泉一中却认为这种比喻太悲凉了，不适合教师这种以身示范的高尚职业，在我们龙泉一中，老师不要做蜡炬，要做太阳，不仅照亮学生，还应辉煌自己。即老师的职责，是在引导学生成才的同时，使教师自身也得到成长、成熟、成名、成家，实现自我人生价值。形成了以三项素质、四个意识、五种能力为核心内容的"三、四、五"教师培养体系。该体系从教师必须具备的素质、意识、能力三方面对老师的师德、师风、技能提出具体规范，以适应优质素质教育对教师的要求。学校还同时建立了"教坛新秀""骨干教师""名优教师""专家型教师"系列阶梯成长计划。为帮助教师快速成长，学校专门请教育专家来校进行讲座，并定期将青年教师送出去培训学习。学校从激发教师的职业热情，帮助教师寻求事业的成功感做起，在竭尽可能为教师搭建成长平台、提供技术支撑的同时，又建立相应的激励机制。

为创新学校管理机制，促进学校内涵发展，学校承担了国家教师科研基金"十一五"规划重点课题"教师考核与评价制度研究"。提出了"以人为本，严和兼融"的管理理念。龙泉一中的"以人为本"，不仅仅局限于对教师日常生活的关心、解决教师后顾之忧、帮助教师谋求更合理的福利待遇方面，而最重要、最根本的则是帮助教师成长，帮助教师寻找人生意义、实现人生价值，这就是"太阳理论"的核心内容，也正是"逼"教师成长的目的地与出发点。在和谐的氛围中，达到刚性管理与柔性管理相融合，制度管理与情感管理相渗透，形成共同的价值取向，使学校管理工作有序、生动，充满文化内涵和人文关怀。并形成了《龙泉一中"四精"管理细则》，比如教师课堂常规17条。

2010年9月四川省普通高中学校起始年级全面进入新课程改革实验，拉开了我省高中新课程改革的大幕，我校被省教育厅确定为新课程改革实验样本学校。为全面科学地规划和实施高中新课程改革，并为其他学校提供可借鉴的经验，我校又申请承担了成都市教育局2010年度普通高中课程改革专项课题"学校实施高中课改的主要问题与对策研究"，我们立足学校教育教学实际，选择新课程实施过程中最实际、最迫切和最突出的问题，确定课题研究的主要内容为：一是以"DJP教学"为载体的课堂教学改革研究；二是校本课程的开发与实施研究；三是新课程背景下，有效校本教研与培训研究。此课题在成都市教育科研2011年度考核中被评为优秀课题，受到表彰。

在此基础上，我们结合学校实际，制定不同阶段的学校规划，真正实现了以教育科研引领学校的发展与创新的根本目标。在这个过程中，为学校文化找到了新的生长点，使学校焕发出了生机与活力。

二、聚焦课堂，以教学改革研究提升教学质量

教学是学校的中心工作，教学质量是学校生存之本。多年来，我们围绕着课程与教学改革问题，学校和各学科组、年级组、教师团体开展了不同层面的研究。如：我们承担的全国教育科学"十二五"规划2011年度教育部规划课题"区域推进多元学习构建高效课堂的研究"一级子课题"普通高（完）中推进多元学习构建高效课堂的研究"，"十二五"国家教师科研基金重点课题"构建课堂学习积极心理氛围研究"，全国教育科学"十一五"教育部规划课题"提高课堂教学质量的探索与研究"、四川省教育厅普教科研资助金项目"中小学图书馆数字资源建设与应用研究"子课题"基于学生自主学习的数字图书馆资源建设与应用研究"，全国教育科学规划教育部规划课题"体验学习与语感形成母语教学试验"一级子课题"基于母语环境的英语自主性阅读与表达能力培养途径研究"，成都市"十一五"教育科研课题"DJP教学中导学案导学的研究"，四川省普教科研项目"初中语文读写结合系列训练实验"，龙泉驿区课题"中学生物学图示教学研究""以养成教育为基础的心理健康教育研究"等。这些研究都切实解决了教育教学中的实际问题，体现了学科的性质与特色。提高了教学质量和效率，为学校教学质量高位发展注入了新能量。

三、创新机制，以教育科研促进教师专业化发展

学校在立足校本教育科研、推进学校改革发展的过程中，本着"边研究、边实践、边探索、边反思"的行动研究策略，在创新校本教育科研内在机制上，从以下几方面进行深入探索。

1. 立足岗位科研，营造科研文化氛围

科研文化是学校文化中的一种特殊形式，是学校全体教师在共同开展教育科研活动中，营造出来的一种研究氛围、制度、精神等，它体现了人们对教育改革和发展的共同价值取向，具有文化的品质，具有文化的力量。

我校要求教职工树立"问题即课题，解决问题即研究"的科研意识，将日常工作研究化，研究工作日常化，构建学习型组织、研究型组织，推进学校改革发展。

随着学校的发展，学校规模效益已达到较高水平的情况下，如何进一步提高学校教育教学、管理、服务等各项工作的质量就成为了学校管理者的重要命题。2007年初，学校领导班子几经酝酿讨论决定引入企业中的"质量控制"（Quality Control即"QC"）策略。QC是："用于达到质量要求的操作性技术和活动"。但对学校教育教学、管理、服务等各项工作而言不是都有现成的"操作性技术"，即便有，那么现有的"操作性技术"又是否具有"使用的适切性"呢？因此需要对各项工作的"操作性技术"和"技术使用的适切性"进行实践研究，从而达到提高质量的目的。为此学校提出了"QC"攻关课题研究，以课题研究带动各项工作的开展，以工作推进课题研究。

我校实施的"QC"攻关课题研究旨在以提高工作质量、工作效率、工作效益为目的，

侧重于"操作性技术"和"技术使用的适切性"的一种攻关性质的微型课题研究。"QC"攻关课题研究源于广大一线教职工在教育教学、管理、服务实践中面临的困惑和难题,在一定程度的反思追问后,提炼形成课题,如从厕所中的乱涂乱画开始探讨"厕所文化",从而为学校文化建设注入新元素;由操场上飞扬的纸屑开始思考学校常规管理的漏洞并提出改进策略,从而为教育管理决策提供依据;一次失败的分组合作学习让教师探究出"课堂学习小组评价方法",为有效教学的打造添砖加瓦。"QC"攻关课题研究是学校教职工在具体的工作情境中,为改进工作实践,针对工作中的问题,为提高工作质量进行的研究,在工作中进行研究,即是为行动而研究,对行动进行研究,在行动中研究。"QC"攻关课题研究是教职工从自我反思开始,拒绝一般性思辨式的思考,运用恰当的研究方法对具体问题进行分析研究,从操作层面、技术层面梳理归纳出能解决工作中的现实问题、可供他人借鉴的经验做法,甚至发现事物之间的本质联系或规律,不以建构发展教育理论为诉求,也不以"宏大叙事"为指向。

为执行全面质量管理,推进"QC"攻关课题研究,学校首先从行政推动入手,注重外在制度建设,把"QC"攻关课题研究作为一项工作任务加以推动。要求全体教职工都立足所在岗位提出课题,参与研究,学校行政、"名优特教师"、教研组长必须有自己牵头的课题,并建立以校长为组长的"QC"攻关课题研究领导小组和以各分管副校长为组长的督导小组,具体督导落实各课题的研究,由教科室进行常规管理和检查,强化领导和督导职能,并建立"QC"攻关课题研究管理制度,细化考评奖励办法,把研究工作的评价考核结果与教师的考评奖惩、职务评聘、晋升职称等挂钩。

经申请,批准立项了如"语文课本学本化的研究""解决高中学生数学因计算出错失分的策略研究""高中起始年级良好英语学习习惯养成的研究"等"QC"攻关课题75个。课题立项以后,各课题组制定了详细的研究计划,并积极开展实践研究,如"如何使学生从课间休息状态迅速进入学习状态的研究"课题组首先提出了课前应有两分钟候课时间,让学生和教师做好上课准备,但通过实验发现学生虽提前进入教室,但其注意力往往并未集中在学习上;于是又提出教师在候课时间到教室组织学生预习,学生的状态虽有所改变,但效果并不佳;接着提出组织学生阅读的方法来集中学生的注意力的办法,取得了较好的效果,通过实践,然后改进为由科代表提前将阅读内容写在小黑板上,在候课时组织学生全体起立,进行"疯狂"齐读,并将阅读情况与学习小组的考核评价结合起来的办法,集中了学生的注意力,使学生能从课间休息状态迅速进入学习状态,做好学习的准备工作,大声阅读也能使学生保持一种积极的状态,提高了学习的效率,现已在本地很多学校推广。

我校的"QC"攻关课题研究严格按照全面质量管理的PDCA程序循环进行(P——计划,D——实施,C——检查,A——处理),每个课题组开学初要制定好一份阶段性研究计划;每周要开好一次例会,学习相关理论,总结反思前一周实验研究的情况,提出本周实验研究的内容、方式方法或改进意见等,并做好课题研究记录及相关资料的搜集整理;教科室每月对课题开展情况进行一次督查,写出一份调研报告,对课题研究工作进行较好的、成效明显的进行表彰奖励,对课题研究不落实的按学校相关规定进行考核处理。学期结束,每个课题组写一份阶段总结,每位课题组成员一学期至少写好一篇课题研究方面的论文,教科室每年向报刊杂志推荐一批优秀论文;学校每学期组织一次课题研究阶段性总结交流表彰会。"QC"攻关课题研究一般以一年为研究周期,一年期满后,对取得了明显成效,符合结题条件的课题准予结题,对不符合结题要求的可继续研究,取缔研究不落实的课题,并对课题研究成员进行考核。在课题结题时我们采用了多样化的成果形式,倡导并非一定要求成果以研究报告和论文的形式出现,鼓励多样化的成果呈现。如课堂教学展示、教学反思交流、活动设计交流、主题发言、专题研讨、成果展示、理论交流等。从研究轨迹、成效看研究成果,简化结题形式,在研究成果的总结评选中,不求全责备,充分肯定教师研究过程中的闪光点,成果中的亮点,给教师以充分的激励,对成果中的"亮点"进行推广,转化为现实的生产力,如"提高早读课学习质量的研究"课题组总结提炼出的"早读课三环节四要求",对早读课提出了具体的操作方法和要求,解决了早读课随意性大,内容要求不具体,针对性不强,无反馈,效率不高等长期存在的问题。

我校的全面质量管理"QC"攻关课题的实施,是本着将"日常工作研究化,研究工作日常化,引领教职工苦练内功,进一步提高学校各项工作的质量"为基本出发点而进行的主题校本研修活动,经过一段时间扎实的研究,广大教职工把反思和改进当成了一种习惯,不自觉地进入了研究状态,全员科研蔚然成风。"QC"攻关课题研究是一种研究切口小,研究周期短、研究过程简便的教育科研方式,是一种普及性强、草根程度高的"战术性"教育科研,研究方法、研究时间相对灵活,教师们哪怕是就餐、乘车、聊天时都在进行讨论研究,因而"QC"研究被教师们戏称为"口水"研究,但"QC"攻关课题研究往往能解决教育教学中的实际问题,对学校教育教学质量的提高、促进教师专业化发展、提高学校办学管理效益等方面起到十分重要的作用。

2. 打造教育科研骨干团队,营造自主研究氛围

组建一支专家型、科研型教师队伍,是保障学校开展自主性教育科研的重要因素。龙泉一中现有特级教师9名,涵盖了多个学科,他们业绩突出,在各自领域享有很高声望。为尽快形成以名师为核心的高层次骨干教师团队和专家型教师研究群体,学校组建了9个"名师工作室",举行隆重的挂牌仪式,由相应的特级教师担任工作室负责人,组织教师研究团队。

工作室在充分调研的基础上汇集本学科需要解决的主要问题,制订分期研究计划,确定近期研究目标和远期研究方向,重点开展基础教育前沿性课题研究。以特级教师的学术专长为基础,以参研教师的优势为依托,确定科研项目,在一个任期内完成立项课题的研究任务。并要求名师工作室带好一支队伍——引领进入名师工作室的青年教师提高师德修养、教育教学质量、科研水平和管理水平,以名师公开教学、组织研讨、现场指导、专题研究、公开课讲评、观摩考察等形式对研修员进行培养,在一个任期内培养出一定数量的优秀骨干教师。做好一次展示——以特级教师研讨会、报告会、名师论坛、公开教学等形式作示范,并将展示成果汇编成册。出好一批成果——以论文、课题报告、专著等形式呈现教育教学、教学研究成果。建好一个网页——将名师工作室活动动态、成果发布在工作室专页上。每期给予一定的研究经费,任期结束时对各工作室进行评比,考核,追问目标达成情况,对考核优秀者,给予奖金一万元,并颁发"名师工作室工作成绩突出"荣誉证书。这种组织方式使教师乐于研究、相互支持、团结协作,逐步引导学校自主研究氛围的形成。

总之,我校的教育科研始终立足于学校实际,以提高教育教学质量、促进学校特色发展和教师专业成长为目标。学校先后被评为"全国教育科研先进单位"、"全国'十一五'教育科研杰出单位""成都市先进教科室"等。(宁顺德)

案例九： 新课程背景下的"校本教研—校本科研"模式

尊敬的各位专家、领导、老师们：早上好！

今天我很荣幸地代表高中英语组的全体同仁在校第十一届教科研大会介绍我们在新课程背景下进行"校本教研-校本科研"模式的几点体会与思考。

我们组总共10位英语教师，全部本科毕业，5位高级教师、5位一级教师，一位××市教坛中坚、一位××市学科骨干教师、一位××市青年骨干教师研修班优秀学员。三人为××市高中英语青年骨干教师选修班学员，全部都是中青年教师，具有团结、年轻、好学、聪明、勤勉的特点。2005学年，我们组在学校领导的正确领导下，在和谐的校园氛围下，针对高中新课程改革所带来的新变化，强化素质教育这一核心，重视学生的人生体验，实施"以生为本"的教育评价方式，在进行教研组校本教研的实践中努力通过校本教研和校本科研促进教师的专业成长、提高学科教学效益，取得了一定的实际效果。在此，谨向各位作个汇报，期待得到教育专家和同事的指导和帮助。

一、我们对于校本教研的理解

我们认为，所谓的"校本教研"就是教师为了改进自己的教学（for the teaching），在自己的教学中发现某个教学的问题（of the teaching），并在自己的教学过程中（by the teaching）以追踪或汲取他人的经验的方式解决问题。有人称之为"为了教学""在教学中""通过教学（教师）"。"校本教研"的显著特征是教学研究一切基于学校，一切为了教师，一切在教师中，一切基于教师。作为一种新的学校教育研究策略，校本教研是随着新课程改革的推进而提出来的。我们组的全体同仁经过理论学习和专家的引领，达成了如下的共识：

1. 更新教育教学的观念是顺利推进课程改革的关键举措

教师要在学习型的学校氛围中发现自己教学中的问题，通过自己的反思和同伴互助来解决问题，实现校本教研来促进教师的专业成长。我们要通过教育理论和新课程的学习来更新教育观念，提高业务水平。

2. 教研组是校本教研的最基本单位

校本教研只有真实地发生并且扎根在教研组，才能有效地开展。校本教研的理论框架应该在教学实践中构建和完善，通过教师能力的提高而不断得到落实。否则，校本教研就不能称为"以校为本"。真实的、常态化的"校本教研"才是最有效的"校本教研"模式。

3. 通过同伴互助在教师之间建立一种积极的伙伴关系

通过开展"校本教研"的实践与研究，加强教师之间以及在课程实施等教学活动中的交流与对话、沟通与互助、协调与合作，共同分享经验与成功。校本教研是顺利推进课程改革的关键举措。

4. 立足校本教研，促进教师的专业发成长

校本教研必须从教师的职业特点出发，重视教师的默会知识和实践智慧，采用中国传统的"知行合一"的认知方式，同时必须关注教师的情感需求和实践体验，以课例反思为载体，以行动研究为基本模式，把日常教学工作问题化，使教师在研究中完善教学，完善自我，追求成功。

二、新课程背景下的校本教研模式

我们认为,要开展好校本教研活动必须明确校本教研的"三要素",即教师个人、教师集体、专家,它们构成了"校本教研"的三位一体关系。教师个人的自我反思、教师集体的同伴互助、专家的专业引领是开展"校本教研"和促进教师专业成长的三种基本力量。教师个人的自我反思是开展"校本教研"的基础和前提;教师之间的互助合作是"校本教研"的标志和灵魂;专业研究人员的及时参与是"校本教研"不可缺少的因素。目前,我校"校本教研"的操作模式运用华南师大教育科学院刘良华博士提出的"教学问题——教学设计——教学行动——教学反思"的四阶段模式。该模式的特点是:

第一,基于教学问题的课题研究,它强调解决教师自己的问题、真实的问题、实际的问题。

第二,基于有效教学理念的教学设计更强调具有合作意义(不是形式化)的集体备课、说课、听课和评课,从而使这种教学设计活动具有"校本教研"的味道。

第三,基于教学对话的教学行动包括了教师的上课和相关的合作者的听课,教师在教学对话中要根据学生的实际学习状况及教学过程中发生的意想不到的教学事件,去灵活地调整教案。

第四,基于问题解决的教学反思要求教师开放自己的眼界,汲取他人的经验,并将他人的经验转化为自己的教学行动。校本教研在重视教师个人学习与反思的同时,强调教师之间的专业切磋、协调、交流和合作,共同分享经验,互相学习,彼此支持,共同成长。我校英语教学工作的宗旨是学生为本,质量第一,群体上水平,合作争标兵。

就校本教研工作,我们进行以下八方面的工作:

1. 理论学习,转变观念

我们认为,新课改不仅要求学生"学会学习",同时也对教师的学习提出了更高的要求,教师必须学会学习,必须不断更新观念、知识和能力,掌握现代教育技术,并运用于自己的教育教学,以适应不断变化的时代对教育提出的要求。每位教师都必须成为终身学习者,不断地学习,提高自己的知识水平。教师必须要时刻吸纳新知,不断丰富和提高自己的专业水平,成为学生的"源头活水"。否则,我们不仅难以在学生面前维持自己的威望,在专业发展方面也会遭遇重重困难。对英语学科来讲,我们主要学习《高级中学英语课程标准》及其他专业理论和反思资料以提高全组教师的英语教学的思想认识,除了学习学校分发的先进教育专业学习资料外,我们还针对专业特点,学习《××市第二期青年骨干教师研修班优秀作业集》中的优秀教学案例和教学论文,组织教学学习《校本教学研究》《普通高中新课程方案导读》《教学理论:课堂的原理、策略与研究》《聚焦新课程》《学科德育的探索与实践》等最新的相关教育理论和教学实践的专著,使教师的教育观念、教学方式与教学方法符合新课程改革的需要。我们组参加了省、市新课程或业务进修回来的教师都能及时介绍学习或进修的内容和精神,进行组内的充分讨论与研究,实现优质资源的共享和交流。

2. 深挖教材,开展教研

新课程改革改变着学生的学习生活,也改变着教师的教学生活,高中英语新教材,内容十分丰富,为教师留有极大的空间,吸引着教师去探索、去研究、去实践、去开发。在这样的情形下教师单一的活动是远远不够的,需要在教师之间开展更加紧密地合作,通过合作使我们互相成为教学信息和灵感的巨大源泉,通过分享计划和资料,可以减轻我们的工作负担,我们可以获得比个人努力能获得的更多的成绩,合作的领域是多方面的,备课是教师的常规工作，是牵扯老师时间和精力最多的一项内容。我们先在备课和教案编写方面加强合作，开展了针对教材本身的教材活动——备课教研。

3. 集体备课，提高效益

我们每周拿出一节课为备课组集体备课时间，依据分工，每位教师精心准备指定的内容，包括组织材料，查找资料，网上查询，课件的制作。通过对整个单元的内容进行集体讨论、分析，集思广益，优化教学方案，提高了教学的质量。各备课组制定反思教学研究的计划表，包括个人备课、集体备课、个人上课、说课、集体评课、教学反思等程序，第18周前上交教研组组长所有应交的反思教学研究计划表、个人备课教案、集体备课教案、开课教师说课稿、备课组集体评课稿、教师教学故事和备课组教学反思总结等内容。每周备课组集体备课一次，每次都要求定时间、定地点、定中心发言、定备课内容，备课的内容上传校园网资源库，实现教学资源的有效共享，并将每次备课的具体内容通过网络上传校教科室作备案和检查。目前，我组在校园网的博客、课件库、试题库、教案库的数量和点击率绝对全校第一，这是我们长期落实"常态化校本教研"活动的结果，也是我组教师教学观念先进、现代信息技术掌握良好与教学业务扎实进行的具体表现。我们认为，细节体现品质。

4. 群策群力，发挥合力

我们高中英语组每月集中进行两次大组集体教研活动，主要学习先进的课程改革文件、市局与教学相关文件、专业理论学习，以及教研组的专题理论或教学案例的学习，为了积累校本教研的经验和资料，提高校本教研的效益，我们专门在××博客建立了××十四中高中英语教研组校本教研专题博客。对于教学工作的难点进行集体攻关，群策群力，发挥合力作用。另外，对于几个重点的教研活动也建立了专题研究博客，例如"高中英语组参加任岩松中学校本教研活动有感"就忠实地记录了我们参加瓯海区高二英语校本教研活动的过程以及我们的感想，以及同事对我们校本教研活动的评价与建议。又如，我们组在2006年4月份的××市高二英语落实"双基"校本研讨会上就建立了"2006年××市高二英语市直校本研讨会专题博客"，我们进行扎实、高效的校本教研活动，受到了××市教育教学研究院郑秋秋老师及到会教师的一致好评。这种全新的、符合新课程改革的校本教研模式，体现了"以人为本"的教育发展观，体现出客观性、及时性和实效性的特点。

5. 及时反思，自我提升

在实际上课过程中，教师可以适当对教案进行再创造，并写好每节课教学笔记或教学反思。另外，每位高级教师每学期要听课20节以上，并做好评课和指导工作；其余教师每学期要听课15节以上，并写好听课评价。我们教研组每学期 人人开出骨干教师示范课、新课程展示课、高考或会考研讨课、同构异步研讨课等公开课。这样，通过同伴互助和专家的引领，让全体教师通过集体磨课，有效地促进专业素质的提升，使高中英语课堂动起来。我们每次校内公开课课前制定备课组教学反思计划，确定公开课开课内容；然后备课组集体备课教学教师现场反思与答辩；教研组全体教师集体调课、集体评课、集体反思；开课教师要撰写反思性教学公开课的材料的述评。我们主要通过外出取经，请专家作专题讲座，教研组集体反思的方式促进教师的专业成长。我们认为，只有这种常态化的校本教研活动才能真正有效地促进教师对于教材的把握和对于教学过程驾驭能力的提高。

6. 提前研究课标，适应改革的需要

为了适应高中英语新课程改革发展的要求，使我们的教师能够更好地适应高中英语新课程的变化，学校在 2004 年就为每位教师配备了新课标的全部英语教材和教师用书。我组教师从 2004 年 9 月起在教研组集体活动中进行专题的教材学习和教学设计分析活动，每月组织对新课程的专题研究，提前集体备课，我们已经建立了比较完整的新课标资料库，包括各年级试题、教案、课件和 MP3 课文录音等，有效实现了资源共享和资源优化。

7. 组织英语沙龙，实现文化渗透

为了加强英语文化的学习和英语口头表达能力的提高，交流校本教研的体会，为教研组的结题报告积累必要的素材；我们每学期发挥学校的地域优势组织英语咖啡沙龙活动，在浓郁的西方沙龙氛围下，喝着咖啡，品着西餐，侃着英语，让每一位教师在轻松、休闲的氛围里畅所欲言，放飞心情，增进友谊。

8. 同步异构深化反思

我们在最近一年内通过进行备课组的同步异构跨校的同步异构教研活动，进行集体备课，集体磨课，同伴互助和专家引领等方式，有效提升了教师的专业水平和驾驭教材的能力，通过专家引导和同伴互助，行为跟进，有效促进教师的专业成长。例如，2006 年 3 月和 4 月我们与瓯海区任岩松中学进行了业务交流，互相听课，本学期我们在 12 月 26 日与瓯海区任岩松中学进行了"同步异构"的校本教学实践活动，不同学校，不同风格的教师，不同的教学设计，使两个学校的老师对于高中英语新课标有了更为深刻的理解和感悟。2007 年 1 月 10 日高二英语备课组进行了备课组内部的同步异构教研活动，并在学校教师教育科研处和信息技术教研组老师的配合下进行了跟踪拍摄，刻录成了电子光盘，教师在这过程中撰写了教案、教学案例或教学反思，并在教研组集体活动和集体备课中进行深入的研究，深化和拓展了教研组和备课组校本教研的形式和内涵。

三、新课程背景下的校本科研模式——以教育科研促进教师的专业成长

教育科研是促进教师专业成长的最佳策略和必由途径。教育科研是"以解决问题为目标的诊断性研究及实践者对自身实践情境和经验所做的多视角、多层次的分析和反省"。教育科研作为促进教师专业成长的有效手段，首先要尊重教师的个性和特长，搭建平台，促成教师的专业成长。同时，作为具体的促进途径，教育科研必须贴近实际，服务教学，以多种形式分层次、分阶段推进。教师搞教科研，一定要在任务的要求和个人的优势之间实现无隙链接，或者发挥团队的整体优势。例如：

——低坡度提出科研目标：新上岗教师——着重在学习教学理论，把理论与实践结合起来，促使其尽快在教学上入门；中间层教师——着重组织其学习现代教育理论，围绕学科建立科研课题，开展研究；骨干教师——着重在帮助其以现代教育理论为指导，反思、总结其教育教学经验，形成特色，发挥示范作用。

——个性化引导参与科研：给每一位研究者以舞台，让每一种风采得以展示。在活动方面，常规与"亮点"并重。

——贴近教师，走进课堂：我们组鼓励教师每学期读一本教育理论著作，写十篇读书笔记，并发表在校园网教育博客上；独立承担或参与研究一个小课题，上一堂反映课题思想的研讨课，展示一项教学技能，编制一份试卷，制作一个多媒体课件，每学年至少撰写一篇教学论文并撰写一篇教学案例，等等。

——教科沙龙：我组通过教科沙龙等形式，让教师的思想在沙龙中碰撞出耀眼的"火花"。我们每学期针对教育科研工作由教研组长利用自己给××市高中英语教师暑期培训班

和××市初中英语师资提高班学员上课的课件作《如何做好学年教科研工作》《如何进行校本教研》和《如何写好教学案例》的专题辅导。我们认为专家不一定要从外面去请,内部的"土"专家更了解内情,辅导的针对性也更强、更高效。我们有时在办公室进行交流,有时在咖啡馆沟通,通过一年来校本教研的开展,现在我们带着"斧头"和"刀子"上课了,可以对教材进行大胆地删、改,提高了我们自身教育教学工作的理论水平,增强了我们驾驭课程的能力,我们要把校本教研成为我们教育教学生活的一部分,使校本教研成为实施新课改的一种动力,使校本教研成为提高教学质量的关键。

——教育博客:一个自我思想栖息的港湾。教育博客是张扬教师个性的舞台,这里因每位教师的个性而丰富,也因整体的丰富让每位教师变得更富有个性。在这里,我们不但可以获得教师们精心搜集的教学资源,感知他们最为真实的教学感悟,还能获得他们对于教学实践最为诚挚也最为专业的褒扬与批判。2006年4月,我们在校园网开博了,2006年11月18日我们在××博客上新建了家,从此我们便孜孜不倦地"涂鸦",将自己思考的一些东西呈现出来。思想与思想的碰撞,促使我们不停地思索一些东西。在众多网友的批评和鼓励下,我们虚心学习,努力改进。现在,在博客上,我们思考着,我们写着,我们读着,我们充实着,我们快乐着。在我看来,要想成为一名优秀的教师就不应只顾埋头赶路,走一走,停一停,想一想,反思一下,总结一下,我们才会有收获!这个家还在2006年12月10日的《××都市报》向全市人民作了展示,还被评为2006年××市直属学校教师博客大赛的三等奖,还参加了××教育网和××网联合举办的"××首届教育博客比赛",目前发帖数排名第10名,教育博客第3名。为此,我们感到无比自豪。我们的博客还在××网"××市首届博客大会——草根的盛宴"上被展示,成为一个引人注目的教育博客。我们还申请了"××市英语教育博客群",成为我市英语博客群的领头人。

——科研成果:通过校本教研活动本组教师就在2005学年取得不俗的成绩,全组教师的科研能力明显得到提高。时至今日,在2005学年本组教师在国家级、省级和市级报刊发表教学论文20篇,在各级教学科研论文、教学案例、多媒体课件评比获得22项奖项。其中,谢津津和沈永铭老师的整合教学案例《网络评价让高中英语整合课堂活起来》获得由中国教育技术学会颁发的2006年全国教育技术征文评比一等奖(全市唯一)。沈永铭老师的电教论文《构建网络环境下的高中英语研究性学习模块》获得中国教育学会中小学信息技术专业委员会第四次年会论文征文比赛一等奖,沈永铭老师制作的教学课件还获得国家基础教育实验中心外语教育研究中心全国第一届英语教学多媒体课件大赛二等奖。两位教师分别获得××市市教坛中坚和××市学科骨干教师。一位教师被评为××市高中青年骨干教师研修班优秀学员称号;陈婕老师和谢津津老师参加了××市新一届的高中英语青年骨干教师研修班的进修;谢津津老师和王清平老师以优异的成绩获得了参加赴英国雷丁大学出国进修的机会;由王清平老师负责,沈永铭老师参与的课题获得2005年××市青年双百课题成果三等奖,王清平老师还为在市现代信息技术整合研讨会上开出了研究性学习的公开课;我们成功组织了××市高二校本英语教研活动,陈婕老师为市直教师开出了一节精彩的公开课,受到了与会专家与教师的一致好评,沈永铭老师为××市课堂教学评价研讨会作了精彩的"专家"点评。我们更是用教育博客详细记录了我们的校本教研的具体过程。我们认为,这是一笔宝贵的精神财富。我组教师主动承担××市电教馆的教育科研课题和教学实验,2006年4

月、5月连续在××中小学辅导网上为全市高三考生上了《高考英语考前辅导》和《高考英语短文改错热点与应对策略》两次公开课；担任××市××中小学辅导网暑期夏令营的英语辅导课工作，并在××市首届网络教学研讨会上利用视频和声频作主要发言，参加了2006年××市优秀网络教师座谈会，受到××市电教馆领导的好评；本组沈永铭老师被××市中小学辅导网实施办公室聘为××市首批网络教师，为全市中小学生进行远程辅导教学，还接受××电视台"百晓讲新闻"记者的空中课堂专题采访，指导学生郭茹的学习体会发表在《教育信息报》，被聘为××市教师教育院第二期农村英语教师素质提升班指导师，主讲关于"如何做好英语教育科研工作"的专题讲座，还被聘为××市教师教育院2005年和2006年高中农村英语教师暑期培训班的主讲教师，主编了《2007年浙江省高考复习用书》，并且参与了浙江省教育厅《高中新课程三级跳·英语》的撰写工作，主持了2005年到2006年6月的所有浙江省高中证书会考英语学科××评卷点的工作，担任2006年高中教师资格证书专家评审组和2005年、2006年中学高级教师论文评审专家组成员。2006年我组三位教师考取了东北师范大学硕士研究生，为我校考取人数最多的教研组。

四、我们的反思

尽管我们在校本教研和校本科研方面进行了一定的研究，也取得了一定的教科研方面的成果，我们也为自己些许的成就感到喜悦。但是，从总体层次上讲，我们的校本教研和校本科研的档次还比较低，需要提升教研和科研的层次和效益，需要我们去落实课堂教学，抓教学、抓科研、抓落实、抓常态，使我们组的校本教科研水平得到实质性的提升。当然，我们与兄弟先进学校的学科组和本校的兄弟教研组比较而言还有一定的差距，但我们还年轻，我们好学、肯钻研、有朝气，我们相信，我们的未来是美好的。

反思我们一年多来的校本科研走过的路程，我们还需要进一步改进以下几个方面的工作，迎头赶上：

第一，加强"充电"，教师必须学会学习，加强终身学习的意识与能力，不断学习现代教育科学理论，提升理论水平，不断更新教育理论，学以致用，提高教学效益，学做"明白人"。

第二，高度重视交往与合作能力的培养，增加与市教研院教研员和专业水平比较高的兄弟学校的联系，新课改还提倡师生之间的交往与合作，通过互相学习，共同进步，尽快促进教师的专业成长！

第三，加强对教师的科研指导，希望通过专家引领，有效提升教师的科研能力，教师要成长为课程的开发者和教育教学的研究者。这既是时代对教师的要求，也是教师作为学生学习引导者和促进者的前提条件。

第四，我们的科研水平还需要落实课堂，抓出实际效果，争取通过教育科研促进教学效益成正比的进步。我们的科研水平争取在近几年内有较多论文在国家级和省级刊物发表，争取省、市级较好的科研成绩。

回顾过去的一年，我们组的同事最深的共同的感受就是：学校和谐、融洽的教学和科研的氛围是我们组校本教研和校本科研取得比较大的成果的主要原因。我们还要感谢校长室、教科室、教师教育科研处、教务处、后勤处和信息技术组的领导和老师对我们提供的指导与帮助，感谢我们可爱的学生给予我们热情的配合！没有你们无私的帮助就没有今天的成果！展望未来，我们豪情万丈！我们相信，我们学校的明天会更美好！

第七章 教育科研素质的培养与提升

第一节 教育科研素质概述

在新课程教学中,教师成为教育科研的主体,此时教师是一个研究者和创造者。他不仅要考虑教学中教什么和怎样教的问题,更重要的是要考虑为什么教的问题,这就要求培养和提升教师的教育科研素质。

一、培养和提高教师的教育科研素质的必要性

1. 知识经济时代呼唤高素质的教师

进入21世纪,世界科学技术突飞猛进,国力竞争日趋激烈,教师队伍面临着史无前例的严峻挑战。教育大计,教师是根本。当今各国都把提高教师队伍质量作为教育改革的突破口和发展综合国力的战略措施。科教兴国,教育为本,教师队伍建设必须先行。普及九年义务教育、巩固普及成果和提高普及质量的关键都在于教师素质的提高。

2. 科研素质是教师实施素质教育所必需

当前摆在每位教师面前的一个重要任务就是全面推进素质教育,培养新世纪现代化建设需要的社会主义新人。目前的人才培养模式、教育内容、教学方式相对滞后,必须加强教育领域的各项改革。而进行教育改革,必须教育科研先行,这就需要教师具备一定的教育科研素质,因此教师的科研素质是实施素质教育所必需。

3. 教师的科研素质是提高教育教学质量的保证

教育教学质量的提高,关键在教师。教师素质的高低,决定素质教育的质量和水平。21世纪所需要的教师必须具备创新精神和实践能力。教师的科研素质既是一种实践能力,又是一种创新能力,也是教师素质中的一个重要方面。它决定着一位教师是否能从事教育改革的科学研究,是否能开创性地高效性地工作。从这个意义上说,教师的教育科研素质,是提高

教育教学质量的保证。

4. 提高教师科研素质是实践新课改的必然要求

新课程改革已经全面推进，课改在教育思想、教学理念、教学内容、教学方法等方面都有了很大变化。作为课程的组织者和促进者，教师素质成了新课程改革能否成功的关键所在，因为所有教育实践，最终都要依靠教师来完成。此次新课程改革，不仅仅是课程标准和教材的改革和更新，更重要的是转变教师的教育观念，锻造一支符合素质教育要求的教师队伍。这是教师工作、生存和发展的需要，同时也是学校生存和发展的需要。

5. 科研素质是21世纪专家型教师所应具有的素质

从教师自身的发展来说，21世纪的新型教师不再是一个"教书匠"，而是一个真正的教育专家，一个教学的研究者。他们必须能反思自己的教学行为，进行教学的研究和实验，才能在反思中发展，在研究中提高。在这个过程中，教师的科研素质发挥着重要的作用，它是进行教学研究的基础，是新世纪教师所应具备的素质。

二、教师教育科研素质的特点

1. 潜在性

教师的科研素质是以内隐的形态存在于人的潜在能量之中，当人们进行科研时，这种内在的潜能就转化为现实的能量和外显的行为。

2. 积淀性

教师的教育科研素质提升有一个知识积淀、积累、不断内化、逐渐发展的过程。

3. 敏感性

长期的学习和知识的积淀，使教师对教育信息较为敏感，较为容易接受新的教育观念，对教育问题的发现和教育现象的观察，对教育动态、趋势的分析，具有较敏锐的眼光，这是发现和提出问题的前提，是进行科学研究的基础。

4. 实践性

实践性一方面是指教育科研素质必须通过科研实践外化，另一方面科研素质必须在教育科研的实践中形成、发展和提高。

5. 综合性

教育科研素质是多方面的综合、分析、判断的理性思维、实际操作、科研组织和管理、文字叙述和表达等多方面素质和能力的综合表现。

三、教师教育科研素质的构成要素

科研素质就是教师进行教育科研必备的各种心理品质，如发现问题的敏锐性、解决问题的坚定性、逻辑推理的严密性、概括升华自己教育实践的科学性、搜集整理信息的准确性及掌握运用教育教学研究方法的有效性等。

教师具备的科研素质要求教师不断丰富自己的科学知识。除了本专业和将要研究的课题范围的直接有关知识外，还应具备其他邻近学科的知识。一般而言，一位教师的科研素质主要包括科研意识、科研知识、科研能力、科研精神四个方面的要素。

1. 科研意识

教师的科研意识是指教师对教育科研的意义有充分的认识，有强烈的科研需求和内在动力。衡量一个教师有无科研意识，主要标志就是看他是不是不愿简单重复传统的观念、行为、做法，对新理论、新经验保持敏感，能在学校生存和发展的现状中发现问题，产生忧患，善于在深入思考的基础上，在新理论、新经验的指导下，大胆尝试、勇于创新。科研意识主要包括自身角色意识、问题意识、信息意识、合作意识。

2. 科研知识

科研知识是教师开展教育科研必须具备的基础知识和基本技能，是每个教师必备的基本功，即进行教育科研所必备的理论知识与方法。它包括：

（1）教育科研基础理论。主要包括教育学、教育心理学、教育统计学、教育社会学、教育经济学、教育文化学等。它对教育科研具有普遍指导价值。

（2）教育科研专门理论。如教育科研原理与教育科研方法等。

（3）教育科研相关知识。如政治学、哲学、伦理学、美学等。

3. 科研能力

（1）基础性能力。它包括：

第一，教师的自我学习能力。这是科研与创新能力的基础能力之一，是教师自身主动摄取知识、主动消化知识、主动创新知识的能力。教师的学习有赖于对知识的认识和理解。对教师来说，只有不断地更新知识，主动地汲取知识，自我调整知识结构，才能更好地实现从经验型教师到研究型教师的跨越。

一些专家认为，人类知识的类型包括：是什么的知识、为什么的知识、怎么做的知识、知道何处有知识的知识、知道应有还未有（应该创新）的知识。

教师要提高自我学习能力，其一，应了解自己的学习基础；其二，应了解本职工作向自己提出的科学文化知识和业务工作的能力要求及自己所能达到的程度；其三，应了解自己习惯的学习方式，了解适合自己的学习途径；其四，正确处理好学习中专与博的关系，努力做到专深与广博的统一，形成专业发展应有的知识结构。

教师要提高自我学习能力，向经验学习，向对象学习，成为反思性实践者、行动研究者，从自己的教学实践中学习并总结经验，跟上教育科研的步伐。

第二，科研资料的搜集能力。开展教育科研，涉及搜集资料的问题。科研资料的搜集能力就是指认识到科研资料的价值,并运用正确而有效的方式方法搜集、整理科研资料的能力,实际上也是善于捕捉、组织和判断各种信息的能力。

搜集资料对课题研究十分重要。一个真正有研究素养的教师,应当站得高、落得实,能够掌握基本的理论文献,看问题有新的视角和思想,并且还要有一定的实践经验,掌握许多有价值的实际资料,使理论与实践很好地结合起来。

第三,科研成果表述能力。教育科研最终要通过文字载体以不同的形式将研究结果表述出来,教师的文字表达能力直接影响着科研成果的交流范围和运用程度。要求教师把经过潜心研究得出的新认识、新思想、新办法等形成文字,通过教育科研报告或科研论文、著作等形式表达出来,从而更好地发挥科研成果的作用。

(2)发展性能力。它包括:

第一,科研选题能力。选择课题是科学研究的起始环节,也是关键的一环。在教育教学实践中,存在着大量需要研究和解决的问题。能否根据当前教育发展的需要准确地判断自己能否完成、该不该进行这一课题的研究,决定着该研究的成败。

科研选择要注重两点:一是选定的课题价值究竟有多大。把握这一点,除了需要丰厚的专业知识外,还要充分了解国内外有关这方面的各种信息。二是自身的条件是否足够,这包括专业水平、拥有的资料及其他研究资源。如果这两者是可靠的,那么,选定的研究课题就不会出现不良后果。

第二,科研信息加工能力。科研信息的加工能力就是指对科研信息的筛选、识别、分类、分析、评估,以及利用信息作出决策和解决问题的能力。

从某种意义上说,中小学教育科研的过程也就是在获取、掌握、处理、应用教育科研信息的基础上,解决教育中存在的问题的过程。科研信息与资料的整理和分析是一种高层次的思维活动,它能锻炼一个人的理解能力、比较能力、分析和综合能力、归纳和概括能力。

教育科研信息资源的开发利用要重点考虑两个方面:一是对居于教育科研前列的文献资源的开发利用;二是要根据自己的角色和研究重点,对获得的信息进行深加工,挖掘信息的潜在价值;

第三,科研动手实践能力。动手实践能力是指教育科研者运用一定的方法手段,有意识、有目的地变革教育观象的物质活动能力。它主要包括用实验设备进行各种简单的或复杂的实验,能比较熟练地运用计算机来进行各种实验和数据处理,以及制图、绘图,包括科学研究设计等。在现代教育科学研究中,不仅需要科研人员的理论思维水平,而且需要有动手操作、实践的能力,动手实践能力是使理论变为现实的基础。

第四,科研质量分析与评价能力。评价分析能力是指客观公正地根据社会公认的价值标推,通过规定的程序和方法,对自己和他人所进行的科研过程和科研成果进行实事求是的鉴定性判断并作出评价分析的能力。科学的评价分析是推进教师的教育科研工作,推广和应用教育科研成果,提高科研质量和效益的必要前提。

第五,科研成果的推广和应用能力。科研成果的推广和应用能力包括能够准确认识到科研成果的价值,主动接受科研成果,并把科研成果运用到教育教学实践中去的能力。主要体现在接受新的理论研究成果、新的实践经验,从中受到启发,并把它迁移到自己的教育教学实践中进行试验与探索。

第六，科研理论思维能力。理论思维水平是指从纷繁复杂的教育现象中把某个教育现象的本质提炼出来并准确把握问题的实质，同时善于从一个基本思想导出一系列新的见解，善于从理论上思考教育问题的能力。理论思维是动手实践的前提，教育科研课题能否有一个合理的框架，关键在于科研人员的理论思维能力。理论思维能力至少包括以下三个方面。一是思维的透析力，即运用个人已有的知识、理论和科学的思维方法，透彻分析、认识研究对象，提出新观点、新见解和新问题的能力。二是思维的综合力，即把握整体的能力，不仅是对事物发展的历史过程与现状、未来发展趋势的整体、全过程的理解和把握，而且表现在能把所研究的问题放到大背景、大环境中去认识，将不同观点加以有机整合，从理清结构、把握关系的高度，从理论的抽象向理论的具体发展的意义上实现创造。三是思维的迁移力，即较强的开拓新领域的适应能力，不是简单移植照搬，而是从理论上思考教育问题，这种迁移本身也是一种创造。

第七，科研创新、创造能力。创新能力就是指敢于并善于突破原有的观念与框架，另辟蹊径，从新视野、新角度提出新想法去创造新事物的能力，也就是发现新问题、解决新问题的能力。中小学教育科研是一种崭新的也是复杂的创造性活动，它的本质就是创造、创新，它的目标就是提出新思想、新观念、新知识、新方法。从教育科研的角度说，发展教育科学事业的核心就是发挥教育科学人才的创造性。从中小学教育科研角度看，教育科研所要求的课题常常是既没有现成的经验可循，也没有现成的模式可用，这就需要教师具备开拓创新的能力，以适应创造性地分析问题和解决问题的需要。教育科学研究重在创新，难在创新，但也贵在创新。一位优秀的科研工作者，他的创造力主要表现为善于用教育现成的知识，创造性地提出新的教育思想、教育观念，并将新的科研成果应用于教育实践，以促进教育实践的发展。科研创新能力是创新思维和创新实践的统一。

4. 科研精神

科研精神是指善于探索、刻苦钻研、勇于创新等品质。最基本的科研精神是客观、理性地看待事物，消除成见和偏见，拿事实说话，而且要说到点子上，就事论事，有理有据，阐明观点时尽量做出精准的论述，不累赘，不节外生枝，不旁敲侧击。当然，还有其他，比如对科研的热爱，对真理、公平、正义的追求等等。衡量一个教师有无科研精神，主要标志就是看其在科研中是知难而退，使课题研究半途而废，还是知难而进，使课题研究善始善终。

第二节　中小学教师教育科研素质的现状

在当前以新课程改革为重点的基础教育改革背景下，教师的教育科研素质的培养和提高显得尤为重要。据调研，当前中小学教师具有较强的教育科研意识但科研素质有待提高。

一、中小学教师具有较强的教育科研意识

中小学教师普遍具有较强的教育科研意识,表现在以下几个方面。

1. 对教育教学中存在的问题有着较为明确的认识

近年来,随着教育教学改革的不断深入,教育科研"第一生产力"的作用在中小学日益凸显出来。一些有远见的校长,通过组织教师进行校本研究,大大提升了教育教学质量,提高了教师队伍素质,也提高了学校品位。80%的教师都能对自己的教学、学生的学习、学校及教育行政部门的教育教学管理等方面提出自己的观点,对教育教学中的问题十分关注,并且有较为明确的认识。

2. 对教育科研与教学质量的关系有着明确的认识

多数教师认为教育科研对教学有促进作用,表明了他们对科研工作的认识。80%的中小学教师认为中小学教育科研的主要作用是指导教育教学实践、提高教育教学质量、提高教师教育教学水平等。这表明教师对于教育科研对教育教学的指导作用、促进作用有了明确的认识。这一认识对教师摆正科研与教学的关系、促进教育教学质量的提高有着十分重要的作用。

3. 对教育科研与教师素质提高的关系有着明确的认识

专业成长是教师按照职业岗位需要,实现学科专业发展和教育专业发展的过程。它包括两个方面的内容:一是学科知识的专业化;二是教育科学素养的专业化。教师如何看待教育科研与教师素质的提高之间的关系,直接影响教师对科研的重视程度。80%以上的教师认为教育科研与教师成长两者相互促进或者科研促进教师成长。这不仅反映了教师对教育科研重要性的认识,也反映了教师对教育科研的态度以及在教育科研实践中提高自己成就感的愿望。

4. 教师对搞好教育科研工作充满信心

78%的教师认为教育科研通过努力能够做好,这说明教育科研的神秘面纱在教师心目中正逐渐褪去,教师对教育科研不再感到陌生和高不可攀。多数教师对从事教育科研是有信心的,对教育科研的认识也在逐步提高。

二、当前中小学教师教育科研素质缺陷

教育科研是对教育现象进行研究、发现教育规律、促进教育发展的一项系统性工作。显然,必要的教育理论知识、基本的教育科研方法是从事教育科研的基础。对中小学教育科研来说,其重点是在教育理论和教育实践的结合点上。具备一定的教育理论知识,掌握一定的教育科研方法是搞好中小学教育科研的前提和必要条件,但从调查结果看,教师从事教育科研的理论支撑和知识准备并不乐观。

1. 教育基本理论知识欠缺

在回答"您读过的教育理论书籍、期刊有哪些"这一问题时，80%以上的教师没有填写教育理论著作，绝大部分只是填写了一些学科教学杂志、教育杂志、德育杂志、教师杂志等等，个别教师填写的教育学著作也基本应属于应景之作，并非理论原著。这在一定程度上反映了教师在基本理论知识上可能存在欠缺。

2. 教师对教育科研方法不熟悉

教育科研是一种运用科学的理论和方法，有目的、有计划地对教育领域中的现象和问题进行研究的认识活动。教育科研能力是教育科研素质的重要组成部分，是完成教育科研工作的基础之一。中小学教师对教育科研方法的重要性并不十分重视，对教育科研方法知识的准备不足。有70%的教师不清楚或不是很清楚什么是教育科研方法。有很多承担过或正在承担着不同级别的研究课题的教师，也不太清楚教育科研的方法指的是什么，有的把科研方法和教学教研方法混为一谈。

教育科研方法是一个很大的方法群，它包括四个层次的方法：

第一层次——马列主义认识论；

第二层次——分类比较、分析综合、归纳演绎、抽象概括、想象假设，这是一个思维层次的方法；

第三层次——调查、观察、实验、比较、历史法与文献法、经验总结法等；

第四层次——统计、测量、查阅资料、数据处理、现代教育技术的应用等。

其中第三个层次是教育科研特有的方法。这反映了教师教育科研素质中方法论上的滞后。

说实在的，不少教育科研方法是一线教师经常用到的。比如说，班主任经常通过观察和调查（个别交谈、小组访谈或问卷）了解班里的情况，并把搜集到的信息作为班级管理和课堂教学的依据，这实际就是观察法和调查法的初步运用；教师们经常通过笔记记录工作中遇到的事件，并对事件进行分析、归类和评议，这实际就是叙事研究的雏形；还有一些教师常常针对学生个体或群体进行追踪关注和教育，其实就是个案研究。如何进一步使教师的这些有关方法论的研究从无意识变为有意识，从个体行为变成群体行为，无疑应该成为教育科研进一步关注的焦点问题之一。

3. 教师教育科研管理知识欠缺

在实际的教育科研工作中，需要大量的管理方面的知识。教师一方面要对自身的科研工作实施充分的管理，另一方面要做好与其他部门、领导、专家、个人之间的协调工作。实践证明，教师教育科研管理知识亦是科研成果质量保证之一，是科研过程顺利完成的前提之一。教师在书写论文时遇到的困难最多的就是数据不全，在教育科研过程中遇到的困难是信息不足，在科研过程不能把调查、实验、观察数据、素材积累记录下来，获取相关信息的能力可能缺乏，资料及文献的搜集和运用能力也较弱，反映了对科研工作管理的缺失。

4. 难以科学选择研究课题

中小学教师在选题中存在的问题主要有：

一是选题跟不上形势。教育科研的课题必须具有时代特征、前瞻性,贯彻新课程标准的新一轮教学改革,最重要的是教育思想的改变,认识师生双方在教育工作中的地位和作用,在过程中引导学生通过自我努力不断学习,提高思想文化素质。若在现在,你还在研究"精讲多练""应试教育"等,显然是不合时宜的。

二是选题好高骛远。教育理论高水平、思想意识超前,能指导我们用先进的教育思想选择教育科研的方向和课题,但对于开始参与教育科研的同志来说,课题的选择应按"务实、小巧、可行"原则确定,这样具有周期性短、操作简易、成功率高的特点。

三是选题脱离教学。要紧密联系本职工作,与教学工作相辅相成,从教学工作中发现问题,提出课题。教学工作是教育科研的基础,教育科研是教学工作的"核动力",对于中小学教师来说,只有结合教学工作,选择教育科研课题,对教学工作才能起促进作用,课题才有生命力,同时课题的选择应具有普遍性和可借鉴性,对教学工作有实际意义。

5. 研究过程太随意

一是科研道德缺失。极少部分中小学教师科研素质低下,科研道德缺失。科研成果抄袭事件、职称论文造假事件屡有发生,并随着网络信息的普及和中小学对教育科研日益重视有愈演愈烈之势。

二是科研过程简化。在科研过程中,未经过试验、调查,仅根据局部科学现象甚至根本没有根据,凭空编造、虚拟出一些试验数据、结果或事实、证据来作为支持自己论点的论据,证明某理论的正确性。而凭空编造出来的数据或实验结果不具有可重复性,与真实的数据互不兼容。

三、中小学教师教育科研的中的误区

当前,"科研兴校""科研兴学""科研兴教"和"教师即研究者"等教育新理念已被更多的中小学教师所接受,基础教育新课程改革更是要求广大中小学教师要转变传统的职业角色,成为直接的教育教学研究者。

但同时,当前教育科研并没有成为广大中小学教师的自觉行为,学校教育科研的实际效果还比较低下,教育科研对教师教育教学实践的指导和先导作用也没有充分发挥出来。分析其中的原因,很重要的一个方面就是部分中小学教师受传统教育思想观念和现实应试教育和片面追求升学率等因素的影响,把教育科研与自己的教育教学工作相分离,甚至对立起来,并对教育科研形成了一些错误和模糊的认识。这些认识既阻碍了中小学教师教育科研意识的培育和素质的提高,也影响了学校教育科研活动的顺利进行。这些错误和模糊的认识,归纳起来,大致有以下几点。

1. 与己无关论——"事不关己、高高挂起,让领导去搞吧"

在我国,长期以来无论是教育理论还是教育实践都把中小学教师的职业角色定位于知识的传授者,认为中小学教师的职责和主要任务就是把人类长期以来积累的知识经验(主要是书本知识)传授给学生,实现科学知识的再生产,并最终完成培养人的任务,而从事教育科研则被认为是教育理论工作者、教研人员和高校教师的事，是所谓专家和学者们的事情。一些中小学教师受这种传统教育思想观念和认识的影响，由此认为从事教育科研与自己无关。有的片面夸大和强调从事教育科研所需要的外部环境和条件，尤其是物质条件，于是认为这些都应该是领导思考的问题，跟自己没一点关系。

2. 科研神秘论——"我年轻，不会，也没有资格搞教育科研"

总的来讲，在我国，科学研究的下移、全民科学研究意识的培育和科学知识、科学技术的普及等工作还没有做到足够好，学校的科学教育也比较薄弱。科学研究，尤其是一些高精尖技术的研究往往是在一个相对封闭的环境里由极少数科学家来参与和完成，人们普遍对科学研究本身形成了这样一种思维定势：认为搞研究是一门高深学问，它需要高深的理论、深邃的思维和智慧、专门的技能、技巧和独特的研究方法等。这种状况也导致了人们对科学和技术研究产生了一种神秘感，认为只有专家和科学家才能搞研究、作出创造和发明。受此影响，一些中小学教师尤其是一些年轻教师把教育科研神秘化。他们认为教育科研高深莫测，自己无从、也无力从事教育科研。

3. 科研无用论——"中小学教育、教学工作不需要教育科研"

在我国，教育理论与教育教学实践存在着某种程度的分离现象。现实中的实际状况是一些中小学教师主要是凭借自己积累的经验在从事教育教学工作。由于缺乏科学教育理论的指导，教育教学中的科学性和有效性不高；而一些所谓的教育专家和学者则是把自己关在书斋里写论文、搞研究，他们在头脑中凭空构想和推导出自认为理想的教育模式和解决教育问题的方式和措施，他们的教育科研成果可谓是拍拍脑袋想出来的。由于缺乏实践的根基和经验的支撑，他们这种既无科学性、又无实践性和可操作性的所谓教育科研成果，对中小学教师的教育教学实践毫无指导作用可言。两支队伍脱节的现状使一些中小学教师对教育科研形成了一种消极的印象，认为这种伪科研就是教育科研，由此也就得出教育科研没有什么实际用途和价值、完全是一种"花架子"的结论。

4. 科研负担论——"工作太忙没有时间搞教科研"

由于受到"应试教育"和"片面追求升学率"等的影响，中小学教师之间在考试和排名等方面的竞争非常激烈，一些中小学教师由此承受着巨大的社会压力和心理压力，加之他们本身大都还承担着非常繁重的教学、学生管理和思想政治教育等方面的任务，在各种压力的重负下，他们苦不堪言。一些中小学教师把教育科研看成是教育主管行政部门和学校附加在他们身上的一种新的额外负担。他们认为，从早晨7：30到晚上6：00，这是多少小时的工作量?! 从学生的思想教育，到课程教学，作业批改，提优补差，忙于应付，疲于奔命，出现这一现象，有社会原因，也有学校教育、教学工作的原因。如何摸准当前学生的思想脉搏，开展社会、家庭、学校三结合的思想工作，如何摸准各类学生的学习动态、学习方法、学习习惯和困难，提高教学效率，让师生从不断的简单重复中解放出来，应是解决教育、教学工作与教育科研之间时间矛盾的钥匙。

5. 科研功利论——"写几篇论文还不是为了评职称"

由于各级职称的评定都需要上交一定数量的在省级以上刊物发表的论文，或在学会论文评比中获奖的论文，为了升级的需要，做一些研究，写几篇论文，一旦职称问题解决了，不再去研究教学工作，这是一种功利主义的典型想法。还有一种情况，就是由于基础教育新课程改革的要求，上级教育行政主管部门对学校开展教育科研情况的检查和评估，学校迫于外在的要求和压力，硬性要求教师都必须要申报课题、参与教育科研等。由于对教育科研本身的意义和作用缺乏全面的认识，加之自身的教育理论素养和教育科研训练不足，在一些教师身上出现了外部要求搞教育科研与自己不知道怎样搞教育科研和不愿意搞教育科研之间的矛盾。由于缺乏认识也缺乏必要的指导和帮助，他们只得对教育科研抱应付的态度，由此在不少学校形成了"只有教育科研之形而无教育科研之神"的尴尬。

以上几种认识上的"误区"是造成当前部分中小学教师教育科研意识不强、素质和能力不高和学校教育科研低效的思想和认识根源。因此，转变传统教育思想观念、克服以上认识误区就成为当前中小学教师从事教育科研、并促进学校教育科研深入开展的一个重要切入点。

第三节 教育科研素质的培养与提升路径

一、师范生教育科研能力培养的现实路径

师范大学生是未来的人民教师，他们的教育科研素质高低将直接决定中小学教师队伍科研素质的高低。因此，提升中小学教师的教育科研素质首先就应高度重视师范大学生的教育科研能力的培养。目前，我国已取消了中专学历教师的培养，提高了中小学教师的学历层次，如果能在原有的教育理论知识基础上，增加教师条件性知识的比重，尤其是教育科研方法课和教育心理学等课程，将为教师从事科研奠定更坚实的理论知识基础。

1. 调整教育类课程培养方案

目前，师范生的教育类课程培养方案定位含糊，师范特色正在逐步淡化，普遍存在偏重学术理论知识，忽视实践技能知识，缺乏培养师范生教育科研能力的课程，直接导致了师范生实践技能的缺乏和教育科研能力的低下。调整教育类课程培养方案的思路在于：压缩传统的学术知识类课程，强化技能类课程，增加研究和探索类课程。

（1）压缩传统的学术知识类课程。学术知识类课程旨在提升学生的理论素养和学术素养。对这类课程而言，将重点提供给学生各学科的基本概念、原理和理论，提供给学生教育的陈述性知识，即解决"是什么"、"为什么"的问题。在现行师范生教育类的课程设置中，这类偏重理论性、学术性的课程学分数比例较高，因此有必要压缩，因为师范生未来的职业选择更多的是教育一线的实践者，他们更关心与教育教学实践密切相关的一些实际问题。比如，如何进行教案设计，如何监控课堂，如何转化问题生。而这些实际问题的解决，学术性知识至多只是在概念、原理或原则的层面涉及了，在实践操作的层面学生还必须掌握和系

学习大量有关教育教学实践的技能型知识。

（2）强化技能类课程。技能类课程的开设，旨在使学生学习和掌握从事教育实践及教育科研所需要的"实践技能知识"。这类课程提供给学生"程序性知识"，强调课程知识的实践性和可操作性，即主要用来回答"怎么办"和"如何做"的问题。研究表明，师范生在大学里学习了大量的教育学、心理学知识可能仍然不会教书，原因在于他们缺乏专家型教师、优秀教师所拥有的"个人实践知识"。这种类型的实践知识不同于书本上用文字叙述的、教人如何去做一件事的"公共实践知识"，它是一种镶嵌在个体实践和行动之中的具有内隐性、个人性与情境性的"个人实践知识"。可以肯定，通过实践把书本上显性的公共实践知识内化或转化为属于教师自己的个人实践知识，将是教师获取个人实践知识的一个重要渠道。可以说，师范生在校期间系统学习和掌握一定数量的实践技能知识，对于他们日后从事有效的教育实践非常有益。同时，学生在学习有关教育的实践技能知识时，不能仅仅满足于"如何做"，还必须让学生了解为什么这样做而不那样做的道理，在这个过程中，学生的研究能力得到了发展和提高。鉴于技能类课程自身的意义和对学生研究能力培养的重要性，技能类课程有必要强化。

（3）增加研究和探索类课程。研究和探索类课程旨在帮助学生运用研究性的学习法，依靠自己的探索获取知识，提升教育科研能力。在这类课程中，学生不再是被动的接受，而是主要通过自主探究和协作交流的方式进行学习。美国大学生的学习方式有三个显著特点是中国大学生所没有的：一是每周都要完成大量的课外阅读量；二是每门专业课的学习通常都要完成多篇带有研究性质的小论文；三是专业课的学习通常采用小班讨论的方式来进行。在这样的学习方式下，研究能力的养成是必然的。教育家苏霍姆林斯基也指出过，在优秀教师那里，学生学习的一个突出特点，就是他们对学习的对象采取研究的态度。教师并不把现成的结论、对某一定理的正确性的证明直接告诉学生，而是让学生针对问题的解答提出各种不同的解释，然后让学生通过实际的观察与实验，去验证每一种假设。限于条件，研究性学习法不可能短时间内迅速推广，但在案例研讨课、名著研修课和小课题研究课程中（包括毕业论文或毕业设计），研究性学习方式将成为课堂的主要学习方式。

2. 加强实践环节

在实践中培养师范生的教育科研能力，是最富有成效的方式。相比较而言，国外师范生教育科研能力的培养，一方面通过提高学历层次，另一方面则是通过加强实践环节。主要表现在，大幅度提高实践课的比重，理论课与实践课交叉进行。师范院校普遍与中小学建立起稳固且密切的联系，中小学教师与大学教师一同培养师范生，并有相应的制度保障。我国部属师范院校更侧重通过提高学历层次培养师范生的科研能力，加强实践环节方面也有举措。对于地方师范院校来说，可利用的资源相对较少，更需立足实际，通过各种方式的实践提高师范生教育科研能力。

（1）反思学生的家教经历、社会上带班和支教经历。地方性大学的师范生普遍具有家教经历，部分学生在社会上的辅导班里做兼职教师，部分专业的师范生还有在读期间的支教经历。学生在这些实践经历中总会遇到各种各样的困惑，这些困惑正是培养和提高学生的教育科研能力的良好契机。教师要指导学生通过写教学日记和教学案例不断地进行教育反思，来提高自身的教育科研能力。师范生在教育实践中通过撰写教学日记来记录学生和自我发展的心路历程，通过这些资料的积累来不断反思教育。教学案例则相当于医生的"病例"，面对一个案例，教育者要研究旧有的和新提出的解决方案，在研究的范围内探究寻找问题和处理问题的事例，在此基础上形成研究报告。师范生写教学日志和教学案例进行教学反思的过程，本身就是一种有益的思维活动和再学习活动。一个优秀教师的成长过程离不开不断的教学反思这一重要环节。

（2）高校与中小学建立长期的合作伙伴关系。高校与中小学的合作关系一般来讲，只在师范生毕业实习时联系比较密切。其实，地方师范类高校应该根据本校师范生的主要培养方向与周边的中小学建立长期的合作伙伴关系，开展长期合作性的研究。中小学与大学的合作，目前看来存在一定的困难，但可以循序渐进。师范学校适时聘请从事中学教育教学有丰富教学经验的教师、名师、专家进行专题讲座，或开展听评课活动，亲临指导，现身说法。建立起一定的联系后，陆续派遣师范生进入中小学进行观摩学习，了解中小学教师的工作情况。双方在合作的过程中就教育实践中遇到的难题和困惑，开展共同的研究与探讨，合作的研究课题吸纳师范生的参与，依托于课题立项，师范生的教育科研能力会得到大幅度的提升。

二、中小学教师科研素质的培养与提升途径

1. 自我提升

陶行知先生说过：活到老，学到老，进步到老，追求真理到老。努力学习，尽快满足时代发展对教师提出的新要求，是当代教师的首要任务。"致天下之治在人才，成天下人才在教化，成教化之业在教师"。新课程要求教师有广博的知识作基础，博学多识当为上策，知识是教学行为的基础，这就是"米"与"炊"之间的关系，因而结合教学实际，教师有选择、有针对性地补充一些知识更能解决教学之急需，形成自我发展、自我提升、自我创新的内在更新机制，成为真正意义上的学习型组织。每位教师根据自身实际进行自我规划和设计来确定奋斗目标，并依据职业生涯的发展持之以恒，扬长补短，从而付诸实际行动。

2. 继续教育

通过上级主管部门组织的继续教育，把握现代教育发展的趋势和特点进行教育科研。教师要具备扎实的教育学、心理学的理论知识和方法论知识，具有搜集利用文献资料，开发处理信息的能力；具有较好的文字表达能力，并养成执著奉献、开拓严谨的治学作风。所有这些，都得靠平时的学习和积累。从事教育科研，教师还应积极地多渠道搜集科研与教研信息，学习先进的教育理论，切准时代的脉搏，紧扣现代教育的特点和趋势。

3. 校本培训

校本培训是教师提升自身综合素质、发展教育教学能力、谋求自我发展的有效渠道。校本培训是源于教师个体成长和学校整体发展的需要，由专家指导、学校规划实施、教师主动参与的，以反思为中介把培训与教育教学实践和教师研究活动紧密结合起来，旨在促进教师

专业自主发展和学校整体办学水平不断提升的校内培训活动。这一界定明确了校本培训的出发点——教师个体成长和学校整体发展的需要；校本培训的主体——在专家协助、指导下，由学校规划实施、教师主动参与；校本培训的方式——以反思为中介把培训与教育教学实践、研究活动紧密结合起来；校本培训的目标——促进教师专业自主发展和学校整体办学水平不断提升；校本培训的场所——以学校为基地。

4. 实践总结

教师要根据课程改革的目标，结合学校和个人的实际情况进行自我设计，然后做学问的有心人，处处留心，要勤阅读、勤思考、勤交流、勤积累。选择和确立研究专题尤其是课题，应当从问题到课题，自下而上形成课题。教师一个人解决不了而且短期内解决不了的，应该以课题为龙头组织起学校的研究团队进行集体攻关。教学反思是教师专业发展和自我成长的核心因素，这种反思使教学成为自觉的实践，也使教学更加高效有序，进而使教学经验升华为理论。学校既是教师职业生活的地方，又是教师专业成长的地方，在"学习—反省—尝试—再学习—再反省—再修订"的反复过程中走向成熟。一线教师有着从事教育科研得天独厚的优势，即丰富的教学实践经验。青年教师要在实践中学习，在研究中提高，对教学经验进行加工，上升到理论的高度，提高教育效率和教学效果。

5. 研教结合

21世纪的教育要求教师不仅要有现代化教育观念，而且要有较高的"研教"能力，不仅要有"乐教"的精神、"思研"的动力，还要有"从教"的好素质、"会教"的真本领。只有在"教"中"研"，才能正确把握教育科研的方向，只有在"研"中"教"，才能迅速提高教育教学质量。在"教"中"研"和在"研"中"教"，不仅使教师认识到教育科研和教学活动的密切关系，更重要的是它强调了教育科研的实践性。任何能力的形成过程都离不开实践，教育科研能力的形成也不例外。同时学校申报科研课题只有以这一"教""研"观念为依据，教师才有参与教育科研的机会。（当然，教师也可以结合自己的工作实际自选课题）教研组是学校落实教育科研的主阵地，教研组长要站在教育科研的高度，围绕课题开展教研活动，将教育科研和教学常规管理有机地结合起来，让教师参与课题研究的全过程。

6. 互助合作

教师职业的一个很大特点是单兵作战。在日常教学活动中，教师大多数是靠一个人的力量在课堂里面独当一面。而新课程的综合化特征，需要教师与更多的人、在更大的空间、用更加平等的方式从事工作，教师之间将更加紧密地合作。可以说，新课程增强了教育者之间的互动关系，将引发教师集体行为的变化，并在一定程度上改变教学的组织形式和教师的专业分工。新课程提倡培养综合能力，而综合能力的培养要靠教师集体的智慧。因此，必须改变教师之间彼此孤立与封闭的现象，教师必须学会与他人合作，互相尊重，团结友爱，与不同层次的单位和学科的教师广交朋友，集思广益，互通有无。写课后评论、写教后感、集体备课，荟萃各自的经验，体现出新理念、新思路、新模式、新方式的交汇融合。这既是教师提升自身素质，又是教师间相互交流的一条途径。

7. 学术交流

学术交流能力是教师科研能力培养与提升的重要环节，学术交流中可以提高自己。一般组织得比较好的个人学术交流活动往往有许多方面的专家学者参加，有不同学科前沿的研究成果被展示，有科学技术热点问题的深入研讨，因此，通过参与切实有效的学术交流，可以开阔教师的视野，启发教育科研的兴趣。调动主动学习的积极性，促进教育科研选题的产生，拓展解决问题的思路，加强学科和学校之间的学术交流与合作，萌生学术碰撞。学校可以定期组织轻松愉快的学术交流活动，让教师针对教育观念、教学行为、教学手段等各抒己见、畅所欲言。这种学术思想的交流、思维火花的碰撞促进了教师间的了解与沟通，互相取长补短，也有利于增强教师队伍的凝聚力。

8. 资源共享

学校的教师群体由老、中、青三部分人组成，各有所长，同时又各有所短。可以说，学校的过去是老年教师书写的杰作，学校的现在是中年教师耕耘的天地，学校的未来是青年教师勾勒的蓝图。学校要实行以老带新，以新促老，合理组合，形成合力，最大限度地调动他们的积极性，充分发挥示范性渗透辐射作用，实现资源共享，共同提高的目的。伴随着教育信息化网络和中小学校园网连通，教师应坚持资源共享、协同发展，探究教育改革，分享教学经验，学会主动地、创造性地利用一切资源，为教育教学服务。

9. 结对帮扶

高校应该利用理论优势结合中小学实际，对中小学教师进行培训，对教育科研工作进行指导，增加教育改革和科研探索的成功系数，使教师打消顾虑，充满自信地实践，同时帮助中小学教师将其成型的经验进行理论加工，使之成为具有推广借鉴价值的成型的模式。高校教师针对基础教育的实际进行科学研究，推广自己的研究成果，促进人才的培养，从而实现高教与基础教育相结合，教学与科研双丰收。

10. 营造氛围

长期以来，中小学教育管理存在着局限性，对教师的评价只注重教育质量和升学率的高低。这种评价方式严重扼杀了本来就少有人参与教育科研的积极性。因此，学校的管理面应该拓宽，要使教师的教育科研管理成为学校整个管理体系中不可缺少的部分。学校要实施有效的工作方针和政策配套。一要鼓励教师开展科研活动，为他们从事教改、教研提供宽松的环境；二要采取有效的措施，积极开展丰富多彩的教育科研活动，努力培养教师的科研能力，向教师介绍科研方法和教研信息，传播先进的教育理论，组织教师外出学习考察和参加各种学术研讨会，定期或不定期地请专家搞讲座，使学校的学术研究有声有色、持之以恒；三要对教师的教育科研成果以制度化的形式给予精神上的表彰和物质上的奖励，对于高质量的教育科研成果，要向有关部门申报奖励。要把教师的教育科研成果与职务评聘、评优、晋升联系起来，使教师尝到科研成功的喜悦，进而调动其从事科研的积极性、主功性和创造性。

总之，课程改革是整个教育改革的重点和突破口，是全面贯彻和实施素质教育的根本保证。在积极推动教师改革的浪潮中，通过教育科研能力的培养和提高，促进教师向科研型、学者型、专家型教师的转变，使教师平时认为平凡、琐碎、单调，重复的工作，变得更具有活力，充满创造性和挑战性。并且，要充分发挥不同年龄段、不同水平状况教师的优势，作为获得成长和发展的机遇，通过自主学习，提高自身素质，并学会与他人合作，取长补短，资源共享，共同成长。教育科研，能让每位教师在课程改革中意识到自己的不足，使每位教师都有一个追求的科研目标，并努力朝着自己的目标奋斗。

案例十： 走科研兴校之路，谱素质教育新篇

以课题为先导，走教研兴校之路，是学校全面实施素质教育、实现可持续发展的必由之路。为此，我校在以"常规带动教研，以教研优化常规"的工作思想指导下，实施"科研兴校"战略，确立教育科研在素质教育中的先导地位，大兴科研之风，以课题为载体，不断强化课题研究在素质教育中的先导功能，发挥课题研究在素质教育中的作用，全面实施素质教育，努力提高办学水平。

一、以省现代教育技术实验校为契机，努力打造科研型的学校

2003年12月，我校被确定为河北省现代教育实验校，承担了省级"十五"课题，即"信息技术与中学其他学科的整合"的研究，在课题研究中，充分利用现有条件，依据现代教育理论和信息技术，通过教与学的过程和教学资源的设计、开发、利用，建构基于信息技术环境下的新型教学模式，先后进行了以下专题的探讨：（1）信息技术环境下任务驱动式的教学过程；（2）信息技术环境下班级授课模式学生主体性发展等问题。通过摸索研讨、课堂实践，逐步形成了"情景导入—信息获取—自主探讨—合作交流—实践创新"的教学模式，通过研究取得了以下突破性的进展：（1）教学观念上的突破。（2）教学方法与教学手段上的突破。（3）学习方法上的突破，达到了预期的目的。2005年7月，经河北省"十五"课题专家组评审，同意结题，并获得省"十五"课题科研成果三等奖，以此为先导，2006年8月，又在全市中小学现代教育技术科研成果评比活动中，荣获一等奖。

随着"十五"课题的完成，2006年，我校又继续承担了以下课题的研究：

1. 国家级课题——"'师生同行'语文学习策略研究"

这一课题的研究强调的是一种多边互动、共同提高的语文学习形式，它不仅仅只表现在课堂教学过程当中，也表现在课前的预习和准备，以及课后的总结与反思；从内容上讲，既可以适用于同一篇文章的学习，又可以适用大阅读活动的开展，结合语文大阅读活动，教学中突出师生双向行为，培养学生善于读书、勤于读书、乐于读书的浓厚兴趣和良好习惯。在科研实践中不断开发学生的新思路、新创意、新方法、新模式，教学中"以学生为中心，以能力为目标"，使学生在宽松的课堂环境中，敢想、敢问、敢说，学会善于思考、勤于探索、勇于解难、大胆创新，以实现师生共同学习、共同提高，达到教学相长的目的。此课题本学期已正式成为立项课题。

2. 河北省"十一五"重点课题——"基于网络环境的教育资源建设与应用"

本课题的研究，旨在探索网络环境的教育资源的优势在学科教学中的应用，不断优化网络教育资源，逐步丰富教育资源的体系，对各类教育资源分学科进行优化整合，优势互补，使网络教育资源更符合学科教学中的认知规律，从而构建一个动态的优化的网络资源和学校

教育教学的资源库，为开展新型课堂，整合教育资源创设平台，在校园内营造一个能在教师、学生和计算机之间形成交互协作的学习氛围，使学生在该氛围中能够投入到自主创新的学习中去，以逐步实现学生的学习方式和师生互动方式的变革。积极探索如何将信息资源有效地应用到各学科教学过程中去，使各种信息资源和教学的各要素、各教学环节经过整理、组合，相互融合，在整体优化的基础上产生聚集效应，从而促进各学科教学，为推进素质教育、培养学生的创新精神和实践能力作出贡献。

具体内容为：

①新课标下教师备课方式的探讨；

②课堂教学方法的创新；

③新型课堂教学结构和模式的探索；

④学生自主学习方式及学生多样化学习方式的构建等。

本课题已于2006年7月，经河北省电教馆审批为教育技术规划立项课题。

3. 河北省"十一五"课题——"激发学生学习热情，有效实现分层指导，让各类学生都能各得其所"

本课题的研究，是基于多年来困扰初中课堂教学的一个严重问题而提出的，这一阶段学生的基础智力水平、基本习惯意识的养成参差不齐，致使学生两极分化的现象日趋严重。

其研究的基本内容为：

①如何解决优秀生"吃不饱"，基础差的同学"吃不了"的问题。

②如何有效激发学生的学习热情，并形成课堂学习活动中交流互动，取长补短，共同提高的合作竞争气氛。

③如何加强学习习惯、良好的思维习惯的养成训练，保持持久的学习积极性，逐步掌握科学的学习方法，为其终身学习活动奠定基础。

④探索各类学生成长规律、学习特点，改进教学方法，提高教育教学的策略、艺术水平。

⑤深刻领会新课程标准的内涵和价值，进一步转变教师的教育观念，迅速实现教师角色的转变。

⑥遵守科学的课题研究思路，及时记录、总结、交流，积累、实践、体会，提高理性认识等。目前，这一课题已上报到河北省教育科学研究所。

以上三个课题的研究，打造起了我校教育科研的平台，为我校的可持续发展奠定了基础，这既是机遇又是挑战。目前各项课题的研究正在紧锣密鼓地进行，在研究过程中使之相互渗透，相互融合，以点连线，以线带面，点线面结合贯穿于各学科教学之中，有力促进了我校的教研工作进一步深化，成为我校教学工作的一大亮点，对于提高学校的教育教学质量和整体办学水平，产生了显著效果，大大提升了我校的生存和发展能力，也得到上级有关部门的认可和赞赏。

二、以课题研究为先导，努力提升教师的专业化水平

1. 更新观念，提高认识，强化科研意识

没有数以万计的教师与新课程相适应的教师专业化能力的提升，就不会有课程改革的最终成功。同样，不想参与教学研究的教师，也不可能提升自己的专业化能力。而科研能力是教师专业化素质要求的重要内容，课题研究的发展，为教师专业化能力的提升，提供了强大的推动力。这是时代的需要，是素质教育的需要，也是教师自身发展的需要。没有强烈的科研意识，就不会有教育科研的自觉行为。为此，我校全体教师树立"向教育科研要质量，不当教书匠，要做研究者"的思想理念，认真学习新课程的理念策略，学习洋思中学的教学经验，形成浓厚的教育科研氛围，调动全体教师积极参与课题研究，做到"科科设立子课题，人人行动来研究"。引导教师提高认识，转变教育观念。"教育要创新，科研要先行"，已成为全体教师的共识，教师的科研意识得到了强化。

2. 教研互动，开拓创新，把课题研究推向更广领域

课题研究过程，是教研互动过程，离开了互动交流和探讨，科研也就失去了发展的支柱，教师也会失去前进的动力。因为课题的选题来源于教育教学实践，研究方法也是从实际出发，采用切合课题特点的研究方法。所以，要把课题研究和平时的教学紧密地结合起来，实行推门听课、本人说课、集体评课、集中反馈、与任课教师讨论等形式交流，运用科学态度、科学方法去进行探讨，这就促进了广大教学一线教师的优势互补和合作互动，不断地重视研究过程和方法，积极参与集体备课，把课题研究贯穿于平时的教学中去。通过案例分析、研究和概括，验证课题研究的假设，进而概括出研究方法，指导教育教学实践，并做到推陈出新，把课题研究进一步推向深入，进而不断培养教师的创造意识、创造品质、创新思维和掌握简单的创造技法，实现共性教学和个性教学相结合，体现出主体发展的课堂、主体创新的课堂和时间、空间、内容广义的课堂，从而不断提升教师的自身素质，科研能力，做到自我更新、自我完善、自我发展。

3. 课堂是教师展示的舞台，是课题研究的归宿

课题研究离开了课堂，离开了教师的实践，离开了学生的活动，将会成为无源之水，无本之木。所以教学中，要充分发挥课题优势，落实"新课程、新理念、新课堂"要求，探索有效教学的方法和途径，正确处理教与学、知识的掌握与能力培养的关系，促进学生学习方式转变，增强学生主动参与、问题探究、乐于实践、勇于创新的意识，养成良好的学习习惯。借助于课题研究，充分发挥集体的力量，要求功在科研、效在课堂、意在创新。以学校课题为根本，教研人人有课题、有方案、有目标，以此来打造新型教师队伍，提升专业能力。

4. 课题研究队伍不断壮大，群众性教育科学研究的新平台已经形成

以课题研究为纽带，培养了教师研究队伍和研究梯队；课题研究网络的不断健全和完善，构筑起了群众性课题研究的新平台。尽管许多方面还要不断完善和改进，但总体上看，总体研究能力、研究水平、研究质量比以往有了明显提高，研究方法、研究过程也日趋科学、规范。在课题研究的带动下，教师论文的撰写、课件的制作、教学方案的制订、课后的反思等都有有了明显的提高，一些功底扎实、锐意进取的学科教师也在不断涌现，促进了学校整体水平的提高。

"走科研兴校之路，谱素质教育新篇"，这既是我校近几年的发展方向，也是我们几年来辛勤探索的写照。今后，我们还要不断总结经验，在上级教育部门的关怀、指导下，进一步加大课题研究的力度，关注新课程改革的发展，把握新课程改革的总体走向和主要特点，为把我校建设成为科研强校而努力奋斗！（钱营一中　王训全）

案例十一： 科研兴校　科研兴教　科研强师

近年来，××小学坚守"科研兴校，科研兴教，科研强师"的信念。在"十一五""十二五"期间先后开展了多项教育改革与教育创新活动。学校现有近10位骨干教师共承担参与了2项省级、2项市级重点科研课题的研究。课题研究取得了省市级科研成果奖10余项，省市级以上论文奖及发表20多篇。这些成绩的取得，仅仅只是个开始，它离不开各级领导的关心与指导，离不开××小学教师的实践与钻研。现就我校教育科研工作总结汇报如下：

一、推进学校教育科研制度改革，让科研与教研循序渐进地稳步推进

学校教育科研制度的建设最终是为了提升教师的素质，是为了最终达到无意识境界而采取的一种有意识手段。俗话说："不依规矩，无以成方圆。"2007年，我校全面推进教育科研工作制度改革，充分利用制度的规范性和指令性优势，确保学校教育科研工作有章、有序的开展。具体举措有：

1. 成立学校教育科研领导小组，规划学校教育科研领导小组管理结构

学校成立了教育科研领导小组，明确学校教育科研领导小组职责。科研领导小组始终做到教育以人为本、教师以生为本、校长以师为本，在校内充分营造民主和谐、人和政通的管理氛围，逐步形成具有亲和力、凝聚力的学校学术环境和教研环境，使师生都能感受到民主、平等、友善、亲情、激励和鼓舞，使学校成为师生兴奋和留念的地方，使教师能真正地感受到为师的尊严和从教的价值。学校积极网罗人才，有计划、有针对性地培养人才，努力为教师搭建发展的平台，使有志教师能在学校实现自己远大的抱负。

2. 完善学校教研组和课题组工作制度

学校教研组由语文教研组、数学教研组、英语教研组、综合科教研组组成。各教研组工作由学校落科行政统一管理。教研组活动由科组长统一安排，各教研组工作必须按学校教学目标制定出本学科教学改革目标、措施、方法及实施方案，做到两年一规划，逐年出成效。教研组每开学初要根据上级部门指示及学校工作部署，制定切实可行的校本教研教改活动计划，并严格按计划开展科组教研教改活动。学校课题组是由市教科所审批立项的科研课题为中心的教研群体（即教师）组成。各课题组由学校教育科研领导小组统一领导和管理。课题组研究活动由课题主持人负责，各课题组必须科学细致地制定出本课题的开题报告、研究内容、实施方案、达成目标等。

通过教育科研工作制度的管理完善，引领教师掌握科学的教育管理方法，逐步让教师成长为科研型、专家型教师。建立和完善学校教育科研工作制度是学校发展的需要，是教师自我提升的需要，是学校文化内涵再现的窗口。我校通过启动学校教育科研工作制度，奖励发放教育科研经费，促进我校教育科研工作逐步走向合理化、系统化、科学化。

二、推进学校教育科研校本发展，让科研与教学求实求效地健康发展

校本教研工作是学校当前更新教学理念、改进教学教研方法，提升教师教学水平，全面提高教育教学质量的重要工作。在新课程改革与实验过程中，做好校本科研工作尤为显得重要。我们充分认识到校本教研在学校发展的重要性，虽然处处提，校校搞，但这不足以影响我们的工作开展，只要是正确的、可行的，我们就要坚持下去。

1. 紧扣学校课题开展各项教学研究

学校"十一五"期间，在王校长和张校长的主持下，重点开展了《农村小学生生存教育》课题研究。这个课题全校大部分老师都参与其中。我们清醒地认识到开展校本教研的目的是促进教师的专业发展，教学研究的组织设置以及组织所担负的主要职能要以有效推动校本教研为原则，使教研组织真正成为教师专业发展的平台。基于这一点，课题立足于学科教研组，以学科教研组织的实践为依据，以"问题引领式"学科教研方式开展探讨，这对改变中小学教科研的现状具有针对性，符合教师教学研讨与业务水平的提高，体现了研究回归实践，回归学校，回归教师的原则，对形成学校教研文化和学校办学品牌具有重要的理论与实践意义。

我们注重过程，讲究实效，在学校科组教研中，坚持以"问题引领式"学科校本教研展开，并沿用"三位一体"的教研结构：即自我反思、同伴互助、专业引领。科组教研中坚持有效开展专题性教学反思活动，通过由各科教师上研讨课或探索课，科组教师作内部性的协作研讨，融课题研究于课前设计、课堂实践、课后反思之中，深入地总结经验，交流信息，探讨问题。教师在教学中研究，在研究中提高，课堂愈发焕发出活力，教育教学不断取得成效。

2. 让教育科研走上校本研究

要做好教育科研工作，首先要转变思想，更新观念，要转变以学科教学为中心的教育思想，树立整体化知识的教育观念；要转变只关注硬件设施的教育思想，树立重视营造良好学术环境的教育观念。学校教科研工作要以教育改革和发展中的主要问题为主攻方向，积极探索教育发展的规律，发挥教科研的理论指导作用。其次，以课题为龙头，形成多渠道，多层面，多梯度的课题网络。我校语文、数学、综合学科均有自己的学科市级立项课题，他们以课题研究为牵引，抢占基础教育教学制高点，全面优化教育教学过程，全面提高研究成果水平和应用水平，成果显著。近年来，学校各科论文屡见在市级以上获奖及发表。

3. 让教师校本研训绽放光彩

在开展校本教研的过程中，学校狠抓校本培训，我们凭借教师校本培训平台，开展教师讲坛，教师汇报，课题研究开题及讲座等，每学期一期，现以开展5期，共组织优秀教师讲座10多场，并适时组织与专家互动，努力促进教师专业化发展，不断引领教师向科研型、专家型教师角色转变。

三、推进学校教育科研管理创新，让科研与教师循序渐进地共同成长

为提高学校教育科研整体水平，学校经常组织教师外出学习考察，参加各种学术研讨会，及时了解科研动态。在实施"走出去，请进来"并举的策略同时，进一步加强了教师业务培训。一是邀请有关教育科研专家来校作专题讲座；二是组织教育科研骨干到兄弟学校参观学习或参加相关学术报告会；三是邀请或参观一些教学能手上示范课；四是努力建构学习型组织，组织教师开展读好书、观好课、作报告等研讨活动。通过学习，教师进一步更新了教育观念，调整了知识结构，提高了教师科研的能力及水平，许多教师在科研中不断成长起来。为了推进学校教育科研管理的有效性，我们形成以下创新举措。

1. 开展学校优秀科组评选

学科组是学校从事教育科学研究工作的基层组织，是提高教师的思想、业务水平的教学研究组织，是学校管理系统中的基础业务组织。科组在贯彻学校"文化立校、科研兴校、质量强校、特色亮校"的办学思路，提高学科教学质量，促进教师专业发展等方面起着重要的

作用。为了加强我校学科组的建设，不断提高课程改革研究与实验水平，学校决定每学期组织评选优秀科组，要求各科组学期末严格按照方案细则进行总结自评，按照科组教研、科组教学、科组工作、科组建设四个模块量化打分，最后由学校评审小组验收总评。通过优秀科组评选，促进我校科组的建设和完善，促进各科组校本教研的科学有序开展，营造了教师专业发展的量化机制，有效提高了学校教育科研管理的实效性。

2. 开展学校探索课观摩研讨

学校教师每学期要开展一节校内探索课，过去，我们的针对性不强，自从开展各科科研课题立项研究以来，许多教师均能结合本学科课题研究来开展课堂教学改革，探索有效的教育教学方法。彭振松主任、邹红艳老师、陈彩菊老师的"语文个性化小练笔"；刘艳松等老师的"数学主题图"；文艳芳老师、刘华平老师的"心理诚信教育"等课题研究成果在课题教学中不断凸显出来。近年来，我校开展了片级公开研讨活动近十场，各学科教学新秀不断涌现出来。

3. 教师教育科研课题（问题）研究备案

为了寻找教育科研的有效性开展，根据学校实际，我们依托学科校本教研，以《小学"问题引领式"学科校本教研的实践研究》课题为龙头，充分发挥教师主动性。从"发现问题"到"提炼问题"，从"提出问题"到"研究问题"，从"解决问题"到"产生新问题"。教师的课程观、学科观、教学观等诸多思想观念都会在对学科教学的某个具体问题的研讨中碰撞、交流。因此，"研究问题"便成为一个个课题研究，从而全面带动各学科教师的学习和专业化发展。小学科研的本质是研究教育教学的问题。问题是教师积极思考的牵引力量。如果没有问题，教师便无需探索研究；如果问题不当，教师又无从探索研究。在教学实践中，问题在不断的产生，在发现众多问题的同时，提炼有价值的问题至关重要。这就需要教师敏锐的洞察力和对当今教育的理解。不重学习和修养的教师难以具备这种能力，因此，课题研究就是要让广大教师走上研究之路，以"问题引领式"为研究途径，抓住课题为主线的"理论学习——实践反思——行为跟进"，促进教师的研究活动不断走向深入。"问题引领式"的学科校本教研让教师主体性的彰显有了空间，教师在教研活动中表达自己的主张，提出自己的问题，交流解决问题的方法，分享问题研究的成果。学校每周一次的教研都是一个契机，或交流思想，或传递情感，或借鉴方法，长期的相互影响使教师群体在思想认识、思维方式、习惯作风等多方面呈现共性的特点，即学校特色的产生。新的问题不断解决，新的问题又同时在不断的产生，我们的思想、机制、路径通了，学校文化、品牌、效益就有了。

4. 统筹规划科研课题立项及成果申报

科研课题的合理规划是校本科研管理的必要手段。学校要求语、数、英、综合四个科组合理规划学科课题，通过课题立项研究来带动学科教研及教学。各课题研究均由相关学校行政管理跟踪，做好阶段规划，逐步出阶段成果和相关科研成果申报。科研为学校发展带来生机，许多教师在教育教学上潜心钻研，学校教师逐步成长起来。目前学校已有10名市骨干教师，3名市级优秀班主任。本学年教师在教学上共承担片区公开课11节，优质课3节，教师获省级奖3项，市级论文、案例设计等奖8项，指导学生在科技等各类竞赛中获省市级奖12人次。

今后，在教育改革的浪潮中，我们的脚步不会停留，只会走得更加坚定，我们将继续以勤奋和智慧谱写我校教育科研工作的新篇章。

参考文献

[1] 刘德华,朱济湖. 教育科研·教育科研实用写作 [M]. 长沙:湖南大学出版社,2001.

[2] 方先培,杨长印,韩永稳. 教育科研能力培养与提升 [M]. 北京:华龄出版社,2005.

[3] 周宏,高长梅,白昆荣. 学校教育科研全书 [M]. 北京;九州图书出版社,1998.

[4] 苏继红,赵清福,李世彬. 教育科研概论 [M]. 黑龙江:黑龙江教育出版社,2006.

[5] 李倡平. 教育科研的理论与实践 [M]. 上海:上海交通大学出版社,2010.

[6] 李旭光,王新举. 中国中小学教育科研工作指导全书 [M]. 北京:北京邮电大学出版社,2001.

[7] 万明春,朱福荣,龚春燕. 校本研究:中小学教育科研的回归 [M]. 重庆:重庆出版社,2008.

[8] 刘世金,朱福春. 学校教育科研理论与实践 [M]. 兰州:甘肃文化出版社,2009.

[9] 潘国青. 学校教育科研新论 [M]. 上海:上海教育出版社,2001.

[10] 刘旭,等. 一线教师教育科研指南 [M]. 成都:四川教育出版社. 2006.

[11] 张景斌,等. 在真实的教育情境中研究教育:校本教育科研的理论与实践 [M]. 北京:首都师范大学出版社,2004.

[12] 王艳玲. 中小学教育科研的理论与实践 [M]. 合肥:合肥工作大学出版社,2004.

[13] 王歧奖. 中小学教育科研指导 [M]. 长沙:中南大学出版社,2007.

[14] 赵清福,赵玉菡. 走进课题研究:教育科研实施操作指南 [M]. 哈尔滨:黑龙江人民出版社,2007.

[15] 刘电芝. 中小学教育科研方法 [M]. 重庆;西南师范大学出版社,2007.